甘阳 主编

文化：中国与世界新论

*

做中国哲学

一些方法论的思考

〔增订本〕

陈少明 著

生活·讀書·新知 三联书店

"文化:中国与世界"新论

缘 起

百年前,梁启超曾提出"中国之中国","亚洲之中国",以及"世界之中国"的说法。进入21世纪以来,关于"世界之中国"或"亚洲之中国"的各种说法益发频频可闻。

但所谓"中国",并不仅仅是联合国上百个国家中之一"国",而首先是一大文明母体。韦伯当年从文明母体着眼把全球分为五大历史文明(儒家文明,佛教文明,基督教文明,伊斯兰文明,印度教文明)的理论,引发日后种种"轴心文明"讨论,至今意义重大。事实上,晚清以来放眼看世界的中国人从未把中国与世界的关系简单看成是中国与其他各"国"之间的关系,而总是首先把中国与世界的关系看成是中国文明与其他文明特别是强势西方文明之间的关系。二十年前,我们这一代人创办"文化:中国与世界"系列丛书时,秉承的也是这种从大文明格局看中国与世界关系的视野。

这套新编"文化：中国与世界"论丛，仍然承继这种从文明格局看中国与世界的视野。我们以为，这种文明论的立场今天不但没有过时，反而更加迫切了，因为全球化绝不意味着将消解所有历史文明之间的差异，绝不意味着走向无分殊的全球一体化文明，恰恰相反，全球化的过程实际更加突出了不同人民的"文明属性"。正是在全球化加速的时候，有关文明、文化、民族、族群等的讨论日益成为全球各地最突出的共同话题，既有所谓"文明冲突论"的出场，更有种种"文明对话论"的主张。而晚近以来"软实力"概念的普遍流行，更使世界各国都已日益明确地把文明潜力和文化创造力置于发展战略的核心。说到底，真正的大国崛起，必然是一个文化大国的崛起；只有具备深厚文明潜力的国家才有作为大国崛起的资格和条件。

哈佛大学的张光直教授曾经预言：人文社会科学的21世纪应该是中国的世纪。今日中国学术文化之现状无疑仍离这个期盼甚远，但我们不必妄自菲薄，而应看到这个预言的理据所在。这个理据就是张光直所说中国文明积累了一笔最庞大的文化本钱，如他引用 Arthur Wright 的话所言："全球上没有任何民族有像中华民族那样庞大的对他们过去历史的记录。二千五百年的正史里所记录下来的个别事件的总额是无法计算的。要将二十五史翻成英文，需要四千五百万个单词，而这还只代表那整个记录中的一小部分。"按张光直的看法，这笔庞大的文化资本，尚未被现代中国人好好利用过，因为近百年来的中国人基本是用西方一时一地的理论和观点去看世

想象的逻辑
中国哲学的经典例证　　177

兑换观念的支票
中国哲学的新探索　　196

为什么是思想史？
徐复观的思想性格与学问取径　　219

穿越理解的双重屏障
论本杰明·史华慈的思想史观　　252

来自域外的中国哲学
耿宁《心的现象》的方法论启示　　272

由训诂通义理
以戴震、章太炎等人为线索论清代汉学的哲学方法　　290

中国哲学
通向世界的地方性知识　　324

附录一　答问录：探求中国哲学的多样形态　　349

附录二　文献目录　　358

后　记　　362

目录

初版自序　*1*

"做中国哲学"再思考（增订本代前言）　*7*

知识谱系的转换
中国哲学史研究范例论析　*24*

论比较哲学
从现代中国学术的经验看　*52*

中国哲学史研究与中国哲学创作　*71*

经典世界中的人、事、物
对中国哲学书写方式的一种思考　*105*

什么是思想史事件？　*132*

哲学与论证
兼及中国哲学的方法论问题　*150*

格义之外　*164*

承三联书店雅意,这套新编论丛仍沿用"文化:中国与世界"之名,以示二十年来学术文化努力的延续性。我们相信,"文化"这个概念正在重新成为中国人的基本关切。

甘 阳

2007年中秋于杭州

国今天百分之九十以上的人自称相信宗教奇迹、相信上帝的最后审判这种典型宗教社会的现象。晚近三十年来是西方思想变动最大的时期，其变动的激烈程度只有西方17世纪现代思想转型期可以相比，这种变动导致几乎所有的问题都在被重新讨论，所有的基本概念都在重新修正，例如什么是哲学，什么是文学，什么是艺术，今天都已不再有自明的答案。但另一方面，与保守主义的崛起有关，西方特别美国现在日益呈现知识精英与社会大众背道而驰的突出现象：知识精英的理论越来越前卫，但普通民众的心态却越来越保守，这种基本矛盾已经成为西方主流知识界的巨大焦虑。如何看待西方社会和思想的这种深刻变化，乃是中国学界面临的重大课题。但有一点可以肯定：今天我们已经必须从根本上拒斥简单的"拿来主义"，因为这样的"拿来主义"只能是文化不成熟、文明不独立的表现。中国思想学术文化成熟的标志在于中国文明主体性之独立立场的日渐成熟，这种立场将促使中国学人以自己的头脑去研究、分析、判断西方的各种理论，拒绝人云亦云，拒绝跟风赶时髦。

黑格尔曾说，中国是一切例外的例外。近百年来我们过于迫切地想把自己纳入这样那样的普遍性模式，实际忽视了中国文明的独特性。同时，我们以过于急功近利的实用心态去了解学习西方文明，也往往妨碍了我们更深刻地理解西方文明内部的复杂性和多样性。21世纪的中国人应该已经有条件以更为从容不迫的心态、更为雍容大气的胸襟去重新认识中国与世界。

而中国现代美术的方向就是要学西方美术的"写实主义"，所有这些都一方面是对西方美术的误解，另一方面则是对中国现代美术的误导。在文学方面，胡适力图引进西方科学实证方法强调对文本的考证诚然有其贡献，但却也常常把中国古典文学的研究引入死胡同中，尤其胡适顽固反对以中国传统儒道佛的观点来解读中国古典文学的立场更是大错。例如他说"《西游记》被三四百年来的无数道士和尚秀才弄坏了"，认为儒道佛的"这些解说都是《西游记》的大敌"，但正如《西游记》英译者余国藩教授所指出，胡适排斥儒道佛现在恰恰成了反讽，因为欧美日本中国现在对《西游记》的所有研究成果可以概观地视为对胡适观点的驳斥，事实上，"和尚，道士和秀才对《西游记》的了解，也许比胡适之博士更透彻，更深刻！"。

同样，我们对西方的了解认识仍然远远不够。这里一个重要问题是西方人对自己的看法本身就在不断变化和调整中。例如，美国人曾一度认为美国只有自由主义而没有保守主义，但这种看法早已被证明乃根本错误，因为近几十年来美国的最大变化恰恰是保守主义压倒自由主义成了美国的主流意识形态，这种具有广泛民众基础而且有强烈民粹主义和反智主义倾向的美国保守主义，几乎超出所有主流西方知识界的预料，从而实际使许多西方理论在西方本身就已黯然失色。例如西方社会科学的基本预设之一是所谓"现代化必然世俗化"，但这个看法现在已经难以成立，因为正如西方学者普遍承认，无论"世俗化"的定义如何修正，都难以解释美界，甚至想当然地以为西方的理论观点都具有普遍性。但是，一旦"我们跳出一切成见的圈子"，倒转过来以中国文明的历史视野去看世界，那么中国文明积累的这笔庞大文化资本就会发挥出其巨大潜力。

诚如张光直先生所言，要把中国文明的这种潜力发挥出来，我们需要同时做三件事，一是深入研究中国文明，二是尽量了解学习世界史，三是深入了解各种西方人文社会科学理论，有了这三个条件我们才能知所辨别。做这些工作都需要长时间，深功夫，需要每人从具体问题着手，同时又要求打破专业的壁垒而形成张光直提倡的"不是专业而是通业"的研究格局。这套丛书即希望能朝这种"通业研究"的方向做些努力。我们希望这里的每种书能以较小的篇幅来展开一些有意义的新观念、新思想、新问题，同时丛书作为整体则能打破学科专业的篱笆，沟通中学与西学、传统与现代、人文学与社会科学，着重在问题意识上共同体现"重新认识中国，重新认识西方，重新认识古典，重新认识现代"的努力。

之所以要强调"重新认识"，是因为我们以往形成的对西方的看法，以及根据这种对西方的看法而又反过来形成的对中国的看法，有许多都有必要加以重新检讨，其中有些观念早已根深蒂固而且流传极广，但事实上却未必正确甚至根本错误。这方面的例子可以举出很多。例如，就美术而言，上世纪初康有为、陈独秀提倡的"美术革命"曾对20世纪的中国美术发生很大的影响，但他们把西方美术归结为"写实主义"，并据此认为中国传统美术因为不能"写实"已经死亡，中国经典进入西方的体会。只有极少数学者，才有这种跟他们所翻译的经典一起进行文化跨越的经验。虽然，把本文化经典翻译到"他种"文化，与从"他种"文化翻译到本文化，经验会很不一样，但对读者而言，意义是一样的。毫无疑问，20世纪的中国文化，实质是一种翻译文化。首先是西学译为中学，接着是古学译为今学。现代中国读者尤其是知识分子，能够从大量西方经典的中文译本中，学到西方重要的经验与知识，同时也感受到这种经典的跨越对塑造现代中国文化的作用。例如，中国哲学这样的学科，就是在西学的影响下形成的。

　　回味这种经验的时候，有时颇有伤自尊的感觉，或者说产生一种压力感。我们在受惠于西学的同时，很少有对西方进行文化回馈的努力。对"走向世界"感到欢欣鼓舞，实际是在释放这种压力感。但问题是，什么叫"走向世界"或"登场"？是自己出钱出力，主动对外翻译我们的经典，还是一有机会，就出去宣讲中国文化或哲学的重要性？可能两者都是。然而，这种方式过去也可以做，为什么现在才是"时候"？说白了，是现在多少有些实力，即有了说话的本钱。这种想法是很实在的，如果我们的社会生活经验毫无动人之处，不会有多少人注意你的发言。但是，如果你真有实力，酒香不怕巷子深，是用不着高声吆喝的。了解西学能在中国流行的背景，是因为这些典籍或知识在解释或塑造现代西方文化上的巨大作用，我们就会知道，经典在本土文化上是否具有生命力，是它能否跨越到他种文化的基础。而经典是否在现代中国仍有活力，是"五四"以后很长时期内存在

初版自序

这是一本谈论中国哲学方法的书。时下关于中国文化走向世界，或者中国哲学在世界登场的呼声，对古典哲学工作者，是一种很大的鼓舞。其实这不只是中国学者的心愿，西方汉学界也颇有呼应者。去年我参加的法国《汉文书库》的介绍活动，也印证了这种正面的信息。不过，当主持人提议我就"中国经典如何跨越到其他文化"发表意见时，我有点踌躇，因为自己对此并不比那些翻译家更有发言权。为了表达对这一事业的祝愿，我也仓促上阵，对经典的跨越谈点自己的感想。

事实上，通过经典的介绍、翻译进行中外文化交流，已经形成源远流长的传统。先是印度佛学传入中土，又有中国儒学和佛学传至东亚，近世以来又有中西经典的互相传译。把这种经典的译介表达为"跨越"的话，这种跨越往往是双向的。只是，大多数的读者或学者，具有感受单方面即其他经典对本文化的跨越的经验，而非相反。例如我们从事中国经典文化研究的大多数同事，包括我本人，并没有太多关于固然完满，但独立存在的意义也不应抹杀。每一篇论文，都可以描绘一道思想的风景线。当然，这种类似兑换小额支票的哲学论述，不是面对前人的思想遗存发感慨，它同样需要思想技能的训练，既包括经典的释读能力，也包括观念的证成技术。文本、经验、想象力与推理的运用，缺一不可。哲学方法不是经验科学的方法，它如果有规范作用的话，充其量只是帮助阻挡次品的出笼，而不能保证精品的诞生。因此，这种创作是思想的艺术，每一篇成功的作品都是独一无二的。哲学没有点金术，学习的过程就是向经典作品请教的过程。

如书名所示，本书的主旨是"做中国哲学"。这个表达结构是维特根斯坦的"做哲学"（do philosophy）的衍生形式。它强调的重点，一是区别于只述不作的哲学史论述，一是追求"做"出它的中国特色。"中国哲学"有经典哲学与当代哲学两层含义，前者就其包含经典文化与思想经验而言，后者则是时间概念，前者也包含在后者中。因此，经典中国哲学是否有力量，还取决于它与其他当代哲学（来自西方的，或意识形态）的竞争能力。至少它得令人信服地显示，经典思想对现代精神文化具有独特的解释与塑造功能。作者也相信，我们正在迎来复兴经典哲学的难得时机。原因不只是我们的社会比过去更有活力，还在于我们愿意改变"五四"以来对传统的傲慢的态度，以及更重要的，我们累积了向西学学习正反两方面的丰富经验。在我心目中，做中国哲学的目的，不是要证明它与西学的关系，不是为了与国际接轨，也不必在意是否能在国际登场，而是向现代中国人，首先是知识界，揭示经典与现代生活的关联，让它的仁爱、智慧与优雅的品质，在我们的精神生活中发挥力量。这才是我们经典哲学工作者应当首先致力的事业。

  本书的出版，得益于甘阳教授的直接帮助。干春松教授以方法论为主题的提议，触发我选编该书的动机。研究助理张芸小姐则承担了文集的初步编校工作。朋友、同事的鼓励，常常是我工作的一大动力。在这里，我要对他们的情谊表达由衷的谢意。

2015年元旦
写于中山大学珠江南岸校园

"做中国哲学"再思考

(增订本代前言)

"做中国哲学"原是作者一本书的标题。该书不是一本有计划的著作,而是本人在近二十年间发表的方法论文章的结集。标题是临时草拟的,但它可能无意中触动了中国哲学领域酝酿已久的创新冲动,受到一些意外的关注。[1]其实,虽然中国哲学的方法问题的确是自己持续关注的论域,但各篇论文写作的时间跨度大,各自依托的背景不一致,全书并未提供一个整合性的论述。受同道评论的鼓舞,我觉得提供某种概括性的"说法",有利于交流的继续。[2]当然,限于

---

[1] 有关本书的评论,见诸《开放时代》(杨海文,2015年第6期)、《哲学与文化》(廖晓炜,2015年第12期)、*Dao*(中文为《道》,Zemian Zheng,2016年12月)、《哲学研究》(陈壁生,2017年第8期)、《哲学门》(王格,北京大学出版社,2018年)。此外,*Contemporary Chinese Thought*(Routledge出版,2017年,第48卷第2期)翻译了该书两篇论文,并附有主编戴卡琳(Carine Defoort)写的导读《陈少明论中国哲学方法:经验、想象与反思》("Chen Shaoming on the Methodology of Chinese Philosophy: Experience, Imagination, Reflection")。关于中国哲学领域创新动向的判断,可以从李泽厚关于"该中国哲学登场"的呼吁、陈来《仁学本体论》的问世,以及杨国荣的《存在之维》等系列著述的出版得到印证。此外,新近杨立华的《一本与生生》、丁耘的《道体学引论》也是中国哲学创作的新成果。其他暂不一一列举。

[2] 本文系作者由在刘笑敢教授主持的"如何做中国哲学?取向、入径、评价"论坛(北京师范大学,2018年10月20日)上的报告《"做中国哲学"述要》改写而成,故部分观点取自己经发表的论文,同时,文章仍留有发言稿的特点,请读者见谅。

篇幅，下面的论述只是提纲式的。

一 "中国哲学"的界定

这个界定是整个论述的基础。为了加深印象，我先采取排除法，即从中国哲学"不是什么"入手。

首先，"中国哲学"并非中国哲学史。哲学史作为一门学科，是西学传进中国以后，我们的前辈借助西方哲学的概念框架，对中国古典思想做重新整理与叙述的产物。这门学科建立的意义，是在形而上的层次上，为中西文化提供比较与沟通的知识管道。但它也带来某些缺陷：一方面，是部分重要的思想遗产，没法在哲学史中得到有效的阐明甚至没有被论述的机会；另一方面，则是把本来不属于传统的内容当作固有的思想添加上去，导致对经典思想的某种扭曲。这类哲学史研究的基本路数，就是论证中国思想中的某些观念相当于西方哲学中的某些思想。它的问题意识，是根据与西方哲学的关系来确定的，其关键词叫作"比较"。教科书中关于本体论、认识论及伦理学之类的划分，就是这种套路的体现。这种研究方式通过中国哲学史教材的编纂产生影响，在20世纪占据主流地位。

其次，"中国哲学"也非学术史。从20世纪末到本世纪初，哲学史模式遭质疑后，学术史的研究开始成为中国哲学史研究的重要形态。它的焦点是，提出对中国哲学史的内在线索的探讨，探寻中国古典思想在演变过程中提出的问题及其变化。这种研究风格力求尽可能地贴近文本，更自觉论述典籍所提供的资料。关键词从"比较"变成"梳理",眼光从横向转向纵向。这种梳理一开始关注的是如孔孟、老庄、程朱、陆王这样的大家,后续工作逐渐下移到他们的传人身上,从二传、三传甚至到四传。这种工作的累积把古代学术的发展脉络细密地呈现出来。它的作用是理解,而非创作。同时,由于不断增长的博士论文的选题需求,很快就到了无货可供的境地。

其三,也非广义的中国哲学。所谓"广义的",泛指用中文论述的哲学,或者叫"哲学在中国"。它至少包括,对当代生活的哲学研究,用西方哲学的理论对中国现象的说明,或者是用中文进行西方哲学研究。用中文研究西方哲学,目标读者主要是中国人,它与用西文研究西方哲学所依托的背景与问题意识不一样。前者的目的在于向中文世界注入西方哲学资源,本质上是中国学术的组成部分。当然,如果用西文做的哲学研究,其问题意识来自中国思想传统的话,也当看作广义的中国哲学。同时,也不能排除某些跨文化哲学研究,可能具有两栖的属性,此不详论。广义的中国哲学中,就与"中国"关系而言,不同部分所处的位置有中心与边缘的不同。但这个不同与哲学成果的优劣无关。

我的中国哲学概念是狭义的,指呈现中国文化经验或精神的哲学研究。它自然是广义的中国哲学的组成部分。不过,把狭义的与广义的中国哲学做比较,就其"中国"而言,狭义者处于问题的核心;但就其"哲学"而言,则狭义者与广义中国哲学的各层次或分支,处于相互竞争的状态,在价值上没有优先位置。由于体现中国文化经验或精神的资源与中国哲学史典籍交叠,因此,狭义的中国哲学与中国哲学史关系更密切,也可以说前者是从后者脱胎而来的。差别在于,中国哲学史揭示古典的精神是什么;中国哲学则告诉大家,为什么这种精神仍然是有价值的。两者一是说明,一是说服。"做中国哲学"致力于说服的工作。

二 研究对象的扩展

虽然中国哲学与中国哲学史研究利用的经典文献大致相同,但寻找的对象可能不一样。中国哲学史以经典文本中的概念或命题作为对象,如道、德或者仁、义,人性或物性,道器或理气,等等。但中国哲学对素材的采用范围更广,不限于抽象的概念或命题。原因在于,经典文本所论述的内容包含观念与情境两个方面。古代经典尤其是先秦作品,像《老子》那样较纯粹的观念论述是鲜有的。很多文本中概念性的内容,都是镶嵌在具体的生活图景中。离开相关的经验背景及话语方式,那些概念或问题会变得不可理喻。同时,经典中非概念化方式所展示的内容,本身就是观念的表达方式。

例如《论语》,是孔子和学生、时人答问的记录。但同是问仁、问孝或者问政,相同的问题,得到的答案差别很大,为什么?如何理解?原因在于问题虽相同,但提问者不同,其问题背景不一样,而答案应有具体的针对性。只有研究对话的背景,才可能掌握相关的意义。对话是行为语言,既非理论语言,也非描述语言。行为语言的功能在于影响对话者的言行，而不同的言语方式效果会很不一样。《论语》的对话与《孟子》的对话也不一样，后者是创作而非记录。其中的辩论是虚拟的，即孟子为论证其观点采取的一种形式。因此，对《孟子》与《论语》的研究方式应有不同。而《庄子》也有很多对话，其对话也是作者要表达的观点，看起来和《孟子》是相似的，即都是创作而非记录。但《庄子》的对话另有特点，它并非纯粹借助合乎逻辑的辩论以达成其目的。如我们都熟悉的"鱼之乐"的辩论，你很难通过逻辑分析判定庄子的观点正确。可是作者取得了其所期待的效果，至少历代大部分人都赞赏庄子的立场，而很少有人说庄子的争论是不合逻辑的。《庄子》的表达方式非常戏剧化，它通过对话把话题和对话者的性格与境界都呈现出来。《庄子》这样的著作，离开寓言中的故事、情景，是没法揭示它的言外之意的。因此，要把它作为做中国哲学的素材，就必须运用新的区别于过去哲学史研究的方法。

另外，某些重要的内在道德经验，如"四十不惑"的"惑"，或"乐以忘忧"的"忧"，"知耻近乎勇"的"耻"，由于经典文本很少将其作为概念来论述，一般在教科书中没有位置，但它也是做哲学的好素材。如果"不惑"是人生的一种境界，那"惑"是什么，就不是无关紧要的问题。"乐"是儒、道共有的话题，但影响乐的不仅是"忧"，如痛苦、愤怒、嫉妒都是乐的障碍，孔子为何只是突出忧与乐的对立？本来是"勇者不惧"（《论语》），为何变成"知耻近乎勇"（《中庸》）？揭示这些内在经验与道德人格形成的关系，未必是哲学史的任务，但它应当是重要的哲学课题。

三 经验是个关键词

在做中国哲学的范畴内，经验首先是古人的经验，它表达在经典所记述的内容中。一方面，古典的观念必须在古典生活的经验中理解；另一方面，还可以直接从古典生活经验中提取我们需要的观念。这就是做中国哲学的"中国"依据。但是，进一步的要求是，它还必须以现代生活经验为基础。如果古代经验跟我们当下的经验没有任何可以沟通之处，则古代生活所体现的有价值的观念，对我们现代人来说就是难以企及的。做哲学者，必备的信念是人类无论古今东西，都具有可以共享的经验或问题。只有证明脱胎于古代经验的观念也能有效解释或引导当下的生活，才是具有普遍性品格的哲学工作。

当然，经验是个复杂的现象。每一个经验都包括外在经历及内在意识两方面。在此基础上，至少还有若干区别必须说明。一是意识经验与操作经验的区别。操作经验，特别是可实验证明的经验，是客观的或者在同样的条件下可以重复的经验。老派逻辑实证主义者，比较青睐这一类型的经验。意识经验指存在于每个人内心的思想或意识活动，它比操作经验复杂，但它是理解人类精神现象的基本途径。二是个人经验和集体经验的不同。所有的经验首先是个人经验，不存在与人不相关的经验。但有些是众人或团体共同经历过的，它形成某种共同的记忆甚至共同的行为模式，如果共同经历者的规模足够大，我们就称其为历史经验或文化经验。这种经验由于文化的传播，可以复制并在空间与时间上传递，以至于没有直接经历者也可以知识学习的形式获得前人总结的经验。三是特定文化经验与一般人类经验的区分。我们研究的中国文化经验，它是历史上借经典传播，由制度塑造及体现在社会风俗上的。但其内容既有中国历史文化中特有的，也可能有人类所共享的。例如，汉语在语种上是特殊的，但作为语言则与其他语种有共通之处。与此类似，身体行为、意识活动、道德生活等，都存在特殊与普遍的关系。那么，这些具体的经验如何导出具有当下意义的问题，或者如何把它普遍化呢？这是做中国哲学必须面对的任务。我们无法肯定中国历史文化中的经验或问题，一定都是人类会面临的处境或问题。因此，首要的工作是说服当下的中国人相信，现代生活与古代生活具有可以相互融贯的经验。总之，中国哲学有没有价值，首先取决于它是否被现代中国人特别是知识阶层所接受。在此基础上，才能谈它对更广泛的其他区域的人类有什么意义。后一种意义是派生出来的。中国哲学不能做成国际旅游纪念品，当地人不用，专门卖给外国游客。

简言之，所谓经验在做哲学中的意义，就是通过经验阐明观念的可信性。而哲学的阐明与一般常识的理解不一样，后者只是描述相关的现象活动，前者需要寻根问底的思考，需要把问题置于生命或生活赖以存在的基础上阐明。这个基础，也许就是如维特根斯坦所说的那种生活形式。

四 不以形上学为前提

中国是否有形上学，一直是个有争议的问题。我的观点是，先从区分形而上学或形上学的两种意义入手。一是《易传》所说的"形而上者谓之道，形而下者谓之器"，其所谓道，相对于器而言，形而上即不是它的外在形态，而是指事物的内在意义。这种内在意义包括对事物本身与人两方面而言。就此而论，传统具有形上学是不言而喻的。另一种形上学指的是西文中的 metaphysics，即以存在为对象的理论，是传统西方哲学的中心问题。有若干理据，可以说明中国思想传统中存在类似的观念或思路。第一，所谓存在，即西文的 being，汉语既可译为"存"或"在"，也可译为"有"，有无的有。故 ontology 也译作存有论。存有论的译法是有根据的，《庄子·齐物论》中，就有"有有也者，有无也者，有未始有无也者，有未始有夫未始有无也者"的说法。撇开庄子对时间有开端的质疑不论，句子中"有有"的第一个"有"是动词，第二个"有"则是名词，即存在一种叫"存在"的现象或对象。"有无"的结构相同。因此，那些认为中文的文法无法产生对存在的追问的说法，建议重新推敲。第二，关于有与无的关系，不是有什么与无什么的具体经验问题，而是有"有"有"无"，或无"有"无"无"，整体的"有"靠整体的"无"来定义。可是，整体的"无"不是东西，而是理解"有"所依赖的观念。它是个真实的形而上学问题。玄学"以无为本"的论断，是一个具有哲学意义的命题。王弼在《老子指略》中提出，任何具体的东西，受限于自身的特性，"若温也则不能凉矣，宫也则不能商矣。形必有所分，声必有所属"。故一物不能作为其他事物共有的基础。"道"不同，它无声无色，无味无臭，不是东西，所以才是万有的根基。因为它没有任何特性，逻辑上只能是"无"，叫以无为本。这很有思辨哲学的味道。第三，从反形而上学的角度看，戴震在《孟子字义疏证》中批判理学家视"理"为"如有物焉，得于天而具于心"的"形而上"者。王国维写过《释理》，认为理本来只有主观意义，没有客观意义，把"理"看成实体，是语言误用，以为抽象概念也有外在对应物的结果。其分析手段，同逻辑实证主义者如艾耶尔在《语言、逻辑与真理》中反形而上学实体论的理路如出一辙。由此反推，"理"也具备某种形上学的性格。现代新儒家重建形上学的热情，不只是因为西学的暗示，也有传统思想力量的鼓舞。这些搭建宏伟思想景观的努力，包括今人正在做的，都值得尊敬。

不过，我个人认为西式形上学，不必成为做中国哲学的前提。本体论形而上学的思想倾向是把各种复杂的事物都归结为单一的原理，这样便有不断归因或思路不断倒退的问题，最终的概念，必然是抽象的，纯有其实就是空无。这种形而上学的观念与我们的经验生活距离比较遥远，生活的丰富性难以在其中充分呈现。我们可以放宽思路，在做中国哲学中探讨更多的可能性。方案之一，便是回到道器论，把形而上学理解为探讨意义的学问。孟子的性善论，不是从定义或原理出发，而是通过经验的观察说明人类行为有某种共同的价值倾向，然后借"乍见孺子将入于井"的假设，导出人类具有向善的思想根源。庄子讲庄周梦蝶，一个抽象概念也没有，只是在描述变蝶的梦境后，提出是否存在蝴蝶梦变庄周的可能性。如果这种可能性理论上不能排除，那"物化"的观点就很有深度，哲学就是努力揭示潜存于现象背后或观念底层的东西。因此，不以西式形上学为前提，不一定是接受解构主义或者后现代主义的影响的结果，中国古典思想对此也有很好的示范。明儒提倡"随处体认天理"，不必处处讲求"得于天而具于心"的不可思议的对象，而是努力从不同角度领会生命或生活的意义。

五 接受方法的多样性

在道器论上，每一种事物或现象背后都有它的意义。所谓意义，抽象地说就是对事物内在要素，以及相互间的联系的理解。意义是分层次的，它可以从事物的整体秩序中把握，更可以从生活或生命价值上理解。虽然事物的意义是在意义网络中得以确定的，但是，如果把这种意义抽象化，例如，把人、事、物以及观念，仅仅理解为抽象的存在之表现，那物与物均可互相代替，一物等于万物，"万有"真的就会变成"纯有"，而纯有与纯无其实无区别。事物的意义是相通的，但不是相同的。每一种现象都有自己的意义，都可以单独去研究，而不一定非要追寻抽象无差别的本体。庄子说"每况愈下"，就是提醒我们不要被高大上的现象所蒙蔽，要有一双善于发现的眼睛，从生活的不同角落寻找意义。庄周梦蝶从"物化"中见道，庖丁解牛是"技进乎道"，观鱼之乐也是观道。道是意义的相通处，但梦蝶、解牛与观鱼，各自意义不能互相代替。否则，对生活的理解就是抽象的，单调的。问题的关键在于，对事物的理解不能停留于常识上，需要一种寻根问底的态度与方式，深化我们对相关意义的理解。

由于现象或事物的复杂性，因应不同对象或题材的思考，方法上也可以是多样的。不管是中国哲学，还是外国哲学，方法都不是单一的。西方哲学从大处看，也有思辨哲学、分析哲学，以及现象学的不同。面对中国哲学的广泛内容，不同的方法可能对不同的内容有适应性的不同。如现象学擅长对意识的结构分析，而中国心学传统主要涉及人的内心世界的问题，所以两者之间吻合的程度较高。分析哲学也有它对应的题材，中国传统哲学有关名学，即概念探讨的内容，也可纳入现代视野来观察。总之，各种哲学方法都有其意义所在，不必囿于一见。同时，中国自己的思想传统，本身也发展出多样性的方法和思路。如道家哲学和魏晋玄学讨论很多超越经验的思辨性问题，如对道究竟是"有"还是"无"的讨论，涉及是否存在超越时空对象的问题。宋明理学除了对理的形上关怀外，更致力于对人的内在道德经验的反思。汉学特别是清学通过训诂从概念的起源寻求哲学范畴的原始意义，从而有助于揭示相关的思想观念是如何被其背景经验所塑造的。哪种方法更有优势，不是靠标榜，而是与运用水平有关。有时候，方法是合适的，但运用能力没有得以体现，也会成为问题。虽然，每个人可能都有自己更倾心的哲学立场，但在做中国哲学上，应该提倡开放的态度。即使不主张以追求形而上学为目标的人，也仍然可以学会欣赏思辨哲学的成就。

六　想象力的强调

哲学是比较抽象的学问,但由于对抽象理解的偏差,导致我们在哲学教育中想象力内容的缺乏。人们通常认为,哲学需要一种抽象的能力,而抽象跟想象力似乎是不一致甚至有抵触的。其实,想象力至少有两个类型:一种是与艺术相关的;另一种则是与理智相关的。关于后者,西方哲学可以给我们提供很多启发。现代西方哲学中的很多重要观念其实都与想象相关,比如,罗尔斯的"无知之幕",塞尔的"中文屋",还有"道德电车"问题,这类观念的形成并不靠抽象的概念分析,而是哲学家运用想象力的结果。如果我们缺少想象力,则没法使经验与观念进行恰当的沟通。

当然,这里还涉及对抽象的理解问题。哲学是抽象的,一般说来没有错,至少比说哲学是生动地讲故事要好。但是,究竟什么是抽象?许多人将抽象理解为思想成品的特征。比如由众多经验中提炼出一种观点,或者将复杂的现象简化成什么特点。其实,抽象首先是一个动词。它应该是一个过程,一个从具体到抽象不断演变的过程。同时,抽象可以有程度不同的变化,比如毕加索有一套有名的作品,牛的变形图,就展示了抽象的过程。在这套画中,第一幅与通常的素描一样,是细节丰富、形象丰满的牛。此后,相继的每一幅都是对前一幅笔画的简化。最后一幅变成一个长方形加一条斜线,象征牛的尾巴,成为一个抽象符号。可见,抽象就是一个不断减少具体内容的过程。在这个过程中,每一幅画的图像都是对前一个画面的抽象,每次抽象都是相对于前面的具体内容而来的。所以,的问题。虽然今天对之持肯定的态度者越来越多，但如何焕发其生命力，则是另外一种文化"跨越"的工作，它在古今之间进行。今日的经典文化工作者，承担的正是这一任务。

表面上看，在中国传统内部，经典向现代的跨越，主要是从古代汉语向现代汉语转化的注译工作。其实，这只是一般容易理解的层次。更重要的还是意义的理解，包括经典与其产生或起作用时代关系的理解，还有经典观念的现代社会意义的理解。后者一般得到比较抽象的肯定，但深入而有说服力的研究相对不足。而这种不足会导致经典与现代的关系越来越脱节。如果我们的经典没有显示塑造或影响现代文化的能力，那它向他种文化的传播便会缺乏动力。其实，中国以外有经典文化的不只是西方，但西学对中国的影响力远超其他文化，究其原因，不是其他文化传统的经典与现代生活关联不大，就是其塑造的生活方式对我们吸引力不够。有鉴于此，我们的经典研究不能局限于传统的注疏之学，也不能偏向于通往西方的格义之学，而应该同时发展出与现代生活经验相关联的诠释之学。后者对于中国经典向他种文化的跨越，虽然没有直接的关系，但可能有更长远的影响。

本书的主题与上述的看法相关，它反思经典思想如何从传统的注疏之学，转变为中国哲学史研究，以及它在塑造中国现代学术文化中正反两面的经验。基本论点是：与一般先有哲学然后再有哲学史的常规次序不同，在近代中国，是先在西方哲学的启发下，通过对古典思想观念的重新叙述，从而建立中国哲学史学科。现代学术意义的哲学创作，反倒是哲学史学科建立后再产生的现象。而叙述哲学史的原初动机,不是为了推动哲学创作,而是为阐明中西文化精神的不同。是比较文化以至比较哲学的努力,才促进中国哲学史的产生与发展。其基本叙述套路,就是格义式的"中国的X相当(或优于,或不如)西方的Y"。这种教科书式的作品,多从西方哲学的问题意识出发,既肢解了经典的整体意义,也不能揭示其所关注对象的思想内涵,没有呈现好经典传统中精彩的一面。

新的诠释之学,应当致力于做哲学。现代新儒家如熊十力、冯友兰、牟宗三,均是我们的先驱,那种通过抽象概念演绎建构起来的形而上学,宏伟壮丽,曾让我们这一代有不能望其项背之叹。不过,他们的传人多数回归注疏或格义之学。我们应当继承前辈做哲学的精神,但不必重复其具体轨辙。本书的提议是,在思想资源方面,贴近经典文本,从古典生活经验中获取题材与灵感,挖掘事物的深层意义,即通过识人、说事、观物诸多途径,从不同角度进入经典的意义世界。同时,还可以探讨那些古人津津乐道,但现代教科书置之不理的意识经验,如惑、耻、报、不忍等,丰富我们对古典道德人格及其培养方法的理解。新儒家的哲学理想道德形上学,凌空绝顶,美丽而遥远。其抽象的概念结构,不是大多数人的经验所能企及的。哲学的普遍性可以是逻辑的,但也应当是经验的,两者可以相通。从经验现象入手,是试图把宏大的思想图景,分解为一系列目标明确、具体的观念展示程序。犹如欣赏风景,在高空鸟瞰与在景物中穿行,其意义能够相通,但不能互相代替。观念的风景在观赏者那里,可以比现实的景色更美丽。不同的论题之间,能够汇通抽象一定要和具象相对应，如果抽象出来的符号或观念跟作者心目中的对象没有对应的关系，那么这个抽象就成为不可理喻的东西。也就是说，这种与经验或对象有结构性关系的符号或者思想图式，正是联结经验与概念的中介。这个中介既需要借助想象来构造，也需要通过想象来理解。

许多著名的思想图式，不是哲学家经验的记录，而是他们通过想象力形成的表达。比如《孟子》中的"乍见孺子将入于井"，孟子没有说是他亲眼见过孩子要掉下井，也没有说是他认识的某个人看到小孩要掉下井，而是他假定如果有人看到小孩要掉下井的情形。这种想象出来的情景，有效推导出人人有恻隐之心的结论。至少，其后两千多年，未见有人给出更好的说法。故现象学家耿宁说它对古今中外的人都是有说服力的。这意味着，想象力在抽象观念的传达中作用很大。还有韩非子关于自相矛盾的例子。让一个吹牛吹破天的人，推销自己的攻防装备，结果吹出一种经验中不可能发生的现象。攻无不克的矛和坚不可摧的盾，两者经验上不能并存。一句"以子之矛，攻子之盾"的提议，根本不用试验，谎言即被揭穿。自相矛盾之所以成为描述这类思想或言论缺陷的经典表达，就是其图式准确呈现出这类现象的基本结构。哲学需要的，就是这种理智的想象力。我们必须克服经典学习中常出现的狭隘的文献证据思维，让思想生动、活跃起来。

七 尝试比提倡重要

特定的知识依靠特定的方法去获取。但对很多知识门类来说，方法只是共同的治学手段，甚至只是约定，没有太多的讨论。哲学似乎很不一样，不但讨论方法，而且方法论不只是做哲学的手段，它是哲学的组成部分。不过，这种方法没有提供如做实验那样可以遵循的程序。它的约束性不强，作用更多是方向性的导引。效果好者，类似旅游导览。不同的目标走不同的路，不会南辕北辙。但相同的目标也可能有不同的路，只是路上风光及方便程度可能不一样。使用者可以自己参考选择。效果差者，则可能像绘画分类，只是让你知道油画不是水墨画，版画不是雕塑而已。不幸的是，哲学方法往往更像后者。没有人因为读了绘画方法就成为画家，正像没有人读了小说理论就成为作家一样，做哲学亦然。如果有一个固定的规则，我们照它办就能弄出来成果的话，那么这个产品肯定不是哲学，最多是一种没有什么思想品位的哲学。哲学应当是一门思想的艺术。而艺术是需要实践的，创新建立在训练的基础上。

做中国哲学，尝试比提倡更重要。由于不以形而上学的建立为前提，我们需要选择一些问题或现象进行探讨。作者探讨的问题中，包括两种不同的类型，内在心理经验的分析和经典论题的重构。心理经验如乐与忧，惑与耻。其中，乐是经典道德心理论题，从《论语》的"人不堪其忧，回也不改其乐"及"乐以忘忧"，到孟子的"独乐乐"不如"与人乐乐"；从《庄子》的"至乐"，再到宋明儒学的"寻孔颜乐处"，其线索清晰且自觉。但现代教科书并没有给"乐"留下位置，缺乏正能量的"忧"就更不用说了。经验告诉我们，"乐"的对立面或思想障碍，不只是忧，还有苦、怒甚至妒，为何孔子要突出克服"忧"的必要性呢？这就是做文章的地方。当人们出于对某一对象（包括自身）的关怀，预感或判断其会面对不利或险恶的环境时，所引发的焦虑或担心，我们称为忧。它是指向未来的意识，其中预判与未经验证的特征很重要。它会导致"忧"的常态化，并可能引发无必要或过度的反应。通过对"忧"的情绪的描述，分析其意向结构，可以逐步揭示"忘忧"在提升精神生活中的意义。孔子自称"四十不惑"，人们常言"不惑"，而很少讨论什么是"惑"。分析可知，"惑"不是无知，也非质疑，而是对象无法在已有的认知结构中明确归类，它存在多种可能性，从而造成不确定性。这种现象从知觉经验到认识状态特别是在道德实践中普遍存在，因此"解惑"成了人生的常态。只有心智成熟、经验丰富者，才能减少"惑"对道德及精神生活的干扰。因此，"不惑"才会被大家所推崇。

经典论题包括《庄子》中的"吾丧我"、庄子观梦、"小大之辩"、"鱼乐之辩"、庖丁解牛，还有孟子的仁义关系，韩非子的自相矛盾，王阳明的心外无物，等等。以小大之辩为例。庄子借小鸟对大鹏的窃议，提出小与大的相对性，并把它同贵贱、有无到是非等貌似无关的问题联系起来。要揭示这种关系，得分析"大小"词语在日常生活中的用法，以及这一本用来形容三度空间中事物规模的用词，是如何运用到无法进行度量的观念或理论上来的。以及它如何从自然空间过渡到社会空间，从而表现世俗社会尊大轻小的倾向。最后，还可分析在辩证法和形而上学的不同范畴下，探讨大小与有无之间关系的哲学意义。这样，庄子用寓言展示"小大"（而非大小）相对性的图式，在我们的分析中，其颠覆世俗价值的企图，以及这对看似平淡的日常用语所蕴含的丰富意义，便多层次地呈现出来。

每个论题或个案都有自己的个性，做哲学并非套用一种方式将它们扁平化，而是让各自的价值得以彰显。每个论题的处理，未必只有一种方式。因此，做哲学的过程，就是深化及丰富对世界认识的过程。

八　可以共享的知识领域

现代新儒家虽多为哲学史家，但早就意识到哲学研究的重要性。冯友兰一方面写中国哲学史，一方面创作新理学，区别很自觉。只是现代新儒家受思辨哲学影响太大，其哲学创作，总是做成形而上学的模样。如熊十力以心学与易学结合，一方面讲本心即本体，一方面讲翕辟成变，大化流行。冯友兰是实在论模式的新理学。牟宗三则是道德的形上学或者叫无执的存有论。其共同点，是对中国精神传统提供各自的整体判断与说明。这种类型的形上学，理论上具有逻辑的排他性。他们的后继者，如果天分不够，很少有能力发展新的理论模型。那剩下的工作，就是围绕某个大师的作品，争夺或垄断解释权，甚至做党同伐异的事情。这或许可以解释，为何跟大师最紧的弟子，成就一般不大。不是形而上学不会或不该有人继续做，而是这种思想道路艰难且狭隘，不仅吸引不了太多的读者，同时也容不下太多的哲学工作者。

在中国哲学史正当性讨论之后，肯定中国哲学立场者，不必把太多的精力继续放在解释中国传统的某些思想课题符合西方哲学的那些标准上，而应当致力于用哲学的方法处理经典的思想文献，即做中国哲学本身。这不仅为哲学挖掘更多传统资源，同时也让传统的经验与精神影响现代哲学。因此，中国哲学的研究园地，并不是边界固定的场所。它是一个真正开放的思想园地，不同的人可以做不同的课题，也可以从不同的角度做同一个问题。由此形成多种研究方法互补、并存甚至是竞争的态势，经典和现代生活多层次的意义联系才能被更多地揭示出来。这样，中国哲学在提升现代生活的精神品质上才更有力量。

（原载《哲学动态》2019年第9期）

知识谱系的转换
中国哲学史研究范例论析

一 "哲学史"这学问

中国哲学史现在是很堂皇的学术殿堂，但那是在不足百年的时间内构筑起来的工程。在它的奠基者那里，情形可不是这样确定，连是否有其坚实的地基，都是需要勘查的问题。因为传统只有经史子集，或辞章、义理、考据及经世的划分，就是没有叫作"哲学"这样的东西。比较与之相邻的史学或哲学就知道，哲学史所处的位置，开始是有些尴尬的。史学在传统就是显学，现代继续存在史学，自然不是问题；哲学过去即使没有，但可学社会学、人类学，直接从西学中引进。但如果本来就没有哲学，而有人竟要来写哲学史，在另一些人看来，那就有点无稽之谈了。对于这种"无中生有""强为之容"的现象，必须从整个近代中国文化变迁的背景来理解。

胡适、冯友兰在20世纪上半叶出版的有关论著影响最大，可以看作这一学科的奠基之作，看看他们如何为"中国哲学史"正名也许能说明些问题。胡适在《中国哲学史大纲（卷上）》的导言中先为哲学下一个定义："凡研究人生切要的问题，从根本上着想，要寻一个根本的解决：这种学问叫做哲学。"哲学包括的门类有：

1. 天地万物怎样来的。（宇宙论）
2. 知识思想的范围、作用及方法。（名学及知识论）
3. 人生在世应该如何行为。（人生哲学旧称"伦理学"）
4. 怎样才可使人有知识、能思想、行善去恶呢。（教育哲学）
5. 社会国家应该如何组织、如何管理。（政治哲学）
6. 人生究竟有何归宿。（宗教哲学）

依此，"若有人把种种哲学问题的种种研究方法和种种解决方法，都依着年代的先后和学派的系统一一记叙下，便成了哲学史"。[1]他的哲学史目的有三个，即明变、求因和评判。

冯友兰在《中国哲学史》绪论中开篇即说，哲学本一西洋名词，要了解其意义，不能靠一个定义，而是要知道其一般的内容。希腊人把哲学分成物理学（Physics）、伦理学（Ethics）与论理学（Logic）三大部，柏拉图以后一般又分为下列三大部：

宇宙论——目的在求一"对于世界之道理"（A Theory of World），

---

[1] 胡适:《中国哲学史大纲（卷上）》，载姜义华主编《胡适学术文集·中国哲学史》（以下简称《胡适学术文集》）上册，北京：中华书局，1991年，第8—12页。

人生论——目的在求一"对于人生之道理"（A Theory of Life），

知识论——目的在求一"对于知识之道理"（A Theory of Knowledge）。

接着，他又分别把宇宙论分为"本体论"（Ontology）与"宇宙论"（Cosmology），人生论分为心理学与伦理学、政治社会哲学，知识论分为"知识论"（Epistemology）与论理学各两部分。哲学史便是对于历史上出现的上述思想类型的整理。[2]

胡、冯二氏对哲学界定的宽严并不一样，对哲学问题关注的焦点也不一样，胡着重的是"怎么样"，冯则是"什么"。但有个共同点，就是以西学为衡量中学的尺度。胡适说："我做这部哲学史的最大奢望，在于把各家的哲学融会贯通，要使他们各成有头绪条理的学说。我所用的比较参证的材料，便是西洋的哲学。""我们若想贯通整理中国哲学史的史料，不可不借用别系的哲学，作一种解释演述的工具。"[3]不过，为何要用西方哲学作为整理、评判中国思想学术的工具，而不是反过来？这个问题胡适没明说，也许他认为是自明的。冯友兰则这样回答：

> 吾人本亦可以中国所谓义理之学为主体，而作中国义理之学史。并可就西洋历史上各种学问中，将其

---

[2] 冯友兰：《中国哲学史》上册，北京：中华书局，1981年，第1—3页。
[3] 胡适：《中国哲学史大纲（卷上）》，《胡适学术文集》上册，第28页。

> 可以义理之学名之者，选出而叙述之，以成就一西洋义理之学史。就原则上言，此本无不可之处。不过就事实言，则近代学问，起于西洋，科学其尤著者。若指中国或西洋历史上各种学问之某部分，而谓为义理之学，则其在近代学问中之地位，与其与各种近代学问之关系，未易知也。若指而谓为哲学，则无此困难。此所以近来只有中国哲学史之作，而无西洋义理之学史之作也。[4]

说白了，就是要把中国传统学术纳入现代西方文化体系的框架中来理解。金岳霖说："以欧洲的哲学问题为普遍的哲学问题当然有武断的地方，但是这种趋势不容易中止。"[5] 这不是学理的裁判，而是历史情势造成的问题。它是近代中西接触以来，西方势力有效扩张所导致的。读读严复在十九世纪末那些中西比较的文章，尤其是那篇《救亡决论》，就知日后的所谓"会通"中，西学主宰中学已成定局。在激于时势，愤而指斥中学的"无实""无用"之后，严复说："今夫学之为言，探赜索隐，合异离同，道通为一之事也。是故西人举一端而号之曰'学'者，至不苟之事也。必其部居群分，层累枝叶，确乎可证，涣然大同，无一语游移，无一事违反；藏之于心则成理，施之于事则为术；首尾赅备，因应鳌然，夫而后得谓之为'学'。""是故取西学之规矩法戒，

---

[4] 冯友兰：《中国哲学史》上册，第7—8页。
[5] 金岳霖：《冯友兰〈中国哲学史〉审查报告》，冯友兰《中国哲学史》附录。

以绳吾'学',则凡中国之所有,举不得以'学'名;吾所有者,以彼法观之,特阅历知解积而存焉,如散钱,如委积。"[6] 事实上,多数中国人所了解的"各种近代学问",就社会科学而言,基础是严复所翻译的八大名著所奠定的,它涵盖了经济、政治、法、社会以及逻辑诸学科,有力地影响了以后的学科观念。即使像王国维,前期研究哲学,要"论性""释理""原命",也无不拿西洋哲学为分析、评判框架。只不过他喜欢的西洋对象与严复不一样而已。而严复着力推介的进化论、经验主义及归纳法,直接影响了胡适。胡适关于哲学史的界定有两个关键词:根本与方法。他用西方哲学框架剪裁中国学术,实则是承严复的思想脉络,从根本上重估中国文化体系的尝试。

如果不是重估或重构传统价值体系的潜在要求,中国古代学术也非必借助西方哲学整理不可。远的如黄宗羲等的《宋元学案》《明儒学案》,就是"义理之学史";近的如钱穆的《中国近三百年学术史》,不参照西学,叙述也自成一系统。其晚年完成的《朱子新学案》,也沿用传统的学案体,避免用西哲概念。他是自觉的:

> 哲学一名词,自西方传译而来,中国无之。故余尝谓中国无哲学,但不得谓中国人无思想。西方哲学思想重在探讨真理,亦不得谓中国人不重真理。尤其如先秦诸子及宋明理学,近代国人率以哲学称之,亦不当厚

---

[6] 严复:《救亡决论》,《严复集》第一册,北京:中华书局,1986年,第52页。

> 非。唯中国哲学与西方哲学究有其大相异处,是亦不可不辩。[7]

据说,这是他晚年勉强使用"哲学"一词时的说明。钱氏强调中国学术的特殊性,同他强调整个中国文化体系的独特性是相联系的。冯友兰虽然自称"正统派",但相比之下,钱穆的保守主义精神更强。到了晚年,他仍对"礼"与"家"在中国文化中的意义念念不忘。[8]只有强调文化的普遍性而非特殊性的人,才可能做用一种系统解释另一种系统的工作。事实上,不但胡适是持普遍主义立场的人,冯友兰也不例外,他的"新理学"要"别共殊",认为中国社会的前途应从生产家庭化走向生产社会化,正是肯定文化也有普遍性一面。

但是,普遍主义只是一种理想,即使是西方文化价值,它本身也是多元的。因此,西学背景的不同,对传统理解及态度的不同,都会导致使用方法及研究结论的不同。所以冯友兰承认,哲学史永远有重写的可能。这样,近百年来才产生的"中国哲学史"学科,就只能看作是研究者依不同的思想背景对传统学术谱系进行改写,并在这种改写中塑造现代价值体系的思想行为。所以,在这个世纪末,我们有必要重读已被写成的各种"哲学史"。分析"中国哲学史"同传统

---

[7] 钱穆:《现代中国学术论衡》,北京:生活·读书·新知三联书店,2001年,第23页。
[8] 参阅邓尔麟:《钱穆与七房桥世界》,北京:社会科学文献出版社,1995年,第7页。

学术的关系以及"中国哲学史"内部知识谱系的衍生层次,从而也从一个侧面透视现代意识形态的塑造过程。

二 做翻案文章

首先要读胡适。蔡元培赞扬胡适《中国哲学史大纲》的长处是证明的方法、扼要的手段、平等的眼光及系统的研究,而之所以有此成就,是因为他既对西洋哲学史很有心得,又能兼治"汉学"。[9]胡适自己也说:"我们今日的学术思想,有这两个大源头:一方面是汉学家传给我们的古书;一方面是西洋的新旧学说。这两大潮流汇合以后,中国若不能产生一种中国的新哲学,那就真是辜负了这个好机会了。"[10]然而,胡适对哲学史的方法还有另外一种说法,也许更能显示其结合西学与汉学的特色:

> 我平日喜欢做历史的研究,所以今天讲演的题目,是《中国哲学的线索》。这个线索可分两层讲。一时代政治社会状态变迁之后,发生了种种弊端,则哲学思想也就自然发生,自然变迁,以求改良社会上、政治上种种弊端。所谓时势生思潮,这是外的线索。外的线索是很不容易找出来的。内的线索,是一种方法——哲学方法,外国名叫逻辑Logic……外的线索只管变,而内的

---

[9] 蔡元培:《胡适〈中国哲学史大纲〉序》,胡适《中国哲学史大纲(卷上)》,《胡适学术文集》上册,第1页。
[10] 胡适:《中国哲学史大纲(卷上)》,《胡适学术文集》上册,第14页。

线索变来变去，终是逃不出一定的路径的。[11]

如果我们把这两条线索的探究称作"外在解释"与"内在解释"，胡适主要走外在解释一路。汉学家训诂、考据的方法，不仅帮助他下功夫确定文献的真伪及价值，而且有利于其探究文献产生时代的社会状态。《中国哲学史大纲》差不多有三分之一的篇幅讨论这类问题，故冯友兰也承认他的这一长处。而进化论的观念以及从杜威的实用主义那里学来的历史的方法，使他不会陷于传统汉学那种就事论事的静态的眼光，从而掌握了一种整体的、演进的处理手法。

胡适的哲学史研究，是他在"五四"新文化运动中提倡的"输入学理、研究问题、整理国故、再造文明"工作的一种实践。关于"新思潮的精神"，他写文章时沿用尼采的说法，叫"重估一切价值"。具体点说，就是对过去的风俗制度、圣贤教训、大众信仰持一种评判，即怀疑的态度。用流行的说法，就是"反封建"或"反传统"。学术方法的运用系思想立场支配的结果，而"疑古"正是立场与方法结合的表现。

"疑古"源于清代汉学，开始是有些学者用考据的方法辨别伪经，后来发展到疑史。清末的康有为集疑古之大成，以辨伪的名义宣称近两千年来被历代奉为圣宪的古文经典，是东汉刘歆等人别有用心伪造出来的。康氏疑经的目的在于疑政，辨伪是为其改制的行为造舆论。他的政治立场后来在

---

[11] 胡适：《中国哲学的线索》，《胡适学术文集》上册，第520页。

新文化运动中遭到批判，但其疑古的观点对民初学界很有影响，胡适与顾颉刚都提到这一点。胡适是古史辨派的精神领袖，其哲学史不从三皇五帝而从《诗》三百篇开始，正是做出疑古的表率。

所谓价值重估就是做翻案文章，疑古只是其中一个方面。在史实无可怀疑的情况下，还有意义的重新估量问题。就哲学史而言，胡适怀疑的问题，大的方面归纳起来有三点：孔子及其思想的神圣性，儒家及其道统观的合理性，非经验的心性问题的有用性。在《先秦名学史》中，胡适说："我确信中国哲学的将来，有赖于从儒学的道德伦理和理性的枷锁中得到解放。……儒学曾经只是盛行于古代中国的许多敌对的学派中的一派，因此，只要不把它看作精神的、道德的、哲学的权威的唯一源泉，而只是在灿烂群星中的一颗明星，那末，儒学的被废黜便不成问题了。"[12]这样，他不仅要怀疑正统的价值和理想，还要发掘和表彰那些被贬斥或被埋没的非主流的思想人物。这也是翻案。例如，赞扬与儒家对立的具有经验主义倾向且有逻辑意识的墨家，表扬反董仲舒的自然主义者王充，介绍一连串反理学的思想家。特别是撰写《戴东原的哲学》，这大概是胡适所写的最有哲学味道的哲学史论文了。

在《戴东原的哲学》中，胡适附论阮元时评论其《性命古训》等有关性论著作的方法论说："阮元是有历史眼光的，所以指出古经中的性字，与《庄子》的性字不同，更与佛书

---

[12] 胡适：《先秦名学史》，《胡适学术文集》下册，第775页。

中的性字不同。这种方法用到哲学史上去，可以做到一种'剥皮'工夫。剥皮的意思，就是拿一个观念，一层一层地剥去后世随时渲染上去的颜色，如剥芭蕉一样。越剥进去，越到中心。"[13]"阮元是一个剥皮的好手。他论性，论仁，都只是要把一个时代的思想归还给那一个时代；都只是要剥去后代涂抹上去的色彩，显出古代的本色。"[14]这是一种抽象还原为具体、观念还原为历史的方法，其视角是历史的而非哲学的。它同顾颉刚"层累地造成的中国古史"的学说所用的思想方法完全一致，此即"凡是一件史事，应当看它最先是怎样的，以后逐步逐步的变迁是怎样的"。胡适当时在《古史讨论的读后感》中就径直称其为"剥皮主义"。[15]所以，胡适"说儒"，关于儒的来历的故事说得有声有色，而关于儒的思想则无甚精彩可言。他用迷信的孝子出丧时的装扮来比喻性命一类观念，主张用"剥皮"的办法让其现原形，所得成果自然可想而知。

深受胡适影响的傅斯年，写《性命古训辨证》，认为阮元之作"实为戴震《原善》《孟子字义疏证》两书之后劲，足以表显清代所谓汉学家反宋明理学之立场者也"。"阮氏聚积诗书论语孟子中之论性命字，以训诂学的方法定其字义，而后就其字义疏为理论，以张汉学家哲学之立场，以动摇程朱之权威。夫阮氏之结论固多不能成立，然其方法则足为后

---

[13] 胡适：《戴东原的哲学》，《胡适学术文集》下册，第1084页。
[14] 同上书，第1085页。
[15] 见顾颉刚：《古史辨》第一册，上海：上海古籍出版社，1982年，第189—198页。

人治思想史者所仪型。其方法惟何？即以语言学的观点解决思想史中之问题，是也。"[16]然傅氏又说："语言的观点之外，又有历史的观点，两者同其重要。用语言学的观点以识性命诸字之原，用历史的观点所以疏性论历来之变。"[17]他的"辩证"循此而成为借思想的分析去透视历史发展的研究。这自然是胡适倡导的戏路。后来徐复观便讥其为清代考据学同西洋经验主义的末梢相结合的"洋汉学"：

> 清代考据，本是工具之学，但他们无形中以工具代替目的，以名物否定思想。自标汉学，以打击宋明理学为快意，却把中国文化的精神完全埋没了。此一风气，与近代经验主义的末梢趣向，有其相同，于是两相会合而形成"洋汉学"，其特点不承认文化的精神作用，而实则系表明其精神之为一睡眠状态。[18]

胡适并非只是从否定的立场看待中国传统，也非不对中国哲学做"内在解释"，只不过由于其自身的哲学甚至文化立场的褊狭，导致他在这方面创获的限制。早在《先秦名学史》的导论中，他就透露出其选题的动机同这样的问题有关："我们在哪里能找到可以有机地联系现代欧美思想体系的合适的基础，使我们能在新旧文化内在调和的新的基础上

---

[16] 傅斯年：《性命古训辨证》，《傅斯年选集》，天津：天津人民出版社，1996年，第70—71页。
[17] 同上书，第73页。
[18] 徐复观：《儒家精神之基本性格及其限定与新生》，《儒家政治思想与民主自由人权》，台北：学生书局，1988年，第57页。

建立我们自己的科学和哲学?"[19]在胡适的心目中,中国文化的缺陷在于缺乏科学的思想方法和逻辑,而先秦诸子已有这样的思想萌芽,分析及表彰这些内容,有利于我们从根本上接受西方文化,从而创造自己的新文化。五十年代末,他又在"东西方哲学家会议"上,提交一篇题为《中国哲学里的科学精神与方法》的论文。文中除列举像老子、王充一类的自然主义观点外,还特别叙述了从朱熹到清代汉学的考据学传统,强调他们的方法是科学的,同西方相比,只不过它的应用对象是历史文献而非自然现象而已。

这种"科学情结"当然是严复以来大多数中国知识分子共有的,它本身不是问题,只是当胡适以它为单一的标准来衡量中国文化后,才显得比较偏颇。按这个框架,魏晋玄学、隋唐佛学及宋明理学(除朱熹的"格致"说外),就会因其无实用价值而落在其哲学史视野之外,所以其中国哲学史研究,基本上不触及最有中国哲学特点的哲学内容。这就可以理解他为什么理学不写,反理学的思想家则如数家珍。反过来,他所津津乐道的逻辑和科学方法又确是中国文化的弱点所在。如果以此代表中国哲学,只能给人一个很糟糕的印象。即使把考据学说得再"科学"也无济于事。也许是这一思想困境,写完《中国哲学史大纲(卷上)》后,胡适续写下来的著作,便叫《中国中古思想史长编》,而这个长编还未到玄学便又戛然中止了。胡适的历史眼光很犀利,但哲学品位则很少人恭维,改入思想史研究,可能较易藏拙。

---

[19] 胡适:《先秦名学史》,《胡适学术文集》下册,第774页。

不过，胡适的好"翻案"可谓承前启后，在他之前是"汉学"，从古文到今文，莫不如此。从他以后是西学，西学中又有比他翻案更彻底的，如"文革"中的"评法批儒"。胡适当年评论法家"李斯的焚书政策只是要扫除一切'非愚即诬'的书籍，叫人回头研究现代的法律制度，上'以法为教'，下'以吏为师'。……翻成今日的语言，这种政策不过等于废除四书五经，禁止人做八股，教人多研究一点现代的法律、经济、政治的知识。这有什么希奇呢？我们至多不过嫌李斯当日稍稍动了一点火气，遂成了一种恐怖政策……"[20] 胡适对"恐怖政策"还有一个"嫌"字，到了七十年代，在变换了的历史背景下，学界则只有一个"赞"字可说。从这翻案的频繁，可见从清代开始，中国文化价值系统一直处于变动不安的状态之中。

三 正统与"合题"

跟胡适相比，冯友兰《中国哲学史》中的价值观是正统的，这一点冯氏自己也不否认。但他强调，这个"正统"不是食古不化，而是黑格尔正、反、合中的"合"。以对待中西文化态度的区分为准，"正"是以传统文化衡量外来文化，"反"是以新文化批判旧文化，"合"则是对中西文化做相互阐明。冯友兰在评论新文化运动的批判精神时曾举例说："哲学家胡适出版了《中国哲学史大纲》上卷。这本书，实

---

[20] 胡适：《中国中古思想史长编》，《胡适学术文集》上册，第329—330页。

际上是一本批判中国哲学的书,而不是一本中国哲学的历史书。中国哲学中两个影响最大的学派——儒家和道家,受到了他的功利主义和实用主义的观点的批判和怀疑……我们在读胡适的书时,不能不感到他认为中国文化的全部观点是完全错误的。"他的"合"正是要纠正胡适的"反"。[21]

胡、冯的学术的区别,多根源于两者立场的不同。除方法上有汉、宋学风之分外,还有其他问题的对比可以列举。例如,关于哲学史的目的,胡适定为明变、求因与评判,实际上是寻求思想变迁同社会变迁的因果关系,着眼点是历史知识;冯友兰则更重视通过它去揭示一个民族的精神信念,他把哲学史对通史的意义喻为"画龙点睛"。两种哲学史体例的不同,也很有意思。冯说:"写的哲学史有约两种体裁:一为叙述式的;一为选录式的。西洋人所写之哲学史,多为叙述式的。用此方式,哲学史家可尽量叙述其所见之哲学史。……中国人所写此类之书几皆为选录式的;如《宋元学案》《明儒学案》,即黄梨洲所著之宋、元、明哲学史……"前者的缺点在于,读者易为著者的见解所蔽;后者的问题是作者难以表达自己系统的见解。[22]胡适的"大纲"基本上是叙述式的写法,究其原因,是他不认同于传统的观点,需要用外来的观念对材料做"整理",以便对象能成"体统",可资利用,所以要用一种作者以我为主的方式。冯友兰则相信中国哲学本身就是成系统的,不过这一系统不是表现在陈

---

[21] 冯友兰:《中国现代哲学》,《三松堂学术文集》,北京:北京大学出版社,1984年,第285—289页。
[22] 冯友兰:《中国哲学史》上册,第22页。

述、推理的形式上，而是在思想实质方面。他的任务是要借助形式的功夫，让思想实质显示出来。因此，他的哲学史则兼顾两种体例的特点，既显示其调和的性格，也可知其对传统有更多的体认。

冯友兰当然也有其西方哲学背景，他也把孔、孟、荀同苏格拉底、柏拉图及亚里士多德的关系做类比，不过他借用的西学，不是胡适认同的经验主义或实用主义，而是理性主义及实在论。他与胡适的共同点是讲究逻辑，要求思想清晰，但他承认且重视不可实证的观念的东西的价值。以讲庄子为例，胡适只是注意其出世主义与相对主义对社会与学术进步的阻碍。唯一的赞扬是发现庄子有生物进化论的思想，但后来觉得那只是一种循环论，又把这一评价收回了。冯友兰着眼的是庄子的自由意识以及神秘主义的特征："庄学中之社会政治哲学，主张绝对的自由，盖惟人皆有绝对的自由，乃可皆顺其自然之性而得幸福也。主张绝对的自由者，必主张绝对的平等，盖若承认人与人、物与物间，有若何彼善于此，或此善于彼者，则善者应改造不善者使归于善，而即亦不能主张凡物皆应有绝对的自由矣。庄学以为人与物皆应有绝对的自由，故亦以为凡天下之物，皆无不好，凡天下之意见，皆无不对。"[23] 冯氏还用詹姆士的"纯粹经验"诠释庄子的神秘主义，并将其同孟子相比较，揭示中国哲学的这一特点。而对胡适所盛赞的更重视经验、自然及实证的王充、戴震，冯的评价便低调得多：《论衡》一书，对于当

---

[23] 冯友兰：《中国哲学史》上册，第288页。

时迷信之空气，有摧陷廓清之功；但其书中所说，多攻击破坏，而少建树，故其书之价值，实不如近人所想象之大也。"[24]"东原之学，实有与宋儒不同之处；但东原未能以此点为中心，尽力发挥，因以不能成一自圆其说之系统。此东原之学，所以不能与朱子阳明等匹敌也。"[25] 冯友兰的衡量尺度是哲学，着重的不只是是否正确，还在乎是否深刻、系统。

哲学史的"外在解释"主要是历史研究，"内在解释"则是哲学研究。"内在解释"是冯氏工作的特色所在，他自称是继承宋学的方法，"注重于文字所表示的义理的了解、体会"。[26] 最能显示冯著这种治学特色的，是其对宋明理学的阐释。陈寅恪在对该书的审查报告中说："此书于朱子之学多所发明。昔阎百诗在清初以辨伪观念，陈兰甫在清季以考据观念，而治朱子之学，皆有所创获。今此书作者取西洋哲学观念，以阐明紫阳之学，宜其成系统而多新解。"[27] 所谓西洋哲学主要是指实在论的观点，下面择要看他对"太极""理""气"的解释：

> 以现在哲学中之术语言之，则所谓形而上者，超时空而潜存（Subsist）者也；所谓形而下者，在时空而存在（Exist）者也。超时空者，无形象可见。故所谓太极，"不是说有个事物光辉辉地在那里"。此所谓"无

---

[24] 冯友兰：《中国哲学史》下册，第588页。
[25] 同上书，第1008页。
[26] 冯友兰：《三松堂自序》，北京：生活·读书·新知三联书店，1984年，第223页。
[27] 陈寅恪：《审查报告三》，冯友兰《中国哲学史》附录。

极而太极"也。朱子云:"无极而太极,只是说无形而有理。"[28]

> 理世界为一"无形迹"之"净洁空阔底世界"。理在其中,"无情意,无计度,无造作"。此其所以为超时空而永久(Eternal)也。此具体的世界为气所造作;气之造作必依理。如人以砖瓦木石建造一房;砖瓦木石虽为必需,然亦必须先有房之形式,而后人方能用此砖瓦木石以建筑此房。砖瓦木石,形下之器,建筑此房之具也;房之形式,形上之理,建筑此房之本也。及此房成,而理即房之形式,亦在其中矣。[29]

这种阐明或者诠释的方法,实质上可以称为"圆理"的方法。它是用一种更容易理解、更有说服力的论述方式,使经典上的内容看起来更合理,包含的意义显得更丰富,同我们的生活经验联系更密切。这解释得来的意义,未必是原作者心目中所有的,但至少在逻辑上是不冲突的。要赋予经典的思想更普遍化意义,逻辑上必须把对象抽象化。这同胡适的"剥皮主义"又形成对照。胡的兴趣是把抽象还原成具体,他最不喜欢的东西中,一定包括有"抽象"。在"问题与主义"的论战中,他反对谈"主义"的理由之一就是它"抽象"。冯友兰则深谙此道,而且终生坚持,即使是在说理

---

[28] 冯友兰:《中国哲学史》下册,第896—897页。
[29] 同上书,第904页。

最麻烦的情况下也如此。他在1957年发表的那篇引起广泛争议的文章《中国哲学遗产底继承问题》,就是对这种立场的再次表现:

> 在中国哲学史中,有些哲学命题,如果作全面的了解,应该注意到这些命题的两方面的意义:一是抽象的意义,一是具体的意义。过去我个人,对于中国哲学史中的有些问题,差不多完全注意它们的抽象意义,这当然是不对的。近几年来,我才注意到这些命题的具体意义。当然,注意具体意义是对的,但是只注意具体意义就不对了。在了解哲学史中的某些命题时,我们应该把它的具体意义放在第一位,因为,这是跟作这些命题的哲学家所处的具体社会情况有直接关系的。但是它们的抽象意义也应该注意,忽略了这一方面,也是不够全面的。[30]

这篇文章虽然也举了像"天下为公"一类认知性质的例子来说明其观点,但他真正想说的问题是,如孔子的"爱人"、孟子的"人皆可为尧舜"之类的命题,应该在悬括其具体意义,即阶级属性的情况下,继承它的抽象意义,即把"人"当人类,把"尧舜"当道德完善的人看待。这确是他前期正统观点的委婉申辩,后来发表的《论孔子》《再论孔

---

[30] 冯友兰:《中国哲学遗产底继承问题》,《中国哲学史论文集》,上海:上海人民出版社,1958年,第87页。

子——论孔子关于"仁"的思想》，便是这一意向的明朗化。冯友兰把抽象与具体两方面说得很辩证，有点又想寻求"合题"的味道。冯氏虽用瓶与酒来说明其对新旧问题的立场，其实，无论是"旧瓶新酒"（《中国哲学史》），还是"新瓶旧酒"（"新理学"），都是不同时期以不同形式来找"合题"的表现。这反映出他在文化传统急剧变迁时代那种"旧邦新命"的价值立场，只是相对于更激进的人士来说，他才是保守的。

四　意识形态的更迭

在二三十年代，分别是胡适、冯友兰的"哲学史"版本走红，但从四十年代后期至五十年代以后，这一领域便是侯外庐的解释独领风骚。侯不只是一个人，而是代表一个学派，这个学派围绕着《中国思想通史》的集体写作而形成。侯氏称自己（包括主编）的作品为思想史，那不是因为他要否定哲学史，相反，是要把哲学史置于更大的背景中来处理，这可以看作是对哲学史的一种解释方式。而且，他选择的方式同其对胡、冯的看法很有关系。侯外庐及其同道一开始就自觉把胡适特别是冯友兰当作对手，他晚年回忆说："我细细研究过冯友兰先生《中国哲学史》所论及的每一个人物，在写《中国古代思想学说史》时，对冯友兰所肯定的人物进行过有针对性的批判，例如对孔子、孟子，特别是老子，都是例子。""我反对冯友兰的唯心主义，也反对胡适的实用主义。胡适所论及的思想家、哲学家，我都逐一进行了分析和研究,胡适推崇墨子,我对墨子的评价也不低,我认为墨子在知识论和逻辑学上,是中国古代第一个唯物主义者。胡适捧戴震,我也肯定戴震。"[31]但出发点不一样。

虽然侯氏把胡、冯都当作对手,其实比较一下就知道,在对思想人物的褒贬方面,侯、胡的一致性远大于胡、冯之间的一致性。除墨子、戴震不说,还有对庄子、对董仲舒、对王充,以及对许多理学与反理学人物的评价,差不多都是这样。侯外庐说:"胡适、冯友兰等人研究两汉以后思想家、哲学家,只偏重于儒学诸家,而我们一致认为,中世纪思想史,必须着重研究异端思想和正统儒学的斗争,无神论和有神论的斗争,唯物主义和唯心主义的斗争,表彰中国思想史上唯物论的光辉传统。"[32]其实,如果把"唯物主义"换一种说法,叫实验主义或功利主义,胡适也不会有异议。其背后的原因是:无论胡还是侯,两者都站在反传统的立场上,他们所依托的价值体系都是西方的,而且是倾向于西学中讲实用、讲经验、讲科学的那种传统,这是自由主义者与马克思主义者"五四"以来共同分享的思想源泉;同时,他们主要都采取一种历史的方法,即用"外在解释"的方法处理思想史上的对象,故其所见自然会有略同之处。

方法与立场是相联系的。知识社会学也有一种观点认为,应该区分对思想现象的"内在解释"(intrinsic interpretation)和"外在解释"(extrinsic interpretation),前者是意识形态

---

[31] 侯外庐:《韧的追求》,北京:生活·读书·新知三联书店,1985年,第124—125页。
[32] 同上书,第280—281页。

的，后者是社会学的。在"内在解释"中，解释者在对象预设的思想框架中工作，他只能就理论谈理论，就观念论观念，不能揭露观念的意识形态功能，其结果已被假定的前提所控制；"外在解释"要求解释者跳出对象设定的框框，分析最终影响这些观念或理论的社会背景，从而揭露对象的意识形态功能，这是知识社会学所应采取的方法。这种主张是曼海姆（Karl Mannheim）在吸收马克思和韦伯思想方法的基础上提出来的。[33]两种解释同前面的两种划分是对应的，这或许有助于我们理解，为什么反传统主义者要从历史入手解释思想。只有把观念还原为实际，才能揭下其普遍性的假面具。胡适的"剥皮主义"固然如此，马克思主义者的阶级分析法更是这样。思想有理由，也有原因。理由是用以说服人的，原因则是思想的动机，两者不是一回事。外在解释的关键就是要寻求、揭示隐蔽着的思想的动机，它假定这种隐而不露的动机同其赖以产生的环境，归根到底即是特定利益是相联系的。

与侯外庐同一阵营的赵纪彬，其《论语新探》正是通过还原观念的具体意义对思想做"外在解释"的例证。在该书的《释人民》篇中，他借考据方法，区分出春秋时代"人"和"民"具有不同的含义，前者属于统治阶级，后者属于被统治阶级，力图以此抽空冯友兰"仁者爱人就是爱一切人"的说法的根据。而在《人仁古义辨证》中，他又针对冯氏

---

[33] 参阅 Karl Mannheim, *The Ideological and Sociological Interpretation of Intellectual Phenomena*, New York: Oxford University Press, 1971, pp. 116-131。

"孔子从'仁'发现了'人'"的观点,以文字学的资料推出思想史的结论:"文字史上此种从'人'到'仁'的发展顺序,乃由于春秋过渡时期,……引起'人'的阶级内部分裂,社会矛盾复杂化,遂从'人'字孳生出'仁'字,以为调和'人'的阶级内部矛盾的工具。"[34]这种以考据揭示传统哲学范畴的本义,从而分析其思想史功能的方法,背后的指导思想,就是马克思、恩格斯关于将抽象语言还原为普通语言的原则:"在哲学语言里,思想通过词的形式具有自己本身的内容。……哲学家们只要把自己的语言还原为它从中抽象出来的普通语言,就可以认清他们的语言是被歪曲了的现实世界的语言,就可以懂得,无论思想或语言都不能独自组成特殊的王国,它们只是现实生活的表现。"[35]

侯外庐将其思想方法,"用今天的话明白地概括起来,就是:一、社会历史阶段的演进,与思想史阶段的演进,存在着什么关系。二、思想史、哲学史出现的范畴、概念,同它所代表的具体思想,在历史的发展过程中,有怎样的先后不同。范畴,往往掩盖着思想实质,如何分清主观思想与客观范畴之间的区别。三、人类思想的发展与某一时代个别思想学说的形成,其间有什么关系。四、各学派之间的相互批判与吸收,如何分析究明其条理。五、世界观与方法论相关联,但是有时也会出现矛盾,如何明确其间的主导与从属的关系"。[36]侯外庐是带着进行意识形态斗争的动机进入学术

---

[34] 赵纪彬:《论语新探》,北京:人民出版社,1976年,第29页。
[35] 马克思、恩格斯:《德意志意识形态》,转引自赵纪彬《论语新探》,第31页。
[36] 侯外庐:《韧的追求》,第267页。

领域的,他所概括的是一个后来在学界具有支配地位的学派的观点。五十年代以后的大多数中国哲学史教材,基本上没超出其框架。当冯友兰小心翼翼地提出他的"抽象继承法"时,是在他已经向唯物史观做了妥协的前提下的一种也许是"忠谏"的表现,但时势不可能向他让步,所以他招来一些他会觉得是不可理喻的批判。

侯外庐坚持要与胡适划清界限,他与胡适的不同,不在其否定方面而在其肯定方面:"胡适派专门干混淆历史的把戏,常把中国的旧唯物论和美帝国主义的'实用主义'唯心论涂抹在一起,进行他的'媒婆'任务。我们须严格地把二者区别开来。"[37]胡适自由主义的政治立场与经验主义的思想方式,导致他没有对历史提出一个完整的解释系统,因此,当他要把思想还原为历史时,他的叙述是零碎、不成系统的。而侯外庐则在吸收了三十年代以来马克思主义者关于中国社会史论战成果的基础上,又对中国社会历史性质形成个人相对独立的见解,在这一前提下叙述的思想史,总体上自然有不同的面貌,更有不同的社会功能。例如,他以自己对马克思"亚细亚生产方式"的独特理解为前提,分析中国古代史的特殊路径,并在此基础上,指出和解释中国古代思想家的"贤人"(区别于古希腊的"智者")风格,是自成一格的。再以《中国近三百年学术史》的解释为例,可以看出胡、侯两者价值取向的不同。同样是肯定它,胡适看到的是中国的"文艺复兴",侯外庐强调的则是中国的"启蒙运动",前

---

[37] 侯外庐:《中国思想通史》第五卷,北京:人民出版社,1956年,第33页。

者寻求的是科学,后者赞颂的则是阶级觉悟与阶级斗争。

思想史可以包含哲学史,但思想与哲学有些地方不一样,思想可以为大众拥有,哲学必须是专家的事业。思想史可以叙述和解释那些未必有价值,但在历史上发生影响的思想,哲学史则得选择那些比前人提供更新的见解,而且思考相对系统的思想,正如冯友兰所强调的。至少,它是优先原则。但与意识形态体系配合的唯物主义、唯心主义区分与评价原则,没法说明思想的深刻与肤浅。特别是当它的外延被无限放大以后,说一句合乎常识的话,可能就会被封为"唯物主义"者而得到"优待"。这种问题不一定出现在侯著中,但运用这种范式的"哲学史"著述必定会有这种问题。后来终于产生了做农民领袖哲学的文章这种现象。还有,由于这个框架是西洋近代哲学中的问题,与中国传统的义理问题难对上号,于是又产生了同一个作者对同一个对象先后交替使用相反的帽子这种尴尬的现象。这导致这种研究也陷入困境。对这种"外在解释"本身,看来也需要做一种"外在解释"。

五 回归"内在解释"

通过对胡、冯、侯三个哲学史研究范例的论析,我们可以看到,20世纪在西学东渐的背景下才产生的"中国哲学史"学科的演变,是一个对传统知识谱系进行不断改写的过程。其实在被解释的传统学术内部,也有这样的情形,如宋学与汉学对孔、孟思想的不同解释。所不同的是"哲学史"不同版本所依托的西学背景,不但程度深浅不一,而且选择类型也有区别。如冯比胡、侯，对西洋思想接受的程度就浅得多，或者说是正统得多。而胡、侯虽然在反传统方面一致之处较多，但五十年代以后，各自所依托的体系，恰好处在意识形态对立最尖锐的位置上，故后者得尽力同前者划清界限。所以，这个学科的进展，主要不是取决于史料鉴别的能力或叙述内容的确切程度。虽然这一要求是公共承认的，但只是最基本的。这不同版本的更替从根本上讲，取决于学界甚至是社会的价值选择。这是一种"外在解释"的观点。

因此，唯物、唯心的模式在八十年代受质疑并逐渐退场的现象，便不能仅仅看作学理漏洞的问题，而要将其同从这一时期开始的社会变革联系起来考察。这是特定模式的"外在解释"的退化，并不意味着一般"外在解释"方法的被放弃。因为新的反传统声浪正在掀起，只要是反传统，"剥皮主义"就会派上用场。它甚至可以被运用到分析"文革"的意识形态上来，这主要表现在思想史或所谓传统文化研究中。与此同时，冯友兰过去成果的重新被评价，港台新儒家在大陆的流行，体现着"内在解释"方法再次受到重视，至少在哲学史行当内是这样。现代新儒家治宋学最专精，牟宗三在其《心体与性体》中，为自己提出了解宋学义理之任务时说："了解有感性之了解，有知性之了解，有理性之了解。仿佛一二，望文生义，曰感性之了解。义义厘清而确定之，曰知性之了解。会而通之，得其系统之原委，曰理性之了解。"[38] 这"理性之了解"实也系为"圣学""圆理"的方

---

[38] 牟宗三:《心体与性体》序，上海：上海古籍出版社，1999年，第1页。

法。这两种解释所体现的立场是冲突的,但差不多又同时流行。正面评价的话,是意识形态松动后,社会价值多元化的结果;反之,则会被看作"文革"后学界对社会以至文化价值一时没有共识的表现。

八十年代最流行的思想史版本是李泽厚的。他声称其工作是对"民族文化心理结构"的探索,而对这一"结构"分析的结果,他喜欢用"一方面……另一方面……"这种句式来说明问题的所谓"两重性"。这两重性,往往是分别采取具体与抽象两种不同的方法来揭示的,以其对宋明理学的评论为例,当他表达否定方面时,可以将现代意识形态的某些口号如"灵魂深处爆发革命"还原为封建名教的衍生物;而要肯定地方,则抽象出达到"把人的社会责任感、历史使命感和人优于自然等方面,提扬到本体论的高度,空前地树立了人的伦理学主体性的庄严伟大"的水平。[39] 他的真正兴趣在后者,很"辩证"的说法,是思想过渡的痕迹。再往后,特别是经历震荡后的九十年代,学界对传统的同情态度不断得到加强。

把哲学研究称"内在解释",而把历史研究称"外在解释",只是哲学史学科内的划分法。前者虽然对传统有基本的认同,但它不同程度上必须依赖于某种西方哲学的范畴甚至思考方式,才能进行。对传统价值的特殊性有更深体认的话,可以抛开外来的框架,像上面提及的钱穆的《中国近

---

[39] 李泽厚:《宋明理学片论》,《中国古代思想史论》,北京:人民出版社,1985年,第256—257页。

三百年学术史》,叙述、解释也自成一体。而思想史研究也有个内外问题,现代新儒家中长于思想史的徐复观就强调要以概念而非名物作为研究对象:"凡可成一家之言的思想,必定有他的基本概念,以作其出发点与归结点。此种基本概念,有的是来自实践,有的是来自观照,有的是来自解析。尽管其来源不同,性格不同,但只要他实有所得,便可经理智的反省而使其成一种概念。概念一经成立,则概念之本身必有其合理性、自律性。合理性、自律性之大小,乃衡断一家思想的重要准绳。"[40]余英时在研究清代思想史时也提出有关内外理路的区别问题,在指出章太炎的"反满说"与侯外庐的"市民阶级说"对解释清学兴起的局限后,他说:"无论是政治的解释或是经济的解释,或是从政治解释派生下来的反理学的说法,都是从外缘来解释学术思想的演变,不是从思想史的内在发展着眼,忽略了思想史本身的生命。""所以在外缘之外,我们还特别要讲到思想史的内在发展。我称之为内在的理路(inner logic),也就是每一个特定的思想传统本身都有一套问题,需要不断地解决,这些问题,有的暂时解决了,有的没有解决,有的当时重要,后来不重要,而且旧问题又衍生新问题,如此流转不已。这中间是有线索条理可寻的。"[41]这也就是知识社会学所说的认同于对象所预设的前提的"内在解释"。九十年代以来复兴学术史的努力,便可以基于两种不同的思想倾向,一是随胡适继"汉学",追求

---

[40] 徐复观:《有关思想史的若干问题》,《中国思想史论集》,台北:学生书局,1988年,第114页。
[41] 余英时:《清代思想史的一个新解释》,《中国思想传统的现代诠释》,南京:江苏人民出版社,2003年,第158页。

知识的确定性，同国际学术"接轨"；另一是效钱穆，同情宋学，强调中国学术思想体系的特殊性，避免中国学术太洋化。

毫无疑问，"内在解释"与"外在解释"各有其思想或知识上的价值，哲学史同思想史、学术史的关系也不那么容易厘清，还是回到哲学史上来。现在问题的提法，恐怕不是中国哲学史这个学科是否成立，而是如何成立。关键是为其思想功能定位，即其发展应当有利于当代中国哲学的发展。在这个前提下，有两种倾向不应提倡：一是对哲学问题采取非哲学的研究方式，这在有些学科如思想史，也许是没有问题的，但它无助于提高哲学思考的水平；另一是把非哲学问题作为研究对象，强行做"哲学分析"，其结果是降低传统思想在现代读者心目中的声誉。而从哲学的角度研究中国思想传统，必须注意并不只有哲学史一途，还可以做哲学研究。前者把对象看成历时态的，不必多说；后者则处理为共时态的，例如，章太炎的《齐物论释》，冯友兰的"新理学"，还有庞朴近年来的中国智慧探究，"文本"可以是一篇著作，一个学派，甚至是整个传统，都可作为一个独立的对象来对话、诠释或者重构，其创获不是哲学史，而是哲学。这会有利于打开哲学发展的途径，哲学史的建设，最终目的不是回顾历史，而是解释生活，表达理想。胡适当年的愿望是，在中国资料与西洋学说结合的基础上建立新哲学，冯友兰则以"新理学"做了自己的尝试。为了现代中国的哲学发展，这才是"中国哲学史"这个学科在20世纪中国社会急剧变迁的情况下建立起来的有力理由。

（原载《学人》第13辑，江苏文艺出版社，1998年）

论比较哲学
从现代中国学术的经验看

比较哲学是那种看起来明白，说清楚却很麻烦的问题。你不能从字面上，把它简单理解为用比较方法研究的哲学。因为比较是一种最基本的思想方法，依康德，时空直观是人认知的主观条件，这种条件就是赋予事物秩序感的能力，而运用这种能力就是对杂多的现象进行最简单的比较归类。我们甚至可以说，比较就是运用理性的开始。这样看，没有什么研究会离开比较，说用比较方法研究的哲学同说研究哲学没多大不同。依约定俗成的看法，比较哲学是对不同文化系统中的哲学所做的比较研究。那么，在哲学学科中，它究竟是一种方法，还是一个分支学科呢？两者都不易断定。说方法，它不像语言分析或者现象学方法有相对严格的限制，从而可能导致对其他方法的排斥，比较方法中可以容纳特殊的哲学方法。说哲学分支也会碰到类似的困难，因为不同文化中所有哲学领域的问题，都可以成为比较的对象。许多与哲学有关的重要辞书，都没有"比较哲学"这一词条，这至少说明它作为哲学分支并不成熟。不过，不少重要知识领域的进展,并非一定要以一个理想的界定为前提。比较哲学与一般"关于"哲学的研究的区别,似乎只在于它要同时理解两种以上不同文化类型的哲学。我们权且从这一角度入手,检讨中国学者做比较哲学的经验,然后再看看是否有机会对它的作用以及方法论问题,表达进一步的意见。

一 从比较哲学到中国哲学研究

现代中国学术实际上是通过比较及移植西学而建立起来的,时间大约经历了一个世纪。这一方向的开启者首推严复。甲午战争之后,他所发表的几篇反思中国战败的文章,多通过中西比较来立论。其论点之一,就是中学不如西学:

> 今夫学之为言,探赜索隐,合异离同,道通为一之事也。是故西人举一端而号之曰"学"者,至不苟之事也。必其部居群分,层累枝叶,确乎可证,涣然大同,无一语游移,无一事违反;藏之于心则成理,施之于事则为术;首尾赅备,因应整然,夫而后得谓之为"学"。……是故取西学之规矩法戒,以绳吾"学",则凡中国之所有,举不得以"学"名;吾所有者,以彼法观之,特阅历知解积而存焉,如散钱,如委积。[1]

严复是以比较学术代替比较文化。他在认同西学的优

---

[1] 严复:《救亡决论》,《严复集》第一册,北京:中华书局,1986年,第52页。

势地位后，把大量工作集中在对西学的翻译、介绍上，这体现在严译八大名著中。其工作的后果影响深远，最终是把原本可能只是特殊形态的西学，变成具有普遍意义的知识与方法。这对塑造现代中国文化起了关键的作用。严复的比较学术也涉及哲学，但多隐含在译词的选择中，且其哲学的兴趣主要集中在宣传英国经验论方面。追随严复宣扬西学的梁启超，出于新民德的动机，把视野放宽到欧陆。从他对培根、笛卡儿的介绍，可知其说哲学也多通过比较的方式：

> 朱子之释《大学》也，谓必使学者即凡天下之物，莫不因其已知之理而益穷之，以求致乎其极。至于用力之久，而一旦豁然贯通焉，则众物之表里精粗无不到，而吾心之全体大用无不明矣。其论精透圆满，不让倍根。但朱子虽能略言其理，然倍根乃能详言其法。倍根自言之而自实行之，朱子则虽言之，而其所下功夫，仍是心性空谈，倚虚而不征诸实。此所以格致新学不兴于中国而兴于欧西也。[2]

> 若夫意识固可以自主者，意识一无所事，而惟随智识所受为转移，是我自弃其所以为我之具也，是我自降其尊以徇外物也。笛氏此论，可谓博深切明。孟子所谓"耳目之官不思，而蔽于物。物交物则引之而已。心

---

[2] 梁启超：《近世文明初祖二大家之学说》，《梁启超哲学思想论文选》，葛懋春、蒋俊编选，北京：北京大学出版社，1984年，第87页。

之官则思，思则得之，不思则不得也。此天之所以与我者。先立乎其大者，则其小者不能夺也"。正是此意。[3]

不惟此，梁还知道"至十八世纪之末，德国大儒康德者出，遂和合两派，成一纯全完备之哲学"。[4] 后来更写有《近世第一大哲康德之学说》，同样也用中国思想做比较，例如：

> 王阳明曰："一点良知是汝自家的准则。汝意念着处，他是便知是，非便知非，更瞒他些子不得。汝只要实实落落依着他做，善便存，恶便去。"是亦以良知为命令的，以服从良知为道德的责任也。阳明之良知即康德之真我，其学说之基础全同。[5]

这些文章写于上一世纪初（发表于1902—1903年间），其时中国学者从日人那里转手用"哲学"一词应不久。梁氏这种按语式的比较，出于让读者从固有的思想资源理解西方哲学的目的，但无形中起了把用来比较的思想也界定为"哲学"的作用。梁上述关于朱熹与格致之学，王阳明与康德的比较，话虽简单，却分别开启了后来胡适、牟宗三关于宋明儒学的某些说法。更重要的是，它意味着研究中国古典思想时，不仅能用儒家、道家，或玄学、理学、道学，也可以用"哲学"来界定。而一旦以"哲学"为视角，看到的问题便

───────
[3] 梁启超：《近世文明初祖二大家之学说》，《梁启超哲学思想论文选》，第90页。
[4] 同上书，第93页。
[5] 梁启超：《近世第一大哲康德之学说》，《梁启超哲学思想论文选》，第166页。

大不一样。

以比较的观点,直接探讨中国哲学的是王国维。王写哲学文章比梁迟不了多少时间,但其作品显示他不但比梁启超,也比严复对哲学有更深入的理解。他评论"严氏所奉者,英吉利之功利论及进化论之哲学耳。其兴味之所存,不存于纯粹哲学,而存于哲学之各分科,如经济、社会等学,其所最好者也"。[6] 又斥梁氏等"本不知学问为何物,而但有政治上之目的。虽时有学术上之议论,不但剽窃灭裂而已,如《新民丛报》中之汗德(即康德。——引者)哲学,其纰缪十且八九也"。[7]《论性》《释理》《原命》是王氏比较哲学的代表作,其基本方法是,从中国经典中择意义涵盖面较广的思想范畴为对象,以西方哲学中类似的问题或思路作为参照,进行解释与评价。

"今吾人对一事物,虽互相反对之议论,皆得持之而有故、言之而成理,则其事物必非吾人所能知者也。"[8]《论性》便是引康德"二律背反"对经验知识无效的观点,批评中国传统人性论上人性善恶之争:"至执性善、性恶之一元论者,当其就性言性时,以性为吾人不可经验之一物故,故皆得而持其说;然欲以之说明经验或应用于修身之事业,则矛盾即随之而起,余故表而出之,使后之学者,勿徒为此无益之议论也。"[9]《释理》则揭示中西思想具有某些一致方面:"吾人

---

[6] 王国维:《论近年之学术界》,《静庵文集》,沈阳:辽宁教育出版社,1997年,第113页。
[7] 王国维:《论近年之学术界》,《静庵文集》,第113页。
[8] 王国维:《论性》,《静庵文集》,第27页。
[9] 同上书,第37页。

对种种之事物而发见其公共之处，遂抽象之而为一概念，又从而命之以名。用之既久，遂视此概念为一特别之事物，而忘其所从出，如理之概念，即其一也。吾国语中'理'字之意义之变化，与西洋理字之意义之变化，若出一辙……"[10] 该文对"理"的含义所作的抽丝剥茧的分析，今日仍有典范意义。

王国维虽然后来舍哲学而去，但他以西方哲学为坐标比较评价中国思想传统，能够同中辨异，异里观同，可谓得比较方法之真谛。同时，这种以西方哲学为概念框架，重述中国古代思想传统的手法，后来成为研究中国哲学的通行方法。胡适就是这样，他在《中国哲学史大纲（卷上）》中自述说："我做这部哲学史的最大奢望，在于把各家的哲学融会贯通，要使他们各成有头绪条理的学说。我所用的比较参证的材料，便是西洋的哲学。"[11] 与王国维略不同的是，他的哲学趣味更近于严复。同时，在运用西方哲学时，基本上把它当作自明的有普遍意义的观点。我们看一下他如何议论墨家就知道：

> 儒家极重名，以为正名便可以正百物了。当时的个人主义一派，如杨朱之流，以为只有个体的事物，没有公共的名称："名无实，实无名，名者伪而已矣。"这两派绝对相反：儒家的正名论，老子杨朱的无名论，都

---

[10] 王国维：《释理》，《静庵文集》，第37—38页。
[11] 胡适：《中国哲学史大纲（卷上）》，《胡适学术文集》上册，北京：中华书局，1991年，第28页。

是极端派。"别墨"于两种派之间,别寻出一种执中的名学。他们不问名是否有实,实是否有名,他们单提出名与实在名学上的作用。故说:"所谓,实也;所以谓,名也。"实只是"主词"(Subject),名只是表词(Predicable),都只有名学上的作用,不成"本体学"(本体学原名Ontology,论万物本体的性质与存在诸问题)的问题了(别墨以前的实,乃是西洋哲学所谓Substance,名即所谓Universals,皆为本体学的问题,故有"有名""无名"之争)。这是墨家名学的第一种贡献。[12]

一旦西方哲学名词的运用普遍化,而又不须处处说明其来源,这种通过比较而建立的中国哲学研究,其比较的色彩就淡化了。明比变成了暗比,人们便逐渐忘记了其比较的性质。其实,不只是科学主义者,马克思主义者及现代新儒家笔下的中国哲学史,在这方面并无二致。当然也有人拒绝这样做,如钟泰继胡适之后写的《中国哲学史》,主张"中西学术,各有统系。强为比附,转失本真。此书命名释义,一用旧文。近人影响牵扯之谈,多为葛藤,不敢妄和"。[13]可结果是,读起来却不怎么像哲学史,所以它没有进入中国哲学研究的主流。上面的叙述表明现代的中国哲学研究离不开比较哲学,甚至可以说是比较哲学的

---

[12] 胡适:《中国哲学史大纲(卷上)》,《胡适学术文集》上册,第155页。
[13] 钟泰:《中国哲学史》凡例,上海:商务印书馆,1929年。

产物。但这不等于说，它可以取代独立的比较哲学。相反，重提比较哲学，有利于中国哲学研究的自我反思。事实上，与胡适出版《中国哲学史大纲》差不多同时，梁漱溟就奉献出他的《东西文化及其哲学》，一本在思想领域反响很大的比较哲学专著。它为我们提供了一个独立于中国哲学研究的比较哲学的标本。

二 跨文化沟通

如果我们把比较哲学界定为对不同文化系统中的哲学所做的比较研究，同时又把古代中国许多思想内容界定为哲学，那么，中国人比较哲学的工作不只始于近代，而是从佛学传入中国就开始了。前期佛经翻译中的所谓"格义"，不管其确切含义如何，都可以理解为初步的思想比较工作。而僧肇之学，依汤用彤先生的说法，我们也可当作比较哲学的成果。不过，它不是明比而是暗比：

> 肇公之学，融合《般若》《维摩》诸经，《中》《百》诸论，而用中国论学文体扼要写出。凡印度名相之分析，事数之排列，均皆解除毕尽。此虽亦为文字上之更革，但肇能采撷精华，屏弃糟粕，其能力难觅匹敌。而于印度学说之华化，此类作品均有绝大建树。盖用纯粹中国文体，则命意遣词，自然多袭取《老》《庄》玄学之书。因此《肇论》仍属玄学之系统。概括言之，《肇论》重要论理，如齐是非，一动静，或多由读《庄子》

而有所了悟。惟僧肇特点在能取庄生之说，独有会心，而纯粹运用之于本体论。其对于流行之玄谈认识极精，对于体用之问题领会尤切，而以优美有力文笔直达其意，成为中国哲理上有数之文字。[14]

王国维在《释理》开篇即说："昔阮文达公作《塔性说》，谓翻译者但用典中'性'字以当佛经'无得而称之物'，而唐人更以经中'性'字当之；力言翻译者遇一新义为古语中所无者，必新造一字而不得袭用似是而非之古语，是固然矣。然文义之变迁，岂独在输入外国新义之后哉？"[15]这也是借翻译把今人与古人的比较工作联系起来的证明。而陈寅恪在《冯友兰〈中国哲学史〉审查报告》中，同样将西学对现代中国的影响同佛学对古代中国的影响相提并论。古代文化交流的经验对理解当代的跨文化问题无疑深具启发性，但是，我们还要注意，跨文化的沟通在不同时代或不同局势中有不同的任务。

比较哲学的目标是跨文化的沟通，但沟通可能源于不同的背景，如交流或者冲突。印度佛学在中国的传播，是属于和平的文化交流，虽然中间也不乏思想观念上的冲突（如宋明儒者的排异端、卫道统），而近代西方文化对中国的输入则伴随着冲突，虽然最后也成全了文化交流。由此看来，从事比较文化（具体说是比较哲学）者就会有不同的立场或倾

---

[14] 汤用彤：《汉魏两晋南北朝佛教史》上册，北京：中华书局，1983年，第240页。
[15] 王国维：《释理》，《静庵文集》，第37页。

向，它可以是学习、是展示，也可以是防护，或者是传播。总的来说，在两场文化遭遇中，中国人的态度主要是学习与防护两方面。在古代，蓬勃发展的佛教运动是学习的结果，而宋明儒者的排异端、卫道统则有防护的意义。而近现代，则以向西方学习为主流。严复由军事冲突中国势的衰弱而探寻文化上的病因，进而借思想学术的比较来向国人展示学习西学的必要性。其努力的后果影响深远，"中国哲学"的建立，就是比较研究的结果。但也非没有基于防护性态度的比较学术存在，"五四"之后中西文化论战中文化本位派代表着这一倾向，而梁漱溟的《东西文化及其哲学》，也可视为表达这种立场的代表作。

梁著实际是一部讲演录，背景如绪论所言，就是面对西方化一边倒，中国文化被连根拔起的情势，他要为中国文化价值进行辩护。西化的主张在逻辑上有个前提，就是存在着一种普遍意义的文化，西方文化就是它的代表，而中国文化则只具有特殊意义，所以应该被"化"掉。或者说所有的文化都服从共同的进化法则，西方文化的发展程度高，而中国文化的进化水平低，所以应当弃旧迎新。这些观点当然也是某种比较的结论，是一种普遍主义的立场。梁漱溟也是比较，但他持相对主义的态度，强调中国文化同西方文化一样，各有自己的特殊性，而不是一普遍一特殊，或一先一后的问题，所以不能一味讲西化，而是同时要"批评的把中国原来态度重新拿出来"。梁比较的系统包括中、西、印，内容从文化进展到哲学。由于其论述策略，其笔下的中国哲学就与胡适的中国哲学大异其趣，胡著中的许多问题是被西方哲学的观点"化"过了，而梁则尽力发掘与西方对比的特点。同时，梁氏选择做比较的具体范畴，不论是文化的还是哲学的，大都采用西学的概念。从述理的方法讲，已是按西方知识的要求来进行的了，所以我们现在才有机会把梁著当比较哲学的文本来讨论。

以西学的概念框架叙述的中国哲学史，实际是一种隐性比较的产物。在文化逐渐转型以后，中国学者对此习以为常，从事中国研究的许多西方学者更可能如此。让我们听听史华慈（Benjamin I. Schwartz）对其西方同行的告诫："在谈到西方与'非西方'的遭遇时，我们一般会假定西方是一个已知的量。'西方的冲击'的隐喻暗示着一个清晰感觉到的对象冲击一种无活力的材料的意象。被动的材料是某种未定型和模糊的东西，但我们全都熟知冲击的对象。我们知道西方。"[16] 在史华慈看来，这只不过是一种神话而已。他直截了当地说：

> 我主张在处理西方与给定的非西方社会与文化的遭遇时，不应从对两个世界的特殊性的同时尽可能深入的理解中脱身出来。我们正在处理的不是一个已知和一个未知常变的东西，而是两个巨大的、常变的、很成问题的人类经验区域。我们毫无疑问清楚地"知道"西方更多一些。但西方仍然同已往一样成问题。人们甚至应希

---

[16] Benjamin I. Schwartz, *In Search of Wealth and Power: Yen Fu and the West*, the President and Fellows of Harvard College, 1983, p. 1.

望,这遭遇的场合本身能提供一新的有益之视点,由之可以对两个世界做新的观察。当然没有人能够装作可站在既定的文化之外。我们全受"文化的束缚"。但人希望存在一个可以普遍地依靠的超越于文化之上的领域,它使某种程度的自我超越成为可能。再次,人不能希望在所有事物上都成为"专家",但如果准备进行富有成果的研究,他必须勇于对甚至是自己"领域"以外的事物下判断,只要它们是有关联的。[17]

所以在中国哲学之外,进行独立的比较哲学对平等地理解不同的文化价值,有独立的意义。的确不存在完全与价值立场无关的比较,但如果谨记比较的动机是文化的沟通,这种沟通是学习或者展示自己的文化信念,而非出于价值的抗争或传达一种文化的优越感,那么其立场对其工作不会有负面的影响。

研究中国哲学的西方学者郝大维(David L. Hall)与安乐哲(Roger T. Ames),抱怨西方专业哲学家对中国哲学的漠视,认为其原因包括西方自我中心的文化心态、普遍主义的哲学立场,以及翻译家哲学素养的欠缺,等等。[18]西方学者对中国哲学和比较哲学的不热心其实有近似的原因,最根本的有两方面,一是他们本来缺乏对西方以外的哲学学习的愿望,一是现代中国学者过分西化的中国哲学叙述方式,掩盖

---

[17] Benjamin I. Schwartz, *In Search of Wealth and Power: Yen Fu and the West*, pp. 2–3.
[18] 见〔美〕郝大维、〔美〕安乐哲:《孔子哲学思微》中译本序,蒋弋为、李志林译,南京:江苏人民出版社,1996年。

了中国思想传统的特性,从而降低了一般西方学者对其进行了解的兴趣。所以,西方不热心比较哲学不能成为这一工作不合法的理由,同时也不是中国文化的损失。反之,加强这一工作,则会为发展中国哲学提供重要的思想资源,或者,更积极一点说,在一个日益全球化的时代,它将更有效地向其他文化展示中国文化或哲学中有价值的一面。比较的对象不仅是中西,也可以是中印,力所能及的话,可以有更多的选择。(章太炎写过很多用佛学比较先秦子学的文章,但大概是佛学也没有像西方哲学那样被认为有普遍性,所以没有被看作比较哲学,也不大受哲学史学者的重视。)

三 方法论问题

论比较哲学不能只谈背景、谈意义而不谈方法,但谈方法与其说是探讨一种行之有效的研究程序或模式,不如说是讨论在跨文化的哲学比较中碰到的难题。首先是语言差异的问题。哲学同语言的关系,不只是像一般知识同语言的关系那样简单。较为极端的说法,是语言的结构决定思维的方式。被举为例证的许多说法可能会存在争议,包括如印欧语言中"to be..."的语法,导出研究being的存有论这种问题,汉语中或许也可从"有什么"导出以有为本还是以无为本这种形上学问题相类比。更多的麻烦是许多抽象概念没法从另一传统中找到相应的词汇。上述王国维引阮元关于用"性"翻译佛经中相关概念并不妥当的说法,表明这是文化交流中的老问题。在对辜鸿铭《中庸》英译本所做的批评中,王氏

对此有更具体的论述:

> 如执近世之哲学以述古人之说,谓之弥缝古人之说,则可;谓之忠于古人,则恐未也。夫古人之说,固未必悉有条理也。往往一篇之中,时而说天道,时而说人事;岂独一篇中而已,一章之中,亦复如此。幸而其所用之语,意义甚为广莫,无论说天说人时,皆可用此语,故不觉其不贯串耳。若译之为他国语,则他国语之与此语相当者,其意义不必若是之广;即令其意义等于此语或广于此语,然其所得应用之处不必尽同。故不贯串不统一之病,自不能免。而欲求其贯串统一,势不能不用意义更广之语。然语意愈广者,其语愈虚,于是古人之说之特质,渐不可见,所存者其肤廓耳。译古书之难,全在于是。[19]

还有更甚的,如"外国语中之无我国'天'字之相当字,与我国语中之无God之相当字,无以异。吾国之所谓'天',非苍苍者之谓,又非天帝之谓,实介二者之间,而以苍苍之物质具天帝之精神者也。'性'之字亦然"。[20] 所以,尽管王国维对辜译指摘甚多,但也承认语言的鸿沟给沟通造成的障碍更大。

概念比较的问题很复杂,我们或许可以仿形式逻辑的

---

[19] 王国维:《书辜氏汤生英译〈中庸〉后》,《静庵文集》,第150—151页。
[20] 同上书,第152页。

概念关系图式，对之做粗略的分析。简言之，在假定用以比较或者翻译的相关概念含义明确，即不考虑各自语义演变的情况下，两者之间的关系存在下列不同的情形：一、双方含义完全重叠；二、一方外延大，可把另一方的全包括进去；三、双方含义有部分交叠；四、双方意义完全不相交。第一种情形是最理想的状态，在比较抽象的概念中并不多见，同时也不须多说。第四种情形风马牛不相及，不能做这种比较文章。如果是翻译需要，则只能听从阮氏建议人工造词，或者音译再加注释。剩下两种情形得稍加分析。在第二种情形中，外延大是相对的问题，可能是略大，也可能是无边际之大。如是前者，则接近理想；若是后者，就会产生王氏所说的后果："然语意愈广者，其语愈虚，于是古人之说之特质，渐不可见，所存者其肤廓耳。"这样，翻译固然不通，比较也自然不行。第三种情形的复杂性在于，不仅交叠范围有大小不同，而且，在另一系统中可以找到的与之交叠的概念也不止一个，只不过交叠的区域并不一样。以较常见的中国哲学概念"道"为例，它就曾分别被译为英文的 Way、Logic、Truth、Natural law 等等，这意味着这些英文词各自都有部分含义与"道"相交叠，但没有一个会与之完全重叠。所以也有人为避免以偏概全的理解，干脆音译为"Tao"，像葛瑞汉（A. C. Graham）那样。虽说翻译也是比较的结果，但两者仍有很大的区别。在同一文本中，一个概念一般只能用一个译名。如果顾虑到词的多义而变换译名的话，弄不好会被误解为是指不同的对象。比较研究则有机会对一个概念在另一种文化中被理解包括误解的各种可能进行分析，借此呈现不同文化的特质。西方学者在进行中西哲学的比较研究时,似乎对这种语言性的障碍更敏感,所以这方面的文章也比我们做得更多。如葛瑞汉《西方哲学中的Being与中国哲学中的"是非"、"有无"的比较》[21],就是讨论这种含义交叠的范畴的作品。也许是中国学者同西方学者在理解方面的不对称,也许是中国学者将中国哲学用西方语言介绍给西方社会的经验仍然不足,这样的工作仍需重新起步。

麻烦的问题并非在翻译或比较时才出现,中国经典文本中很多思想范畴缺乏严格的意义界定,也是哲学分析的难题。"夫古人之说,固未必悉有条理也。往往一篇之中,时而说天道,时而说人事;岂独一篇中而已,一章之中,亦复如此。幸而其所用之语,意义甚为广莫,无论说天说人时,皆可用此语,故不觉其不贯串耳。"王国维的评论,涉及某种思想方式的问题。这不是说,古人表达思想可以不合逻辑,而是某些基本概念的形成,没有或者难以通过清晰的定义。类比及隐喻,是经典中表达某些抽象观念的途径。《论语》对"仁"的表达,是运用类比的典型。关于"仁"有各种说法,先后涉及道德项目、个人性格、政治倾向,以及人生境界,但没有提供一个周延的定义。究其原因,是孔子要用它来涵盖所有有正面价值的生活经验,靠一个抽象的定义反而不能指导具体的人生,所以得通过类比,举一反三,即所谓"能近取譬,可谓仁之方也已"(《论语·雍也》)。道家

---

[21] A. C. Graham, "Being in Western Philosophy Compared with *Shih/Fei* and *Yu/Wu* in Chinese Philosophy", *Studies in Chinese Philosophy & Philosophical Literature*, Singapore: The Institute of East Asian Philosophies, 1986.

的"道"则借隐喻来呈示及扩展其含义。"道"的本义是路,因路具有达到既定目标的途径的作用,这一特征便被借用来形容正确的方法,有效的手段,合理的生活方式,以至成为表达必然性、本质、真理,以至本体等高度抽象的概念的用词,从普通名词上升为哲学范畴。隐喻不只是一个词,有时可以是一个故事(寓言)。《论语》中孔子"吾与点也"是一种隐喻,《庄子》中庄周梦蝶也是寓意深长的隐喻。因此,它难以用某一固定的现代概念来概括,但却给解读提供了创造性的空间。

对于哲学的某些门类如知识论、逻辑等领域而言,这不是可取的思想方式,而中国传统思想中,这方面的成果的确也甚薄弱。但是,对于表达价值理想、生活态度或者宗教信念来说,通过寓言、神话等隐喻方式,在各种文化系统中,似乎不是什么特殊的现象。关键是解读时如何进入这种具体的言路,包括掌握语境与各种文化象征。对于跨文化的研究者而言,这固然困难重重,但对与传统不断拉开距离的本土学者来说,鸿沟依然存在。这其实也是解释学的一般问题。

就中国现代学术的经验看,比较哲学是比较文化的深化,也可以说文化沟通是比较哲学的目标。这样,比较就可以分不同的层次。范畴的比较,如王国维对性、命、理的分析。问题的比较,梁启超、胡适把"近三百年学术"看作中国的"文艺复兴",而侯外庐则比作"启蒙运动"。思想系统的比较,冯友兰用实在论的观点看宋明理学,而牟宗三则将其比之康德哲学。还有最宏观的跨文化价值系统的比较,前面提到的梁漱溟的工作,还有日本学者中村元的成果《东方民族的思维方法》也在此列。由于每个文化系统内的各组成要素或现象间不是一种完全同质的统一体，而是存在像维特根斯坦所说的"家族类似"关系，因此，任何大范围的比较结论，都不能用本质主义的眼光来看待它，即都可能存在例外的情况。举严复的说法为例，他把自由精神的有无看成中西文化的根本区别，然后说：

> 自由既异，于是群异丛然以生。粗举一二言之：则如中国最重三纲，而西人首明平等；中国亲亲，而西人尚贤；中国以孝治天下，而西人以公治天下；中国尊主，而西人隆民；中国贵一道而同风，而西人喜党居而州处；中国多忌讳，而西人众讥评。其于财用也，中国重节流，而西人重开源；中国追淳朴，而西人求欢虞。其接物也，中国美谦屈，而西人务发舒；中国尚节文，而西人乐简易。其于为学也，中国夸多识，而西人尊新知。其于祸灾也，中国委天数，而西人恃人力。[22]

严复的说法除与制度相关的对比，如三纲与平等、亲亲与尚贤、尊主与隆民等之外，其他概括其实都非绝对的。不是绝对的，不等于就没有意义。例如有人说，中国文化是静的而西方文化是动的，或者中国人重综合西方人重分析，都不是绝对的。但是它比反过来的说法要更有启发性。因此，高度概括的对比结论，只能是相对突出的特点的表达，或者

---

[22] 严复：《论世变之亟》，《严复集》第一册，第3页。

是有待进一步验证的假设。这样,就得靠具体问题或局部范围的比较来补充,例如以范畴或人物思想为对象,来充实或校正一些抽象的观点。但是,把文化当作文本看,全局并非局部的累积。没有整体的眼光,部分的意义未必就能有效地把握。因此整体与部分的解释学循环,在比较哲学中同样需要。

虽然我们不能给比较哲学一个形式上完满的说法,但是,它与中国哲学的关系,对跨文化研究的作用已经得到初步的阐述。关键是方法意识的自觉。从与中国哲学相关的立场看比较哲学的方法,它包括一般哲学、比较哲学及中西比较哲学三个层次相缠绕的问题。也许没有行之有效的方法,而只有普遍面临的问题。但揭示问题的复杂性,本身也是方法论的一种努力。

(原载《浙江学刊》2002年第2期)

中国哲学史研究与中国哲学创作

这是一个需要解释的题目。"哲学史"前面加"中国"两字好理解,哲学创作要用"中国"做限定,就有预先说明的必要。其实,这相当于冯友兰所界定的"中国底哲学",指这种哲学创作的内容具有中国文化的特点。提出这个问题,是有感于在现代中国哲学创作的贫乏。这是我们从一般哲学著述流行引用当代外国哲学理论或范畴获得的印象。不过,为保险起见,我把"贫乏"所界定的范围缩小到"中国哲学"上来。说中国哲学创作贫乏,依据的是下列可观察到的现象:一、"五四"以来,除现代新儒家少数几位外,很少有因哲学方面的建树而被同行认真评论的作者或作品。从事这个行当的学者很多,而相互间的评论(哪怕是争论)却很少,这意味着大家所谈的对象不是古的就是洋的,同行间相互可以看得起的成果不多。二、各种哲学教科书,很少涉及中国哲学的内容。《马克思主义哲学原理》之类不必说,因为它是西方哲学(至少以西方哲学为主)。但时下许多新编的《哲学导论》,虽然不叫西方哲学导论,内容也基本与中国哲学无关。即使偶尔有个别章节谈中国哲学,也是装饰性的。从结构上看,多可有可无。三、同是哲学史教科书,讲中国哲学方面的同讲西方哲学的比,哲学分量(即分析论证的深入程度)也大不一样。(这第三点,已经带出哲学史哲学的问题了。)1923年,蔡元培撰《五十年来中国之哲学》说:"最近五十年,虽然渐渐输入欧洲的哲学,但是还没有独创的哲学。所以严格的讲起来,'五十年来中国之哲学'一语,实在不能成立。现在只能讲讲这五十年中,中国人与哲学的关系,可分为西洋哲学的介绍与古代哲学的整理两方面。"[1]今天回顾起来,情形也好不到哪里。

说中国哲学创作贫乏而不说一般哲学创作贫乏,固然是保守一点的说法,但在中国,中国哲学创作贫乏,一般哲学创作有可能丰富吗?如果我们把中国哲学界定为体现中国文化特点的哲学,那么,它至少有两大可以利用的创作资源。一是当代中国的生活经验,因为当代中国的生活形态不管如何变迁,它一定包含着历史上积淀下来的文化内容,尤其是它在过去一个世纪里所经历过的一切。二是中国古代思想传统——我们同意或不同意称为哲学的内容。它包括一些在历史上有过深刻或广泛影响的思想问题、这些问题的解决,以及相关的论述方式。它是古代智慧的源泉。然而,由于全球化时代的到来,中国人将面临越来越多的不是通过援引传统经验所能解决的社会问题。那时候,

---

[1] 高平叔编:《蔡元培全集》第四卷,北京:中华书局,1984年,第351页。

面对生活经验的哲学创作,可能就难以准确区分它是传统的还是现代的。这样,体现中国文化特点的中国哲学创作,首先得吸取中国传统的思想资源。换句话说,中国哲学创作同中国哲学史研究关系密切。现代新儒家的努力也为此提供了佐证。

不过,本文的分析将表明,实际上,中国哲学史研究对中国哲学创作的促进作用不大。其深层的原因,植根于一个世纪的学术史或思想史中。

一 重哲学史而轻哲学

常规的次序是,先有哲学创作,然后才有哲学史。但在中国,可以提供另外版本的故事。了解最近学术动态的读者都知道,传统没有"哲学"的说法。现在的"中国哲学史",是十九世纪末二十世纪初的学者用"哲学"这个西式字眼,指称古代经、史、子、集中的某些内容的结果。由此造成先有哲学史研究,然后才有哲学创作这种特殊现象。这种次序的颠倒对哲学学科的影响是不可忽略的,它可能像基因排列产生的后果一样具有决定性。换句话说,是哲学史研究的面貌决定了哲学创作的格局,而不是反过来。

导致这一后果的历史因素,是近现代中国在西方文明的压力下催生的比较思想史或比较文化研究。始作俑者应该是严复。在反思甲午战败原因的文章中,他甚至把根源追溯到中西学术的差距上:"……是故取西学之规矩法戒,以绳吾'学',则凡中国之所有,举不得以'学'名;吾所有者,以彼法观之，特阅历知解积而存焉，如散钱，如委积。"[2]严复留学英伦，洞悉西学根底，其声音振聋发聩，容易激发学界学习、介绍西学的热情。梁启超就紧随其后，利用日本的便利，做了许多"泰西学案"。梁氏所介绍的对象包含有哲学方面的人物，如培根、笛卡儿、康德等。介绍一种陌生的知识，必须用读者熟悉的知识来做解释或翻译的工具。如果传统中没有相应的知识可运用，就只能借助接近或类似的观念。古人是这样办（如翻译佛经时的"格义"），近人也这样做。梁启超就从传统的思想仓库中发掘解释的工具，用朱熹的"格物致知"讲培根，用孟子"心之官则思"之"思"说笛卡儿，用王阳明的"良知"比康德。梁用按语式的比较，出于让读者从固有的思想资源理解西方哲学的目的，但无形中起了把用来比较的思想也界定为"哲学"的作用。它意味着，研究中国古典思想时，不仅能用儒家、道家，或玄学、理学、道学，也可以用"哲学"来界定。尤其是当西学对中学取得压倒性优势之后，用"哲学"来界定的可能就变成必要了。[3]冯友兰就说过我们不会写"西洋义理之学史"，而只能写"中国哲学史"的苦衷："就原则上言，此本无不可之处。不过就事实言，则近代学问，起于西洋，科学其尤著者。若指中国或西洋历史上各种学问之某部分，而谓为义理之学，则其在近代学问中之地位，与其与各种近代学问之关系，未易知也。若指而为哲学，则无此困难。此所以近来只

---

[2] 严复：《救亡决论》，《严复集》第一册，北京：中华书局，1986年，第52页。
[3] 参阅前篇《论比较哲学——从现代中国学术的经验看》的相关论述。

有中国哲学史之作，而无西洋义理之学史之作也。"[4]学术的变迁也是时势使然。

由中西思想比较而建立起来的"中国哲学史"，功能在于沟通两种文化。沟通的基本手段是用西方"哲学"解释中国传统。但比较的立场则有别：一是向西方学习，一是树传统信念。胡适派与马克思主义者属于前者，现代新儒家则代表后者。胡适是西化派，在新文化运动中做哲学史，就是以西学改造中学的一种实践。其《中国哲学史大纲》的宗旨是怀疑传统，提倡科学。胡的怀疑传统还表现为一系列翻案文章，如孔、孟、老庄，传统所重视的思想，胡适轻视；而墨家、王充、戴震，以往边缘的人物，胡适拉向中心。后来的马克思主义者，从侯外庐到任继愈等所写的思想史或哲学史，在思想人物的褒贬上，与胡适大致一样。所不同的是，胡适称经验主义者，他们叫唯物主义；胡适叫神秘主义者，他们称唯心主义。而且，在正面评价对象时，总会补充说，与西方思想比，仍处朴素或初步阶段。在新文化运动中以比较的方式为中国思想张目者，首先当推梁漱溟的《东西文化及其哲学》。但他谈中国哲学部分，除"哲学"一词外，很少直接比较西学，进行哲学性的解说。所以，传统派的扛鼎之作，还是后来冯友兰那部备受金岳霖、陈寅恪赞扬的《中国哲学史》。冯友兰也以西方哲学为参照系叙述中国思想，但他选择的西学是理性主义，同时又把传统义理之学的主题人生观纳入理性主义的分析框架。既顺应西化的趋势，又张

---

[4] 冯友兰：《中国哲学史》上册，北京：中华书局，1981年，第8页。

扬了民族精神。[5]后来港台新儒家利用哲学史塑造民族精神的套路,与冯思路大致相同,差别只是西学的坐标从英美实在论转向德国古典哲学而已。

徐复观说:"我的想法,没有一部像样的中国哲学思想史,便不可能解答当前文化上的许多迫切问题,有如中西文化异同;中国文化对现时中国乃至对现时世界,究竟有何意义?在世界文化中,究应居于何种地位等问题。因为要解答上述的问题,首先要解答中国文化'是什么'的问题。而中国文化是什么,不是枝枝节节地所能解答得了的。"[6]很显然,不论是文化的激进论者还是保守论者,都采取通过哲学来解释文化的策略。这表明,之所以出现哲学史研究先于哲学创作这种次序倒置的局面,是因为现代学人谈哲学的兴趣一开始在于评估文化传统,而不是发展新的学术专业。这预示了后来哲学史研究领先甚至取代哲学创作的趋势。同时,这种负有特殊使命的哲学史,也形成一种特殊的面貌。

当然,对哲学自身有兴趣者,在第一流的学者中也大有人在,如章太炎、王国维。但他们在现代哲学运动中,地位都被边缘化了。胡适在《中国哲学史大纲(卷上)》的导言中表彰章太炎说:"《原名》《明见》《齐物论释》三篇,更为空前的著作。今细看这三篇,所以能如此精到,正因太炎精于佛学,先有佛家的因明学、心理学、纯粹哲学,作为比较印证的材料,故能融会贯通,于墨翟、庄周、惠施、荀卿的

---

[5] 参阅《知识谱系的转换——中国哲学史研究范例论析》一文中的分析。
[6] 徐复观:《中国人性论史(先秦篇)》序,上海:上海三联书店,2001年,第1—2页。

学说里面,寻出一个条理系统。"[7]这是较确切的肯定。太炎谈哲学,虽然也不脱比较之法,但非泛论文化问题,他更有辨名析理的兴趣,以认识论、逻辑学的观点看古典名学,创获颇丰。故蔡元培在《五十年来中国之哲学》中,断定"这时代的国学大家里面,认真研究哲学,得到一个标准,来批评各家哲学的,是余杭章炳麟"。[8]王国维对哲学的兴趣也是产生于二十世纪初的头几年,其时他除大量介绍德国哲学的文章外,还有后来收入《静庵文集》及其续编的《论性》《释理》《原命》等研究中国古典哲学的名篇。王国维也同样用比较的方法,但他的比较不是中西不同范畴的归类比附,而是深入的逻辑分析。如《释理》对中西思想具有某些一致性的揭示:"吾人对种种之事物而发见其公共之处,遂抽象之而为一概念,又从而命之以名。用之既久,遂视此概念为一特别之事物,而忘其所从出,如理之概念,即其一也。吾国语中'理'字之意义之变化,与西洋理字之意义之变化,若出一辙……"[9]该文对"理"的含义所做的抽丝剥茧的分析,今日仍有典范意义。王评论严复引入西学的动机在科学而非哲学,而感叹自己"欲为哲学家则感情苦多,知力苦寡"。[10]冯友兰则说:"与严复同时有另外一位学者,在哲学方面理解比较透彻,见解比较深刻,可是是在他放弃哲学研

---

[7] 胡适:《中国哲学史大纲(卷上)》,《胡适学术文集》上册,北京:中华书局,1991年,第27页。
[8] 高平叔编:《蔡元培全集》第四卷,第377页。
[9] 王国维:《释理》,《静庵文集》,沈阳:辽宁教育出版社,1997年,第37—38页。
[10] 王国维:《静庵文集续编》自序二,《静庵文集》,第160—161页。

究之后,他才闻名于世。他是王国维。"[11]

不论章太炎还是王国维,谈哲学都不能脱离比较之法。但与那些以治哲学史为比较文化的方便法门者比,其兴趣在哲学本身。其表现就是更重视思想的方式、理据,而非孤立的价值结论。即使在诠释传统思想范畴或命题时,也不是以还原本义为满足,而是努力从说理方式上进行反思或重构。这是真正的哲学性研究。只有创作"新理学"的哲学家冯友兰,才是这种学风的承继者。但是,《齐物论释》《静庵文集》的影响甚微。半个世纪以来的现代中国哲学史著述,给章、王的篇幅相当小,即使提及,焦点也在其结论或思想内容上,很少有把眼光放在其更能体现哲学性思考的论述方式上。这意味着这种哲学史研究的标准不在哲学本身。

简言之,近现代中国的文化大势,导致哲学研究中哲学史研究的动力压倒了哲学创作兴趣,同时也导致哲学史研究中非哲学性倾向的发展,这很可能是今日中国哲学创作先天不足的历史根源。

二 哲学史研究的歧向

尽管哲学史研究的动力压倒了哲学创作的兴趣不太合乎常规,但是,发展中国哲学创作,却不能不关心哲学史研究的走向。换句话说,我们得询问,哲学史研究为何没能促进创作本身。事实上,在现代中国本来就不发达的哲学创作

---

[11] 冯友兰:《中国哲学简史》,北京:北京大学出版社,1985年,第374页。

中，除金岳霖外，说得上有创获的，也就是现代新儒家。[12]现代新儒家正是从哲学史研究中脱颖而出的，他们同西化派一样采取通过哲学史来比较或塑造民族文化精神的文化战略。不同之处在于，新儒家对传统有一种持守的精神，其得其失均与此有关。因此，不论是激进派还是保守派所做的哲学史，下面都一并加以检讨。但对不同错误的归属，则会适当加以区分。

1 立场优先

所谓立场优先，就是指首先关心一种观点或命题所表达或蕴含的政治态度或学派立场，而不是重视它论证的深度与创新性。这个价值包括文化、政治以及由此推演出来的学派三个层次的问题。简言之，它是把哲学意识形态化，把学术取舍变成"政治正确性"的表态。问题的根子在于通过哲学史做文化比较的动机，它不同程度表现于新（激进）旧（保守）两派的研究中。

新文化运动中胡适的学术研究多服务于他反传统、倡西化的立场，其《中国哲学史大纲》立足于做翻案文章，对孔孟老庄所讲求的义理较轻视。所以冯友兰讥他"这本书，实际上是一本批判中国哲学的书，而不是一本中国哲学的历史书"。[13]他本人后来也无法按原来的思路写下去，只好将续

---

[12] 关于现代新儒家的界定，取李泽厚"现代的宋明理学"而非余英时"熊氏门徒"说。
[13] 冯友兰：《中国现代哲学》，《三松堂学术文集》，北京：北京大学出版社，1984年，第287页。

编改为《中国中古思想史长编》,不叫哲学史。胡适的套路在其后被同属反传统阵营的马克思主义者发扬光大,侯外庐就说:"胡适、冯友兰等人研究两汉以后思想家、哲学家,只偏重于儒学诸家,而我们一致认为,中世纪思想史,必须着重研究异端思想和正统儒学的斗争,无神论和有神论的斗争,唯物主义和唯心主义的斗争,表彰中国思想史上唯物论的光辉传统。"[14] 当侯所代表的观点在意识形态中占据主流以后,其追随者则将其推至极荒谬的地步。一个人的政治身份或经济地位可以成为衡量其哲学水平的尺度,而一个承认常识但没有文化的人则可以被认为比唯心主义的哲学家更高明。

从梁漱溟、冯友兰、熊十力到港台新儒家,谈中国哲学都是为寻求或重塑中国文化精神。由牟宗三、徐复观、张君劢与唐君毅共同署名的《为中国文化敬告世界人士宣言》,就直言:"只有从中国之思想或哲学下手,才能照明中国文化历史中之精神生命。因而研究中国历史文化之大路,重要的是由中国之哲学思想之中心,再一层一层的透出去,而不应只是从分散的中国历史文物之各方面之零碎的研究,再慢慢综结起来。"[15] 针对中国传统"疏于界说之厘定,论证之建立"的弱点,他们要求透过先哲的生活方式看问题,"而人真能由此去了解中国哲人,则可见其思想之表现于文字者,

---

[14] 侯外庐:《韧的追求》,北京:生活·读书·新知三联书店,1985年,第280—281页。
[15] 封祖盛编:《当代新儒家》,北京:生活·读书·新知三联书店,1989年,第10页。

虽似粗疏简陋，而其所涵之精神意义、文化意义、历史意义，则正可极丰富而极精深"。[16]由于新儒家目标在于借哲学重建传统精神文化，故对中国哲学的探讨自然比反传统者更有建设性。但是，强烈的卫道情结，也给其学术的深入造成限制。

皮锡瑞曾指出经术不同于学术之处在于："盖凡学皆贵求新，惟经学必专守旧。经作于大圣，传自古贤。先儒口授其文，后学心知其意，制度有一定而不可私造，义理衷一是而非能臆说。"[17]新儒家之学不是传统经学，但其道统意识使其学同经学一样具有意识形态功能。意识形态的特征之一是把学术变成宣传，对价值信条可以年年讲月月讲天天讲，不厌其烦。政治正确性比学术创新更重要，大量哲学史教科书就是这一原则的牺牲品。新儒家的价值理想与大陆意识形态虽然对立，但卫道的立场对哲学固有的批判精神却是一种阻碍。

2 范畴错置

作为现代学术的"中国哲学史"是比较文化催生的产儿。经验层次或局部事物的比较，可以借助超越于两者之上（或之外）的更有涵盖性的知识来解释，如两种动物的行为方式，或两种作品的主题或风格的比较，我们可以用人类理智的基本模式，或者用文学艺术的一般理论来作为解释的工具。被比较的双方都同样是对象化的。但对不同文化的精神

---

[16] 封祖盛编：《当代新儒家》，第12页。
[17] 皮锡瑞：《经学历史》，周予同注释本，北京：中华书局，1959年，第139页。

结构,或者说"哲学"的比较,一开始却不存在一种元理论作为通用的工具。(除非你是在比较两种与你的本土文化无关的其他文化。)实际上,它只能是用一种文化解释另一种文化,即比较者选择自己熟悉或认同的文化作为工具,另一种则是被解释的对象。我们说梁启超的"泰西学案"是用他熟悉的传统介绍、解释另一种陌生的思想文化。胡适则是用他认同的文化解释他熟悉的文化。一旦被比较的双方差距太大,或者解释者对双方的了解,特别是对解释工具的了解程度太浅,比较的结果就会像是照哈哈镜一样。冯友兰说过两种文化的相互阐明或相互批评,必须是发展到一定阶段才可能的工作。

中国哲学史研究相当长时间内做的是照哈哈镜的工作,因为主流的作品多是从西方哲学中截取某些流派或论题,作为解释中国古典思想的工具。一个世纪以来,用来解释中国哲学的大多数范畴,如本体、现象,主体、客体,共相、殊相,唯物主义、唯心主义,辩证法、形而上学,感性、理性,原因、结果,先验、经验,自由、必然,等等,基本上都来自西方近代哲学,即唯理论、经验论,以及德国古典哲学。胡适派、马克思主义者,以及现代新儒家均如此。(相对而言,后者处理比较灵活些。)这个解释框架有两个性质是与中国传统大相径庭的:第一,它是一种讲究逻辑论证,并以形成知识系统为目标的理论哲学;第二,其哲学主题是以认识论为中心,即致力于说明人对世界的理解能力。而这两点,都是中国传统所或缺的。中国传统中,像天人、性命、善恶、是非、有无、物我、本末、体用、言意、形神、理气、心性、知行、道器等范畴,则是围绕着对人生的意义及其根据展开的。同时,其表达思想的方式,散见于谈话、讲课、寓言、诗、书信、碑记,及各种经典注疏中。这些表达多数具有一种"对话性"的特征,与理论作品大不相同。所谓"对话性",指"说-听"关系,与"写-读"关系不一样,在信息交流上,后者是单向的,前者则是双向的。同时,由于说、听双方都了解特定的语境,因此预设许多不需明言的前提,这就导致其表达缺乏逻辑上推论的完整性。在这一意义上,经典注疏也是"对话"的变种。因为注释行为是对文本内容的一种"应答",它的表达也受文本"语境"的制约。近代西方与古代中国这两套"形而上"的观念差异极大,但是,由于近代西方哲学与被认为能推动社会进步的近代西学关系密切,同时,这种理论哲学具有述理清晰完整的特点,因而,它合乎时势地成为进步论者解释中国思想传统的工具。

这种范畴错置的现象触目皆是,但表现最突出的还是在以马克思主义标榜的哲学史教科书中。它把哲学都看成本体论、认识论,然后又用唯物主义与唯心主义判别其对错得失,结果,以人生论为主题的中国哲学主流都属于唯心主义。而某些思想性格具有重视经验倾向的人物,虽然被冠以唯物主义的名分,但由于理论化水平不够或人物出身的问题,故一律加上"朴素的"作为限定。这种哲学史的基本作用在于,显示西方哲学的思想方式普遍有效,同时指出中国传统先天的精神缺陷,因此应该从根本上向西学学习。这是意识形态的信念在作祟。其实,它对西方哲学本身也缺乏真正的了解。其最可笑之处,就是以为唯心主义否定常识意义上的事物存在,而唯物主义相反。七十年代初广东中学语文课本上有一篇课文,题目叫作《一块石头敲开了哲学的神秘大门》,讲河北省一个叫三官庙的地方,农民如何学哲学、用哲学。方法就是把石头搬上讲台,质疑唯心主义者如何否定它的存在。今天对于中国传统是否有哲学,或研究中国哲学史是否合适的质疑,正是这种范畴错置现象引发的后果。其实,范畴错置不是用哲学作为参照系的问题,而是对哲学的理解过分狭隘所造成的。

3 以考据代义理

传统学问有考据、义理、经世及辞章的划分,其中,考据与义理被认为代表汉学与宋学两种不同的学术风格。考据泛指版本校勘、文字训诂、史料考辨等历史文献研究,它是史学研究的基础工作。义理则系超越经验的形上之学,包括心性之学或天道之论。两者本不属同一学问层次,无必然冲突的理由,但清代因经学解释的冲突而导出汉宋之争。受汉学的影响,以考据代义理的倾向,一直潜藏在哲学史研究之中。

首先与胡适派有关。"蔡元培说,胡适是汉学专家,这是真的。他的书既有汉学的长处又有汉学的短处。长处是,对于文字的考证、训诂比较详细,短处是,对于文字所表的义理的了解、体会比较肤浅。宋学正是相反。"[18]《中国哲学

---

[18] 冯友兰:《三松堂自序》,北京:生活·读书·新知三联书店,1984年,第225页。

史大纲（卷上）》差不多用三分之一的篇幅讲考据问题，并在此基础上做他的翻案文章。胡后来写《戴东原的哲学》，对从戴震到阮元的清代汉学家借训诂讲义理的方法非常推崇。追随胡适的傅斯年，写《性命古训辨证》，便有承继戴、阮，实践"以语言学的观点解决思想史中之问题"的意图。这个"语言学的观点"实际是训诂学的方法。深受胡适、傅斯年影响的"中央研究院"历史语言研究所，其学风正是这种纲领的实践。后来到了台湾的徐复观，便讥其为清代考据学同西洋经验主义的末梢相结合的"洋汉学"。

本来考据在1949年以后大陆的学术界，只居边缘的地位。因为大陆关心的是思想立场，是世界观的改造。八十年代思想解放局面出现后，学风改变，考据学风自然也就恢复与发展了。助成考据学的，还有一个不可多得的历史机缘，那就是一个世纪以来考古领域的不断发现。继金石甲骨之后，竹简绢帛上的文书研究成为当今一大显学。它为古典文献学及思想史研究提供新的资源，其切实的意义可能是傅斯年所企盼的，是"历史"的与"语言"的。以考据为中心的古典文献学及相关的思想史研究成绩斐然，是古典学术题中的应有之义。它吸引众多哲学史工作者加入，甚至诱致一些外行人仓促上阵，大谈起古文字来。有时候它可能给人一种错觉，以为通过文献学可以给越来越没有生气的哲学史研究提供出路。

其实不然。文献学可以为哲学史研究提供更多资源，但哲学史做不好绝不是由于这种资源贫乏所致。而以为文字训诂可能代替义理探究更是一种误会。胡适称阮元的方法为

"剥皮主义":"阮元是一个剥皮的好手。他论性,论仁,都只是要把一个时代的思想归还给那一个时代;都只是要剥去后代涂抹上去的色彩,显出古代的本色。"[19]这用来治思想史也许可行,用于哲学史的话,把抽象的观念还原为原始的经验事实,还有哲学存在吗?王国维就说戴、阮,"其说之幽元高妙,自不及宋人远甚"。"自汉学盛行而学者以其考证之眼转而攻究古代之性命道德之说,于是古代北方之哲学复明,而有复活之态度。戴、阮二氏之说实代表国朝汉学派一般之思想,亦代表吾国人一般之思想者也。此足见理论哲学之不适于吾国人之性质,而我国人之性质,其彻头彻尾实际的,有如是也。"[20]所谓"实际的"也就是经验的,它是否代表国人难说,但说汉学之特征则甚确。太炎既精汉学,也通哲学,故能分辨事实与义理之不同:"按校勘训诂,以治经治诸子,特最初门径然也。经多陈事实;诸子多明义理(此就大略言之,经中《周易》亦明义理,诸子中管、荀亦陈事实,然诸子专言事实,不及义理者绝少)。治此二部书者,自校勘训诂而后,即不得不各有所主。此其术有不得同者。故贾、马不能理诸子,而郭象、张湛不能治经。"[21]

考据与义理,或汉学与宋学,其实不能相互代替。汉宋之争,本是经学内部争夺道统解释权的争论,但它曲折地演化为今日的思想史与哲学史之争。哲学史强调自己才能把握民族精神文化的精华,如新儒家;思想史则坚持自己才了解

---

[19] 胡适:《戴东原的哲学》,《胡适学术文集》下册,第1085页。
[20] 王国维:《国朝汉学派戴阮二家之哲学说》,《静庵文集》,第101页。
[21] 章太炎:《致章士钊书》,转引自《胡适学术文集》下册,第719页。

思想的历史状况，后者要为读者提供可信的历史。[22]就哲学史而言，应该恪守自己的界线，即提供对有哲学价值的思想内容的阐释。至于多大程度说明思想的历史状况，则是边缘性的工作。如果要坚持与历史学家一争高低，对哲学的事业来说将是缘木求鱼。由于自身对哲学本身缺乏自信，从而陷入追求文献知识确定性的陷阱，结果便是断送哲学史研究的前途。

4 "空谈心性"

空谈心性本是清代汉学中批评或鄙视宋学的一种说法，它包括指斥心性之学缺乏经典文献的依据，以及局限于精神世界，从而没有经世致用的作用这两层意思。心性之学是宋学的主题，它是否是上述意义的"空谈"另当别论。这里我借用来指当代的哲学史研究在讨论宋明理学时的一种言述风格。"空谈"指相关的诠释缺乏现代意义的哲学思考特点，即可理解性及普遍性。它不是错，而是难理解。问题与现代新儒家的工作有关，汉学不讨论这种问题，因而不大会有这种毛病。

宋明理学是现代新儒家的思想基地，李泽厚说它是现代的宋明理学，没有错。新儒家强烈反对从胡适到马克思主义的经验主义及唯物主义倾向，着重阐明中国哲学中关于人的精神境界问题。牟宗三说中国文化不同于西方，"它没有西

---

[22] 参见葛兆光教授《中国思想史》导论（上海：复旦大学出版社，1998年）及他的其他相关论文。

方式的以知识为中心,以理智游戏为一特征的独立哲学,也没有西方式的以神为中心的启示宗教。它是以'生命'为中心,由此展开他们的教训、智慧、学问与修行。这是独立的一套,很难吞没消解于西方式的独立哲学中,亦很难吞没消解于西方式的独立宗教中。但是它有一种智慧,它可以消融西方式的宗教而不见其有碍,它亦可消融西方式的哲学而不见其有碍"。[23]可以"消融"很难说,但不被"消解"则信然。牟宗三用哲学的观点精心诠释宋明理学,可以视作为这一诊断提供的证明。牟氏在这一领域的成就为学界公认,他不仅比经验主义的看法高明,也比冯友兰理性主义(实在论式)的理解另有见地。但这种诠释仍然在方法论上留下值得我们进一步推敲的问题。

作为"生命的学问"的宋明理学,其主题心性之学是研究道德生活的内在体验问题。它有一大堆专门词语用以摹状相当复杂的精神结构。这类词语有别于那些描述自然、社会或历史的形而上的哲学范畴,即其含义缺乏客观的可验证的特征。如心、情、性、命、诚、天理人欲、已发未发、居敬、主静、定性、中和、慎独、天地之性、德性之知等,表达的是内在的道德生活经验。这种经验的沟通,有一前提,就是交流者同处于特定的共同体中,往往是思想家及其学生或崇拜者所构成的生活圈子,才能一起"展开他们的教训、智慧、学问与修行"。离开相关的生活圈子或者缺乏相应的精神信仰,这些观念的交流就会变得困难。同是宋明儒学,

---

[23] 牟宗三:《中国哲学的特质》,上海:上海古籍出版社,1997年,第6页。

心、理两派就无法一致。清代汉学，对这种经验不仅陌生，甚至自觉抗拒。现代新儒家与宋明儒者生活的距离，相差更有天壤之别。即使我们相信新儒家确有遥契先贤的心灵，如何把这种精神经验用现代读者可能领会的言述方式表达出来，便是一个巨大的难题。

通观牟氏关于宋明理学的著述，其诠释策略大致有两条：一是借助康德哲学的理论框架，为宋明理学的思想形态进行定位；一是在理学的系统内，用理学原有的或仿理学的话语，做重辨道统的工作。在"会通"康德与理学时，牟氏在康德的二元体系中，抓住本体、信仰、道德、宗教、自由这一面，而非现象、知识、科学、理知、自然一面，并用前者界定理学的主旨。同时又判定康德只有"道德的神学"与"道德的形上学"，而宋儒则成就了"道德的形上学"。良知就是"知的直觉"，在康德是神才拥有的能力，在儒家则信赖其为人具有的德性。虽然我们肯定这是有很高价值的说法，但只能在很抽象的层次做这种比较才有意义。因为康德重视价值问题，其见解也是通过"知解"（牟的用语）的方式分析出来的，与宋儒的具体言路不可能对上号。因此在诠释宋儒的专门词汇时，他离开康德，创作了像呈现、坎现、玄智、逆觉体证、直贯系统、无执的存有论、即存有即活动、超越的本心等术语。这类词汇，其实并不比理学固有的范畴更好懂。牟氏批评冯友兰的哲学史抄录多而解释少，是因为冯不懂。牟的解释是增多了，但他自认为弄懂的东西，是否读者也有同感，可能也成问题。问题的症结在于，心性是意识现象，对意识经验进行分析，概念或语言分析可能不是合适的工具。

责难牟宗三给我们留下问题并不公平。但牟宗三二十世纪末在中国哲学界造成的影响,却可能导致这种言述方式在其追随者或模仿者那里复制开来。那可能是一个特定圈子里通行言语的泛滥,动不动就说谁也说不清楚的"功夫"问题。有人可能会说,西方海德格尔也不是人人能懂的,这无损于他的伟大。我想说,如果中国有太多写中文的海德格尔的话,也会是哲学的灾难。

上述立场优先、范畴错置、以考据代义理及"空谈心性"等现象,是中国哲学史研究中存在的主要问题。有些问题如立场优先、范畴错置,是这个领域的普遍问题。立场优先是中国传统在西方文化压力下的一种不得已的反应,不管持什么立场,共同点都是为重塑中国文化。而范畴错置正是在文化比较之初单向理解难以避免的问题。只是在文化的交流已经累积了丰富的经验之后,就应当进入互为主体的解释阶段。但问题迟迟未得到人们正视。而夸大考据与"空谈义理"的问题,则与不同思想背景的学派相联系,与前者比,后者实属哲学内部的问题,然而,它给哲学史发展造成的这种偏向,可能对哲学创作是一种不利因素,因为它对哲学论证的有效性缺乏应有的反思。哲学史研究的问题可能远不止这些,但这些问题是内在性的,现在把它提出来,只是为进一步的检讨开个头。

这些问题的后果是:哲学史或者是与传统思想缺乏内在的关联,有时候不管你对它是批评还是表扬,都与传统无关;或者是缺乏哲学探索应有的魅力,哲学不是智力而是浅薄的概念游戏。这样的哲学史著述，如何能够激发读者对哲学的想象力。

三　扩展哲学的视野

思想贫困的哲学史研究，不只是使哲学史失去应有的魅力，甚至还引发出放弃"中国哲学"的议论，虽然"中国非哲学"的说法不是始于今日，其理由也不只是古典文献中没有"哲学"这个词。"非哲学"论隐含着两种不同的文化立场：一种是保守主义的，它强调中国文化的独特性或自足性，防止古典智慧在哲学化的解释中被消解或吞没；另一种是激进主义的，它揭露中国文化的地方性或不完整性，为批判传统、宣扬西学服务。从本土文化的立场看，前者是积极的，后者则是消极的。其实，两者同前面论及的"有哲学"的主张中，同样存在两种对立的文化立场也是相对应的。从现代文化的交流与发展的需要看，"有哲学"比"非哲学"的主张更有促进作用。不过，"非哲学"的理由应当正视。这样，哲学史研究的实践才能减少它的盲目或褊狭。

概括地看，关于中国古代无哲学或反对谈论中国哲学的理由，主要是下列三点：第一，西方哲学中，求真（或求知）是学问的主要目标，而中国思想史中，求用（或求行）才是主旨，因此中国没有西方哲学意义上的认识论传统，而离开认识论的哲学是不可想象的。第二，本体论是西方哲学最根本的范畴，而以存在（Being）为对象的本体论研究，是同印欧语言中存在（to be）这样的语法结构相关的，汉语语法中不可能产生这样的问题，从而没有本体论的思想系统，不能称为哲学。第三，哲学与宗教虽然分享一些共同的问题，如对善的关注，但两者的言述方式大相径庭。同西方文化比较，中国思想传统与其说是哲学，不如说是宗教。[24] 上述意见都很重要，但仍未能成为我们放弃"中国哲学史"的理由。

关于中国哲学求用，因此没有形成认识论的观点，不是今日的新发现。早在一个世纪之前，王国维就指出："披我中国之哲学史，凡哲学家，无不欲兼为政治家者，斯可异已！""夫然，故我国无纯粹之哲学，其最完备者，唯道德哲学与政治哲学耳。至于周、秦、两宋间之形而上学，不过欲固道德哲学之根柢，其对形而上学，非有固有之兴味也。其于形而上学且然，况乎美学、名学、知识论等冷淡不急之问题哉？"[25] 王国维不满于中国传统缺乏像美学、名学、认识论之类"纯粹之哲学"，但不否认在此之外可以有道德哲学或政治哲学的存在。后来胡适、冯友兰在编中国哲学史时对哲学做界定，也都是把认识论当作哲学的一个分支而非主干看待。认识论当然是西方哲学非常重要的传统，但要说离开认识论就免谈哲学，恐怕就太褊狭了。这种主张至少在海德格尔或罗蒂那里就行不通。

本体论也是个费口舌的问题。在中国传统中，本体分

---

[24] 在质疑"中国哲学史"的合理性方面，观点表达得较系统的，是方朝晖博士的《"中学"与"西学"：重新解读现代中国学术史》，保定：河北大学出版社，2002年。
[25] 王国维：《论哲学家与美术家之天职》，《静庵文集》，第120页。

别来自本末与体用两对范畴,用它来翻译ontology,勉强涵盖它基础、实体与整全的意思。本末与体用两对范畴的确没有体现西文中由to be导向以being为研究对象的思路。但是,这并不意味着通过汉语对宇宙人生进行的思考必然不可能有相似的思想路径。《庄子·齐物论》中有"有有也者,有无也者,有未始有无也者,有未始有夫未始有无也者"的著名论说。对这段绕口令般的陈述,我们只截取前面两句中"有有""有无"的结构进行分析即可。汉语中,"有"首先是个动词,有人、有物、有语言、有思想。说有总是有什么,这是通常的说法。但"有有"中的第二个"有",显然不是动词,而是名词。而作为名词的"有",不是日常语言所通用的,它是玄思的产物。它是不满足于有各种各样、形形色色的事物,而被"逼"出来的一个词。它是对万物共同属性的抽象——"有",换一个汉语词来表达——存在。所以也有人把ontology翻译为存有论。这个译法,可能就照顾到它特有的思路。在庄子那里,由于"有"过滤了万物(或万有)各种具体的物的特性,从而排除了日常生活中的实用性,故"有"物便如同"无"物,"有有"也可等同于"有无"。我不想强调这一思想范畴在中国思想传统中有多重要,也不会推荐以"存有论"代替"本体论",只想提醒大家注意,不要轻易断定无什么。[26]

"非哲学"论者主张以宗教范畴代替哲学来界定中国思

---

[26] 关于中西形而上学更深入的对比讨论,参看王太庆、叶秀山、赵敦华教授及西方学者葛瑞汉的分析。见宋继杰编:《BEING与西方哲学传统》,保定:河北大学出版社,2002年。

想传统,也是一个思想的陷阱。说佛教、道教是宗教,自然没有疑义,但说儒教是宗教,则同说哲学一样,牵涉对宗教的定义问题。如果是以基督教为参照,把儒教当作独立于世俗社会的制度性宗教,那必定遭到众多的反对。若是因为儒家思想强调或具有道德教化的作用,就把它划为宗教,那古希腊哲人的思想中,也包含大量关于道德教化的内容,我们是否能由此将其剔除在哲学史研究之外呢?从思想史看,道德是宗教与哲学共同分享的话题。虽然属于哲学的现代伦理学如元伦理学,非常自觉地同道德劝喻划清界限,但古代的德性伦理不是这样,所以中世纪基督教伦理同亚里士多德传统便可合流。[27]而以成德立人为目标的儒学,提供的主要便是德性伦理。你可以哲学的观点,也可用宗教学的眼光观察中国思想传统,但不必把不同的方法对立起来。以本质主义的立场对文化进行类型划分的人,是不理解任何关于文化的概念,不论是从对象中提取的,还是从其他文化中借用来的,其功能都是理想类型式的。这类概念或范畴只是测量对象的仪器,而非制作产品的模具。在这一意义上,人们也可既非哲学也非宗教,只以中国传统(甚至只是儒学)中固有的概念来研究传统,就如古代的学者或思想家所做的那样,只要对当代学术的发展有新的启发即可。[28]

回到中国哲学史研究如何可能的问题上来,前提得破

---

[27] 参阅麦金太尔:《德性之后》,龚群、戴扬毅等译,北京:中国社会科学出版社,1995年。
[28] 陈来、景海峰、王中江、干春松等学者,近期也从不同角度发表为中国哲学史研究的合理性做辩护的观点。参见《中国哲学的"合法性"反思与"主体性"重构笔谈》,《江汉论坛》,2003年第7期。

除以某一门类甚至某一学派的观点对哲学做单一、狭隘的理解。我想说,"没有人能找到一种古今哲学家都能接受的、固定不变的哲学定义。形而上学—本体论在中世纪、在近代的位置举足轻重,但进入现代则成为不同哲学流派的众矢之的。尼采反它,维特根斯坦、卡尔纳普(Rudolf Carnap)也反它。同是反本体论,逻辑实证主义是从认识论的阵地出发的,而尼采、海德格尔则连认识论也一起攻击。罗蒂更绝,提倡'后哲学文化',连哲学也准备放弃。其实以康德或黑格尔为标准,古希腊的智者也未必合乎要求,至少他们没有提供理论论述上体系完备的哲学著作。维特根斯坦从语言分析入手,揭示哲学这个词同'游戏'一样,都不存在什么本质规定,而是一种'家族类似'概念。我想是能说明问题的。既是'家族类似',那就表示:一方面,在'哲学'一词所能指称的各种思想或知识现象中,没有严格划一的共同特征;另一方面,这些现象中也有一些离散的或相对接近的特征存在。以西方哲学史中公认的哲学家为标本取样,我们可以找到谈本体、认识、主体、存在、真理、自然、人性、神性、理性、道德等不同的论题。不是所有的哲学家都同时对这些论题有兴趣,每个人关心的侧重点可以不一样。所以,谈哲学也可以只谈论其中个别问题,甚至从中派生出新的论题来。例如,维特根斯坦就从前期的谈逻辑转变为后期的谈语言,并由此展开一个新的哲学论域——日常语言分析。其实我们还可以说,哲学根本就没有固定的对象"。[29]

---

[29] 陈少明:《重提"中国哲学"的正当性》,《江汉论坛》,2003年第7期。

说哲学没有固定的对象或没有特定的对象，至少包含两层意思。一是如上所说，不同的哲学家并不必然确认共同的研究对象；二是大部分被当作哲学讨论的问题，同时可能是其他知识或思想领域共同探讨的问题。第二层意义也不难理解，如研究存在的本体论与自然科学分享共同的对象，讨论人性或生命价值不是哲学的专利，宗教思想家也许更热衷，认识论同现代语言学关系密切。而涉及人的问题，心理学同哲学的关系也暧昧不清。哲学同许多知识门类有边缘关系，现代哲学则特别注重边缘地带的问题，并有移边缘为中心的倾向。所以，哲学也不是固定的范畴与命题的集合。

但是，我不准备把哲学说成是一团乱麻。不同的哲学系统或学派之间的关系，深入研究是有头绪可寻的。就对象言，大致也有一些层次可以划分。如自然、社会、人，人之中又有知识、道德或语言、意识等的进一步区分。传统哲学特别是德国古典哲学，喜欢建立对万有进行包罗万象说明的系统。更多的哲学家只是停留在自己感兴趣的区域做精细的专题研究，对其他领域的问题存而不论。还有另外的一些哲学家，在对个别论域做专门的研究后，便以此为出发点，将其方法或观点推广去说明更大范围的问题，甚至具有冲击或颠覆其他传统论说的作用。现代哲学中新学说、新学派的出现，多半属于这后一情形。如现代物理学、语言学、心理学，以及现代的生活经验等，都曾是各式新哲学的思想资源。从现代哲学发展的现象看，我更愿意把哲学理解为挑战既定学说或知识的思想活动。在这类思想活动中，思想方式比内容或结论更重要。不同的哲学实际就是一组相互竞争的思想方式。

这种思想方式虽很难严格加以界定，但不是任何想当然的念头。简单地说，它首先是一种理智的思想方式。哲学可以把神秘的、非理性的事或物作为自己的对象，其观点也不排除来自某些直觉、灵感或者下意识，但要表达一种可称为哲学的观点，则其表达方式必须有让别人理解的可能。这种可理解或交流，就是理性的基本要求。其基本要素至少包括语言与逻辑的规范化。其次，哲学的思考需要一种寻根问底的态度，它不满足于现成的知识或局部的理解。对事物的理解不是追求整体的观点，就是不断追问各种预设背后的根据。即使是主张维护传统或信赖常识的哲学，也不是在常识的意义上提倡这种观点。其三，哲学知识主要是解释性或规范性理论，即是说，它说明一般事物，或倡导某些思想或行为原则，但不能预测具体现象。关于理智的起源或作用，是解释性的知识。自由平等为何是可取的原则，是规范性研究的问题。而明天是否会发生地震，则是有预测功能的经验知识要解答的问题。聪明的哲学家不越俎代庖，要不他就不是以哲学家的身份发言。这三条划分中，第一条使哲学区别于神学或艺术，第二条区别于常识，第三条则区别于经验科学。这种划分虽然仍嫌宽泛，但它也只是针对现代哲学，而且是针对成为现代教育体制组成部分、在学术杂志上以论文形式发表的哲学而言。否则，以往许多被我们作为"哲学"来研究的思想，可能就不合这个模式。同时还要说明，即使在现代哲学著述中，也非所有内容均合乎上述说法。我的说法是规范性的，就如圆或方的概念，生活中几乎没有完全合乎其标准的形体，但不妨碍我们把它用作衡量相关事物的有用工具。

开放地看待哲学，不等于放弃哲学。

四　面对古典思想经验的哲学

回到前面的问题。"中国哲学史"与"中国哲学"不是同一个概念，近代中国的文化变迁，导致"中国哲学史"研究先于"中国哲学"创作的现象。而且，中国哲学史研究中比较文化的动机又高于哲学研究的兴趣。结果是，哲学史研究对哲学创作的促进不大。今日哲学史研究，应当自觉纠正这种偏颇。不过，我进一步想阐明的问题是，中国哲学史研究不能代替中国哲学创作。不论中国哲学史研究成就非凡，还是属无稽之谈，中国哲学都另有成立的理由。这里"中国哲学"中的"中国"是文化而非政治或地理概念，不是指国籍为中国的人所作或在中国出版的哲学论文，而是体现中国文化或中国生活方式的哲学论说，才是中国哲学。即使古代中国学术中没有哲学，现代哲学家也可以进行这样的哲学创作。

这样，在今日中国，哲学家的创作可分为一般哲学与中国哲学两类。如果从对象与思想方式的划分来谈，思想方式是哲学之所以为哲学之依据，则一般哲学与中国哲学的区分当从研究的对象入手。而研究对象，依西方哲学家的创作看，也有两大领域，一是思想或知识文献，一是生活经验。生活经验是哲学研究最基本的对象，但人们有把哲学文献研究当作哲学研究本身的倾向。现代中国的生活经验中，毫无疑问包含有中国文化的因素或中国人特有的生活方式。但是，一个多世纪以来，中国的现代化进程不断加速，中国文化与西方文化不断汇合，在中国人的许多生活领域，我们已经越来越无法区分哪些是中国的，哪些是西方的了。以当下的生活经验为反思的对象，当然是当代中国哲学最基本的任务。但就中国哲学创作而言，储存于文献中的古典生活经验，更是重要的思想资源。

但是，不能把中国哲学创作等同于中国哲学史研究。虽然两者都从古典文献中寻求资源，但两者对经典的研读方式不一样。哲学史研究寻找既成的思想观念，包括前人提出的范畴、问题或论说，哲学创作则观察这些观念镶嵌于其中的生活经验。前者叙述古典的智慧，后者表达今人的理解。由于中国哲学史研究与表达中国文化经验的哲学创作都与历史文献特别是思想经典结下不解之缘，所以有必要从哲学资源的角度对经典的价值做进一步的探讨。经典是了解经典思想的主要途径，如果其表达的内容是哲学，那么它是哲学史研究的根据，如果不是哲学，做其他观念史研究的对象也无妨。研究者肯定经典所表达的内容具有重要的思想价值或历史影响，它就有研究价值。但如果把经典的思想内容当作哲学创作的资源，则不一定以认可经典的思想倾向为前提。它可以接过经典的某些范畴或论题，赋予另外的意义。也可以把大家熟悉的论点悬置起来，在其所预设的前提背后提问题。最近学界比较重视的对经典解释的传统的反思，以及我们倡导的作为生活方式的思想经验两个论题，都可以提供从哲学角度反思经典的思想资源。

重视经典的研读、传播是中国文化的一大特色。不仅儒家有经典，道家、佛教也不例外，但以儒家经学的影响为巨。儒家经典思想的影响，广至政治、社会制度及风俗习惯，深至个人的内在精神世界。不但施政立制要援引经典，表达个人任何新的重要见解，也得以解释经典的面目出现。一直到近代面对西学，如康有为也得以解经为手段化解难题。不过，传统解经，焦点在什么是圣言所传之道，以及如何获得对圣道的确解。而站在当代思想或学术的立场上，视野自当放宽，必须把经学作为中国文化现象来观察。尊崇经典当然不止于中国，其他文化，尤其是宗教传统深厚的文化，都有它的经典学术传统。但在中国经典文化中，有些现象特别值得注意。首先，经典是人而非神创作的。而经典是否成其为经典，则不是该文本的创作者所能决定的。伴随着经典地位的确立到加强，是一个漫长、复杂的解释过程。可以说，没有解释就没有经典。从而，解释与经典的关系，就不是简单的如何理解文本的意义，而是关系到经典的命运问题。其次，尽管历代经解文献汗牛充栋，归纳起来，无非是经世、考据与义理三种基本的解释形态。其中所关涉的便是经典及经学的性质问题，更确切地说，是中国文化中政治、宗教与学术的关系问题。第三，中国（包括儒家）经典不是单数，而是复数。而且，经典的确立不是同一时期以同一方式进行的。同时，群经之间地位的关系在不同时期是变动的，汉人重五经，而宋人重四书就是证明。还有解释经典的作品，也有机会进入经典的行列。这些现象，涉及权力与解释、解释与历史环境等问题。第四，儒家传统中还有疑经的问题。疑经缘于怀疑者对某些经义同其心目中的道不一致的判断，由此而质疑相关经文的真实性，即这些传统中被认为系圣人所作的文本，可能是他人的伪作。但是，疑经者的道依据是什么，不仅取决于对不同经典的地位的认取，还牵涉道与圣言、经与传、解文与解心，以及个人信仰与共同体的实践等复杂的关系问题。[30]第五，中国经典不是一个系统，而是儒、道、释三家。三家中各自的拥护者在解经时，固然有卫道排异的立场，但还有另一个倾向，就是不同道统的学者，通过对其他系统经典的解释，进行不同系统之间价值沟通的尝试。此外，在后经学时代，还存在着传统经学的思想态度与治学方式，如何影响现代意识形态的问题。这些问题，思想史学科可以描述及分析其历史的因果关系，从一个重要的侧面展示中国文化丰富的内涵。哲学则可从这一文化经验中，反思历史与价值、理性与信仰等论题。

经典研究同时还是考察作为生活方式的古典思想经验的重要途径，这同经典的文本类型有关。我在另一个地方提道："中国文化中，无论儒道释，不仅经不是单数，而且体裁是多样的，有诗、有史、有言、有论。从解释学的观点看，不同的文本类型需要不同的解释方式。诗、史有别大家都知道，言、论之分则得分说。言指对话体，如《论语》（包括各种语类或传习录之类）；论则指论说体，如《大学》、

---

[30] 陈立胜教授最近的一组论文《朱子读书法——诠释与诠释之外》、《"四句教"的三次辩难及其诠释学义蕴》及《儒学经传的怀疑与否定中的论说方式》（《中国哲学史》，2002年第2期）等，对此有精彩的讨论。

《中庸》或《荀子》。区别在于，论是作者观点的系统表述，同时没有特定的受众，而言则是对话者之间的问答或辩难，对话者的身份与语境是理解语义的重要条件。从言语行为的观点来看，对话就是处事。故言与史相通，都有人物、有情节，都是'事'。经典所记述的事，就是古典生活方式的直接呈现。把言归入事而非归入论，表面上看，是移离哲学的视野，其实不然，这是对哲学的古典形态的一种贴近。平心而论，如果以近代西方哲学那种系统论说的眼光来读《论语》，其感觉即使不是不成体统，也是卑之无甚高论。但这种读法当然不得要领。《论语》作为儒门第一经，其要义在于'教'，它是孔子与学生对话的记录。经验告诉我们，教养的形成不是从理论入手，而是在尊者、贤者的言传身教下耳濡目染的结果。而教养的目标，有深度的、高尚的或有魅力的人格所包括的各种道德特质，也不是从一个原则中演绎出来的，无法形成像当代规范伦理学那样的理论。而规范伦理学并不能代替传统德性伦理的思想功能。因此，研究《论语》的思想意义，同研究其中所体现的生活方式是分不开的。对其他立言的经典作品也一样。从记事经典中研究生活方式的哲学问题，是另一层次的哲学研究。"[31]这种古典的"哲学故事"并不局限于儒家的"语类""传习录"，《庄子》中的寓言是创作的故事，受其影响的有玄学的《世说新语》，还有佛教的"传灯录"、各种禅宗的公案等。这些经典的思

---

[31] 陈少明：《经典解释与哲学研究》，《中山大学学报》（社会科学版），2003年第2期，第2页。

想不是以纯概念、纯学理的方式表达的，观念体现在人物的言行之中。这类生活方式不是理想，而是经验，是作为生活方式的思想经验，是哲学探讨知行关系的重要资源。

哲学研究不只是研究哲学文献，而是面对生活经验。它所要解释的对象，以及解释赖以成立的基础，都在生活世界。就此而言，经典只是哲学反思古典思想经验的中介。应该承认，中国经典所包含的思想或生活经验，只是古代中国文明中的部分经验，借现在的用词，它只能提供"地方性知识"。但哲学不是史学，它不满足于展示具体的经验历程。哲学对事物的理解有追求普遍性的倾向。然而，虽然不是所有的地方性知识都具有普遍性的意义，但人类许多被认为具有普遍意义的知识或观念，一开始可能就是地方性的。一种知识是否有价值，在于是否有效解释了它的问题。哲学对特殊文化或地方性经验反思的价值，在于它能否提炼出有普遍意义的论题，从而加深人类对自己生活的理解。这里，理性的方法是思想普遍化的条件。古典智慧可以靠灵感、直觉获取，借隐喻或诗的语言表达，但现代哲学要求充分的说理，论证的程序与分析的技巧，是做哲学的基本功。不论你是研究一般哲学，还是中国哲学，概不例外。

题外的话：

这是一个冒险的论题。对中国哲学史与中国哲学进行这样的划分，尽管我努力以论证的方式陈述我的观念，但一定存在我未曾意识到或说不清楚的问题。在这样宽泛的论域中，处处布满思想或知识的陷阱。但是，有时候只对细节进行精细的雕刻，则可能有见木不见林的缺点。哲学不能收缩自己的眼界。我的意图是通过这种粗线条的勾勒，让问题的主要轮廓呈现出来，由此才有引起进一步讨论的机会。即使这种提问不切当，也可引出更有价值的论题来。我的焦虑是，中国哲学史研究的总体趋势是越来越与哲学无关，而中国哲学创作更难有踪影可寻。在哲学史与哲学前面都冠上"中国"的定语，是我在鲁莽之中保持一点谨慎的做法。其实，贫乏的不只是"中国哲学"，一般哲学研究的成绩也乏善可陈。问题不只是"中国的"，可能在于对"哲学"的把握。而哲学的正宗，无论我们如何反对欧洲中心主义，都不能否认它来自西方。至少，没有西学的传入，我们就不必用"哲学"谈问题。实际上，中国的哲学界中还有一个"西方哲学"专业的存在。悬置"中国的"问题不说，中国学者对哲学的理解依赖于对西方哲学（包括马克思主义哲学）的理解。而今日整个哲学研究的不如人意，是不是中国的"西方哲学"研究领域，也存在一些需要检讨的现象呢？如果这个领域的专家也愿意正视这个问题，不论答案如何，对我们正在进行的讨论，一定大有裨益。

（原载《学术月刊》2004年第3期，原稿发表时文字有压缩）

经典世界中的人、事、物
对中国哲学书写方式的一种思考

初步接触中国哲学的读者,在放下哲学史教科书而阅读相关原著的时候,往往有两者不大对得上号的感觉。特别是像《论语》《庄子》之类叙事性很强的文本,教科书中对之反复辨析、推究的概念,如仁、礼、心、道等,在原文中并非精心界定的范畴,而是镶嵌在许多不同的叙事片段中的字眼。同时,许多意味深长的故事或情节,则很可能由于没有关键词的出现,而没有进入哲学史家的法眼。这是近代西方哲学的视野造成的局限。本文提议开拓新的论域,在肯定传统哲学史学科意义的前提下,尝试对经典做不以范畴研究为中心的哲学性探究,作为教科书思路的补充。不以范畴为中心,不是排斥对古典思想做概念的研究,而是要直接面对经典世界的生活经验,把观念置于具体的背景中去理解;或者更进一步,从古典的生活经验中,发掘未经明言而隐含其中的思想观念,进行有深度的哲学反思。毫无疑问,所谓古典的生活经验,主要呈现在经典文本的叙事中。而叙事的中心,可以是各种具体的人、事甚至物。人、事、物是互相转化的，区分层次，让焦点转换，目的是对古典生活世界做更有深度的探测。

一 识人

人是中国思想传统的中心。我们思想世界里的主角，是各种道德人格的化身，这是中外学者的共识。本文提出"识人"的课题，关键不在人，而在"识"，即突出方法上的差别。因为同是以人为考察对象，却可以有具体与抽象两种不同的方式。一个世纪以来，在西方哲学思维方式的支配下，对经典中人的问题的研究，基本上追求高度抽象的概括归纳。其表现至少可列举两点：一是学界对人性论及天人合一之类的论题有经久不衰的热情，不管对其说法持肯定还是否定立场，都喜欢拿它来做文章。二是对人物尤其是思想人物，好做符号化的把握。例如对待中国文化第一主角——孔子，其基本手法是，只从立言的角度摘取孔子那些闪光的议论，然后反复推究仁或礼的普遍意义；或者先有圣人的观念，然后致力于对"吾十有五而志于学，三十而立，四十而不惑，五十而知天命，六十而耳顺，七十而从心所欲、不逾矩"（《为政》）的成圣模式的诠释，把孔子形象中感性方面的内容抽象掉。不惟孔子如此，大量人物传记都叫"评传"，主角基本上是有观念而无性格的思想玩偶。

史家徐复观对此洞若观火，他提出异议说：

> 中国的先哲们，则常把他们所体认到的，当作一种

> 现成事实，用很简单的语句，说了出来；并不曾用心去组成一个理论系统。尤其是许多语句，是应机、随缘，说了出来的；于是立体的完整生命体的内在关连，常被散在各处，以独立姿态出现的语句形式所遮掩。假定我们不把这些散在的语句集合在一起，用比较、分析、"追体验"的方法，以发现其内在关连，并顺此内在关连加以构造；而仅执其中的只鳞片爪来下判断，并以西方的推理格套来作准衡；这便是在立体的完整生命体中，任意截取其中一个横断面，而断定此生命体只是如此，决不是如彼；其为鲁莽、灭裂，更何待论。[1]

徐氏"立体的完整生命体"的观念，就是指向对具体人格的理解。

在以圣人为最高典范的文化中，孔子确是我们理想的人格标本。同时，《论语》又提供了这种研究的重要素材。这本记录孔子与弟子、孔子与政治人物交往、问答的言论与情节的集子，不仅有对孔子人格的抽象概括或赞誉，更直接通过孔子行为的描述来展示他的形象。人不是物，理解一个人就得理解他的内心世界。而理解孔子的内心世界，便不仅要知道孔子说什么，更应注意孔子如何说。有很多复杂的情节要素值得关注，如谈话的对象、背景、态度。例如，同是讲仁，孔子对不同的人，说法就不同。即使同是与子路谈

---

[1] 徐复观：《中国人性论史（先秦篇）》"再版序"，上海：上海三联书店，2001年，第3页。

话,不同背景下情态也大不一样:在陈绝粮时,要讲"君子固穷",鼓舞士气。密见南子受到质疑,则得对天赌咒发誓。而论为政、讲正名,师徒竟会有"迂""野"互讥的过节。简略的情节中,包含许多无论记述者还是角色本身都没有明言的东西。只有通过对情节的充分阐释,才可能把君子的人格意义释放出来。

《论语》中重要角色不只孔子,还有其学生。被符号化的孔子虽然抽象,毕竟作为观念的化身而在思想或哲学的讨论中存在。孔子的弟子们命运就更不济,其位置不只是边缘化,而且是在时下哲学史甚至思想史的视野中彻底消失。如果教科书提到颜回,那是要引夫子"人不堪其忧,回也不改其乐"的名言;讲子贡,是要求证"夫子之言性与天道"的问题,或引出孔子"己欲立而立人,己欲达而达人""己所不欲,勿施于人"之类的道德箴言。好像他们只是引出孔子思想的道具。其实,施教是孔子的日常工作,其目标就是把弟子培养为君子。脱离对君子们具体人格的研究,对孔子事业的理解就会有偏差。事实上,《论语》有不少孔门弟子言行的资料,许多杰出者同样思想性格分明。以子贡为例,他以博识好问、能言善辩著称,其提问很讲究方式、策略,所以能问出许多重要的思想来。有些问题,如问夫子"有美玉于斯,韫椟而藏诸?求善贾而沽诸?"(《子罕》)或请孔子对自己做评价的"赐也何如",就是"不违,如愚"的颜回不会提,而忠勇率直的子路也提不出来的。但他们同样都是君子,可见君子人格不是抽象单一的。汉代文献中有一则被广泛抄录的语录:

> 人或问孔子曰："颜回何如人也？"曰："仁人也，丘弗如也。""子贡何如人也？"曰："辩人也，丘弗如也。""子路何如人也？"曰："勇人也，丘弗如也。"宾曰："三人皆贤夫子，而为夫子役，何也？"孔子曰："丘能仁且忍，辩且讷，勇且怯。以三子之能，易丘一道，丘弗为也。"孔子知所施之也。[2]

这不是实录，而是传说。它表明汉人对君子人格类型的理解是多样化的，而对应这种说法，实际就是从《论语》到《中庸》都提到的仁、智、勇"三达德"。如果循此线索，对孔门弟子的思想与人格做专门探讨，对德性修养的复杂性与具体性，定会有更深入的了解。不了解孔子的学生，也难以完整理解孔子本人。回到孔门的生活世界，以人格为中心的德性伦理学会找到更丰富的思想资源。

道家也有自己的人的故事，代表作便是《庄子》。解读《庄子》中关于道心、关于物我、关于是非的观点，固然是哲学的专业。但品味庄书中各色人物的故事，可能是更加饶有兴趣的工作。与《论语》不同，《庄子》不是历史记载，而是以寓言为主要体裁的想象性作品。但对立不是绝对的，《论语》本身体现着编纂者对资料的选择和理解，不可能是所涉对象或内容完全客观的再现，而《庄子》中的人物故事也包含作者对人、对历史、对文化的独特诠释。《庄子》故

---

[2]《淮南子·人间训》。另，《说苑·杂言》、《列子·仲尼》、《论衡·定贤》及《孔子家语》卷四也录有相类的故事，只不过，《说苑·杂言》中子贡的优点不叫"辩"而叫"敏"。

事的角色，大致可分为四类：第一类是不在场的历史人物，其言行虽然未必循日常生活的规则，但基本上没有超人的奇异能力。其代表是庄子与孔子。第二类是虚构然而同日常世界的芸芸众生，特别是生活在社会边缘的人无多大区别的人物，就如《人间世》中的支离、《德充符》中的兀者。第三类是史籍中曾出现过，记载简略或根本就于史无证，但在故事中往往扮演着有超凡脱俗能力的神话式的人物，如老子、长悟子之类。第四类其实不是人，而是物，如罔两问景中的"罔两"与"景"。由于它们被虚拟为有思想、有言行的存在者，所以也得看成一类"人"。这四类人物，权且称为名人、凡人、神人与拟人。[3]这"名人"中的孔子，就是《庄子》对历史人物进行诠释的标本。

说来有些不可思议，《庄子》中关于孔子的故事竟有46则之多，而《庄子》中关于庄子本人的故事，则只有26则。毫无疑问，作为《庄子》寓言主角的孔子，与《论语》中的君子形象大异其趣，甚至可以说他只是表达道家观念的玩偶。这些故事的基本套路，不是孔子表达对道家人物（各类隐者）的折服（如《德充符》中对兀者王骀的态度），就是开口宣讲道家的思想观念（如《人间世》中教训颜回不该救卫的说法）。但是，这也不是一个完全凭空虚构的形象，他与《论语》中的孔子在身份甚至人格的某些方面有承继关系。新面目的孔子同样是儒家学派的宗师，同样有颜回、子贡、子路众弟子跟随，同样好学、谦虚，同样对

---

[3] 参见陈少明：《通往想象的世界——读〈庄子〉》，《开放时代》，2004年第6期。

他人与社会有热烈的道德关怀。还有,同样有政治上受挫折的经验,只是相关内容在《庄子》中被过分发挥了。《庄子》中反复出现孔子"再逐于鲁,削迹于卫,伐树于宋,围于陈、蔡"的套语,其中"厄于陈、蔡"的故事,该书就编有三个。在《庄子》中孔子也保持谈仁义的爱好,只不过仁义现在成了否定的对象。《庄子》中孔子与老子的关系,是很有趣的问题。《庄子》让孔子敬佩向往的高人逸士不少,但出场最多者莫过于老聃。孔子与老聃面晤,向其请教有八次之多。[4]其反复采用的叙事策略是,让孔子的仁义观念屡遭批驳,然后又由老聃转而对孔子面授道之机宜,让孔子叹服且不断提升境界。既然如此,《庄子》的作者为什么不直接由老子宣讲道家的观念,而拐弯抹角让孔子为道家代言呢?这是值得追寻的问题。也许,让品德高尚且声望较高的孔子,表达对原来与之对立的观点的认同,比一味站在敌对的立场上进行攻击,对思想的传播会更有效。也许,让老子扮演孔子问礼的老师的角色,是瓦解儒家为孔子所塑造的传承礼乐的文化宗师地位的一种谋略。这背后有个预设,就是孔子作为道德楷模的身份是不能动摇、只能借助的力量。它意味着,人性对美德有共同的体验。全面解读《庄子》中的孔子形象,同样能感受历史上孔子的影响力,同时透视出《庄子》作者自身的人格理想。至少,它比摘取个别抽象议论或人物台词去辩论《庄子》属

---

[4] 孔子向老聃请教的故事,在《庄子》中的分布是:《天地》一次、《天道》一次、《天运》四次、《田子方》一次、《知北游》一次,共八次。

儒属道,会更有深度。孔子只是其中的一例,《庄子》塑造的人物是群像。它体现了儒家以外的传统对人格的另一种追求或理解。如果比较《庄子》中的孔子与庄子,就能直观到,同样是正面的品格,孔子表现的是君子的修养,而庄子所体现的则是人在困境中的豁达与面对权贵时的自尊。每个形象都有它自身的性格特性。

研究西方德性传统的麦金太尔(Alasdair MacIntyre)提及特性角色的概念时说:"在特性角色(Character)中,角色和人格以一种非常明确而非一般的方式融合在一起,在这种角色中,行为的可能性以更为有限而非一般的方式受到限定。"[5]"可以说,特性角色是其所处文化的道德代表,这是因为,通过这些特性角色,道德和形而上学的思想和理论表现为在社会生活中的一种具体化了的存在。特性角色是道德哲学戴的面具。"[6]这是现代人应该正视古代各种不同类型的文化角色的有力理由。在中国思想传统中,正是这些不同类型的道德形象以史书记载或其他体裁的故事得到广泛传播,成为培养社会精英的精神资源。[7]形象比观念有更强烈的感染力。但具体形象的力量与导向则是多种要素的结合,它包含角色(位与份)、性格(智与勇)、品德(仁与义)、才能(学、政与商),以及阅历等诸方面的内容。它们的不

---

[5] 〔英〕麦金太尔:《德性之后》,龚群、戴扬译,北京:中国社会科学出版社,1995年,第37页。
[6] 同上。
[7] Arthur F. Wright, *Values, Roles and Personalities*, Arthur F. Wright and Denis Twitchett(eds.), *Confucian Personalities*, Stanford: Stanford University Press, 1969, pp. 3–23.

同组合构成了丰富多彩的人格世界。这就是为什么同是君子,孔子与弟子不一样,而学生中颜回、子贡、子路也有异。忽略具体的个性,所有好人均千人一面,生命会失去活力,世界将变得乏味。要呈现这种精彩,就不能用概念化的眼光打量人物,而要品味人物的行为细节。有个性才有人格的力量。

二 说事

人事有代谢,往来成古今。事是人做的,人与事经验上分不开。但是,人的一生会做很多不同的事,而同一件事也可能是由不同的人参与或完成的。伟大人物所做的事未必都伟大,而伟大事件中则又往往有非伟大人物的参与。所以,以人还是以事为中心,问题的意义是有分别的。哲学迷恋观念,不关心具体的经验事实,哲学史自然也以范畴或思想结构为对象。哲学史谈人物目的是提及思想的创造者,其个性无关紧要,这是老黑格尔(G. W. F. Hegel)在他著名的《哲学史讲演录》中说的。事件或人物行为,留给历史学家去处理。但是,不从哲学史研究而从哲学创作的角度看,经验的价值就不一样。归根到底,是活生生的生活经验,而非哲学文献,才是哲学创作的资源。对经典提供的经验进行哲学性反思,事就得进入我们的视野。不过,同是对事件的研究,哲学与史学从取舍到研究方式,可能大不一样。伟大人物的行为,改写历史的重大事变,不一定是哲学家的首选。同时,历史中的经验因果关系,也未必是哲学专长处理的问题。哲学关心那些有助塑造精神价值的事件。事实上，在中国的经典解释传统中，有很多可供讨论的案例。下面从《论语》中择两例：

例子之一，孔子"在陈绝粮"的故事。《论语·卫灵公》就此提供的原始版本是："在陈绝粮，从者病，莫能兴。子路愠见曰：'君子亦有穷乎？'子曰：'君子固穷，小人穷斯滥矣。'"其实，这则对话既不体现孔子建功立业的才能，也没陈述儒家深远高明的义理。相反，只是陷于困境的夫子，在对发牢骚的门徒进行告诫而已。但是，就是这寥寥三十三字的记载，在从战国到秦汉的文献中，竟派生出至少九个从情节到立意都差别很大的故事。这些故事分别来自儒、道、墨的不同作品，体现各自相应的思想立场。孔子的形象从伟大到渺小，变化不定。新编的故事首先见之《庄子》，有三种不同的说法，一则出自《让王》，两则见于《山木》。《让王》表现君子穷通均不改其乐的达观态度，将儒道打通。《山木》的两个故事则相当离奇，一则是让孔子对颜回（而非子路）宣讲一通道家自然主义的说教，一则是孔子在一个隐士式的人物劝导下，为了保命，竟然放弃匡时济世的使命，也不管弟子死活，一个人当隐士去了。相反，儒家文献从《荀子》到《孔子家语》则提供与《论语》主题相一致的叙事。《孔子家语》基本上从励志的角度强化《论语》的主旨，《荀子·宥坐》则精心设计，让孔子从时、命的分别解释君子受穷的可能，鼓励子路"博学深谋，修身端行，以俟其时"，深化《论语》的主题。司马迁在《史记·孔子世家》中所叙述的也是儒家观点的故事，除对事件的背景做必要的交代外,还编出在这一困境下,孔子引《诗》出题,分别让子路、子贡、颜回作答,考察三子的思想境界的情节。除了上述论大节的内容外,还有涉及小节的故事。事端是墨家挑起的,说是师徒挨饿时,子路出去打劫,孔子对食品不问来路,照食不误。而《吕氏春秋》与《孔子家语》则录有连孔子学生在性命交关的时刻都守礼如常的传闻,予以回击。中间又添有一些有关孔门师弟形象的微妙情节,值得玩味……[8]

孔子在陈绝粮,或称厄于陈蔡的事件,实际上是两个层次的内容。一是《论语》提供的原始故事,一是后来想象这个故事的故事。第一个层次中,《论语·卫灵公》那简约的描写,具备了基本的戏剧要素。大时代,非凡而真实的人物,特殊困境,性格与思想、观念与环境的冲突,永恒的主题,等等,确是吸引人们想象力的好素材。第二个层次,则是不同家派以想象的形式对原始素材的诠释与解读,是修正或扩展经典影响的行动。它使这个既没有立功,也谈不上立言的简单情节,最后竟变成对孔子道德品质的一种表彰或审查,成了百家思想竞技的平台。事件的发展不仅跨学派,而且是跨时代的。从思想史看,故事的第二层次,价值比第一层次还大。诠释的策略对价值信念的传播,作用不可小看。

例子之二,是"夫子为卫君乎?"的公案。问题见《论语·述而》的记载:"冉有曰:'夫子为卫君乎?'子贡曰:

---

[8] 参见陈少明:《"孔子厄于陈蔡"之后》,《中山大学学报》(社会科学版),2004年第6期。

'诺。吾将问之。'入,曰:'伯夷、叔齐何人也?'曰:'古之贤人也。'曰:'怨乎?'曰:'求仁而得仁,又何怨!'出,曰:'夫子不为也。'"卫君,指出公辄。据朱熹《集注》,事件的背景是:"灵公逐其世子蒯聩,公薨,而国人立蒯聩之子辄,于是晋纳蒯聩而辄拒之。时孔子居卫,卫人以蒯聩得罪于父,而辄嫡孙当立,故冉有疑而问之。"子贡的答案,斩钉截铁,看似持之有故,实未言之成理。事情深究下去,不仅疑云重重,而且意味深长。首先,冉有有疑为何不问孔子而问子贡?而且,子贡问孔子为何也要拐弯抹角?是因为考虑孔子的难处,居其国不非其君?还是为不为卫君,对孔子是道德上的两难?其次,如何从孔子对伯夷、叔齐的评价,推断他对卫君的态度?依传说,伯夷、叔齐的事迹是老大与老三礼让其国,老大尊父命,让老三掌国,老三则守古制,望老大继承,由于各据其礼而互不相"让",结果双方放弃王位一起弃国当隐士,王位留给老二。孔子赞扬双方礼让且事后无怨即不后悔。但兄弟让位与父子争国两个案例,人物道德关系在结构上并不完全对称。如果用让字表达孔子的态度,那么谁该让呢?先看蒯聩,暂不说他被其父驱逐出国的问题,其子辄得位系先君灵公之命,是合法的。同时蒯聩所倚仗的势力晋恰好是卫的敌国,这种争国行为有引狼入室之嫌。再说出公辄,虽然据国拒父,道义上有弱点,但他得到卫人支持,其捍卫王位同时是捍卫国家利益。比较而言,在这场父子之争中,子比父的正当性并不更弱,子贡何以得出"夫子不为"卫君的理由呢?朱注一味从子不孝的角度推测孔子有责辄的言外之意,也非确诂。第三,历代注家多默认子贡"夫子不为"卫君的判断,除了轻信子贡的聪明外,可能还与孔子确没有采取直接帮卫君的措施有关。但是,没有帮卫有三种可能:道义上反对卫君;目父子争国为无道的表现,保持中立;以及无足够的实力,缺乏帮人的本钱,只有一走了之。不能由此推断子贡的判断正确。而且,孔子对卫君虽没有明帮,但不排除他可能暗帮。如孔门弟子中最忠勇的子路,就是在这场争斗中站在卫君一方而赴难的。孔子并没有责备他立场错误,而在闻其死讯后悲痛不已。[9]

对子贡及朱注的质疑,不是要得出相反的结论,不是进行传统意义的学术翻案。它很可能最终是一个悬案。从冉有不敢直接问孔子,而孔子与子贡均以顾左右而言他的方式讨论问题,就显出它不是一个简明的道德判断能解决的。在古老的礼制中,国与家、公与私、忠与孝,不同原则是有冲突的。在这场权力之争中,父子是私人关系,可君臣是政治关系,权力是公器问题,至少涉及卫人的利益。同时,孔子对卫公虽非君臣关系,却是卫公之客,也是一层私人关系。孔子与子贡的对话方式,意味着他找不到一条处理事态的首要行为原则。他可能陷于矛盾,难以厘清,结果采取置之度外的方法。后儒不明道德冲突的可能,假定圣人能解决所有道德难题,便喜欢各执一端,用片面之词为孔子"圆理"。这则对话为理解传统政治原则的某种内在紧张,以及想象思想

---

[9] 程树德:《论语集释》第二册,程俊英、蒋见元点校,北京:中华书局,1996年,第459—465页。

家在政治疑难面前如何自处,提供了难得的案例。

"在陈绝粮"与"夫子为卫君乎",这类事一般不会引起当代史家的兴趣。"在陈绝粮"只是孔子饱受挫折的政治生涯中的小插曲,对春秋政治史没有影响,而从战国到秦汉文献中连篇累牍的故事,又几乎皆为戏说。至于"夫子为卫君乎"的问答,孔子连一个动作都没采取,其历史意义又从何说起呢。当然,研究孔子的思想史家在涉及孔子的政治生活时或许也会提一笔,但它与儒家经典解释传统中这类事件受重视的程度比,反差也极大。其实,这不是一般的政治事件,而是"思想史事件"。它的叙述与解读,是塑造儒家精神传统的基本力量。

古典的经史之学是讲故事的艺术。故事中人与事不可分,不是说人的事件,就是说事件里的人。正如人与人不一样,事与事也难相同。不过有些事是个人的,有些事则可以理解某群人的生活世界。个别的人如果足够有魅力,其小事也会成为大事,如孔子与学生春游,于俗人是消遣,于儒门就是境界的展示。有些当时天崩地裂的事件,如帝王驾崩、改朝换代,时间一长,没有谁会记得住,除非编年史家。所以,不是任何重要的事件都会引起哲学家说事的兴趣。[10]反之,没有精到的眼光,再丰富的思想矿藏,也会被疏忽过去,或者没有发掘到应有的价值。阅读经典的故事,应该同时就在造就一双哲学的眼睛。

---

[10] 冯达文老师有《"事"的本体论意义》一文(《中国哲学史》,2001年第1期),对纠正重理轻事的倾向甚有启发。本文说事,再深入一步,不是总体上论事,而是透视具体、个别的事件。

三 观物

中国没有古希腊意义的自然哲学传统,这并不意味着我们缺乏物的观念。所有的人与事都是在物的舞台上展开的,传统正是在贴近人事关系上看待物的,所以有人物、事物之说。《易传》尝概括出观物取象的思想方式:"圣人有以见天下之赜,而拟诸其形容,象其物宜,是故谓之象。"(《系辞上》)"古者包牺氏之王天下也,仰则观象于天,俯则观法于地,观鸟兽之文,与地之宜。近取诸身,远取诸物。于是始作八卦,以通神明之德,以类万物之情。"(《系辞下》)《庄子·天下》对"百家"的分析,有个独特的视角,就是重视揭示诸家对"物"的态度。他们"判天地之美,析万物之理,察古人之全,寡能备于天地之美,称神明之容"。墨翟、禽滑厘是"不侈于当世,不靡于万物",宋钘、尹文是"不累于俗,不饰于物,不苟于人",彭蒙、田骈、慎到是"趣物而不两""于物无择",关尹、老聃是"以本为精,以物为粗,以有积为不足","以空虚不毁万物为实",庄周是"独与天地精神往来,而不敖倪于万物",而惠施则是"逐万物而不反"。可见,在早期思想人物的心目中,物不是纯粹的自然对象,而是人生命世界中不可分割的要素。"落红不是无情物",物是人化的存在。

普天之下,大地之上,最大的存在物无非就是山和水。儒家就是抱着欣喜的心情来面对这两者的。孔子讲"仁者乐山,智者乐水",但《论语》没有明示为什么是仁与山、智与水分别对应,而不是反过来。儒家后学,则分别录有对此进一步阐释的说法。

关于山,《孔丛子·论书第二》写道:

> 子张曰:"仁者何乐于山?"孔子曰:"夫山者,岿然高。"子张曰:"高则何乐尔?"孔子曰:"夫山,草木植焉,鸟兽蕃焉,财用出焉,直而无私焉,四方皆伐焉。直而无私,兴吐风云,以通乎天地之间;阴阳和合,雨露之泽,万物以成,百姓咸飨。此仁者之所以乐乎山也。"[11]

关于水,《荀子·宥坐》则说:

> 孔子观于东流之水,子贡问于孔子曰:"君子之所以见大水必观焉者,是何?"孔子曰:"夫水,大遍与诸生而无为也,似德。其流也埤下,裾拘必循其理,似义。其洸洸乎不淈尽,似道。若有决行之,其应佚若声响,其赴百仞之谷不惧,似勇。主量必平,似法。盈不求概,似正。淖约微达,似察。以出以入,以就鲜絜,似善化。其万折也必东,似志。是故见大水必观焉。"[12]

这大概也是观物取象的例证。其实都是利用物的自然性质或物理特点,以隐喻的手法,表达对生命价值与各种生活原则

---

[11]《尚书大传·略说》录有相近的说法。
[12]《大戴礼记·劝学》《说苑·杂言》也有相类的故事。

的认取。山是生命的摇篮，而水则以其形态的多样性，被看作诸多德性的化身。观水而悟诸德，诚智者之作为。

观物的方式不独儒家所有，道家也然。《老子》要"道法自然"，就是通过对飘风、骤雨、江海、川谷、声音、颜色等物之性质的提取，来表达其心目中最高的价值观念。其中，对水之德的深情，甚至超过儒家。《老子》（王弼本）说：

> 上善若水。水善利万物而不争，处众人之所恶，故几于道。（第八章）

> 譬道之在天下，犹川谷之于江海。（第三十二章）

> 天下之至柔，驰骋天下之至坚。无有入无间，吾是以知无为之有益。（第四十三章）

> 天下莫柔弱于水，而攻坚强者莫之能胜，以其无以易之。弱之胜强，柔之胜刚，天下莫不知，莫能行。是以圣人云："受国之垢，是谓社稷主；受国不祥，是为天下王。"正言若反。（第七十八章）

同样观水，老子所看到的与儒家就很不一样，但同样有自己的心得。即使同是道家，庄与老也有异。《庄子·秋水》之水，就另有韵致，变成拓展人生境界的另一课：

> 秋水时至，百川灌河。泾流之大，两涘渚崖之间，

> 不辩牛马。于是焉河伯欣然自喜,以天下之美为尽在己。顺流而东行,至于北海,东面而视,不见水端。于是焉河伯始旋其面目,望洋向若而叹曰:"野语有之曰:'闻道百,以为莫己若'者,我之谓也。且夫我尝闻少仲尼之闻而轻伯夷之义者,始吾弗信。今我睹子之难穷也,吾非至于子之门则殆矣,吾长见笑于大方之家。"

其实借水喻道或理,在中国古典中是常见的现象,可说有深厚的传统。西方学者艾兰(Sarah Allan)就以此为研究专题,写了一本《水之道与德之端》,讨论中国早期哲学思想的本喻问题。[13]

物是个大范畴,以上所举都是关于大物的说法。如果再分下去,物有自然物与人工物的区别,而自然物中又有静物与动物之不同。庄子就以说动物见长,与庄子名字连在一起的,不仅有巨大无朋的鲲或鹏,也有平常不起眼的小虫小鱼。最有名的虫,当是能梦变庄子的那只名蝶:"昔者庄周梦为胡蝶,栩栩然胡蝶也,自喻适志与!不知周也。俄然觉,则蘧蘧然周也。不知周之梦为胡蝶与,胡蝶之梦为周与?周与胡蝶,则必有分矣。此之谓物化。"(《庄子·齐物论》)而鱼虽小但也非等闲之辈,例如那条(群?)摇头摆尾引起庄子与惠施在濠上做"鱼乐之辩"的鱼:

> 庄子与惠子游于濠梁之上。庄子曰:"鲦鱼出游从

---

[13]〔美〕艾兰:《水之道与德之端》,张海晏译,上海:上海人民出版社,2002年。

容,是鱼之乐也。"惠子曰:"子非鱼,安知鱼之乐?"庄子曰:"子非我,安知我不知鱼之乐?"惠子曰:"我非子,固不知子矣;子固非鱼也,子之不知鱼之乐,全矣。"庄子曰:"请循其本。子曰'汝安知鱼乐'云者,既已知吾知之而问我,我知之濠上也。"(《庄子·秋水》)

中国艺文之中,数不清的对蝴蝶梦的咏叹,对鱼乐图的描绘,全源于《庄子》这两则美妙的寓言。

再说人工物,它有专门的称谓,叫"器"。器本身也可分,如机器(农具、工具)、武器、礼器之类。不过这里不扯太远,谈小件的器,玉器。《礼记·聘义》有则语录:

> 子贡问于孔子曰:"敢问君子贵玉而贱玟者何也?为玉之寡而玟之多欤?"孔子曰:"非为玟之多故贱之也,玉之寡故贵之也。夫昔者君子比德于玉焉:温润而泽,仁也;缜密以栗,知也;廉而不刿,义也;垂之如队,礼也;叩之其声清越以长,其终诎然,乐也;瑕不掩瑜、瑜不掩瑕,忠也;孚尹旁达,信也;气如白虹,天也;精神见于山川,地也;圭璋特达,德也。天下莫不贵者,道也。《诗》云:'言念君子,温其如玉。'故君子贵之也。"[14]

对比一下便知,孔子答子贡问玉同答其问观水一样,也是观

---

[14]《荀子·法行》;另,《孔子家语》卷八"问玉"第三十六,有大同小异的说法。

物性而悟人德。后世好玉，本源于慕君子的理想，但传之久有时也会走样，让玉不幸混同于一般的珠宝。玉本系自然物，称器是因其通过人工的加工打磨，即"如切如磋，如琢如磨"的结果。

依儒家，不仅玉石需要切磋琢磨，人也得有修养磨炼的工夫才能成器。故孔子论人有器大、器小之分，流俗评人也有成器早晚之别。《论语》有一则子贡与孔子的问答，很有意思："子贡问曰：'赐也何如？'子曰：'女器也。'曰：'何器也？'曰：'瑚琏也。'"（《公冶长》）瑚琏用于宗庙上，按朱熹的解释，是"器之贵重而华美者"。故比起不成器或器小来说，它当然重要而且体面。在孔子弟子中，子贡确是有才干且拿得出手的。但对照"君子不器"的说法，用"器"来喻子贡，似乎又有言外之意。这也引起西人芬格莱特（Herbert Fingarette）的好奇，在其研究孔子的专著中，就有专章琢磨器与不器的关系。[15]

本来说物，绕了一圈后，问题又落到人身上。这表示经典文化中的物，也被看作有情世界中的成员，也有品德个性之分。由此，面对不同的物或器，不同的人有不同的态度。如儒家对动物有时不公平，像孟子就老讲人禽之辨。而道家对器也甚为警惕，庄子就认为，由机物引起的机心，大大地污染了纯洁的精神生活。他庄老先生要齐的"物论"，其实就是人论，各种流俗之论。只有领悟古人观物的眼光，中国

---

[15]〔美〕赫伯特·芬格莱特：《孔子：即凡而圣》第五章，彭国翔、张华译，南京：江苏人民出版社，2002年。

文化中关于物质与精神的关系,中国人的世界观,才能得到有深度的体会。

四 问学

所问之学不是经典本身的知识,而是关于经典的知识,是我们重新面对经典世界中的人、事、物时,所需要的方法论思考。

人物、人事、事物,这三个词可循环组合使用的事实,表明它们是组成共同世界的要素。这个世界,也就是哲学家们常说的现象界,与之形成对比的,则是所谓义理或观念界。观念是任何人都有的,它同生活不可分割。但观念成界则不一样,它是思想加工的产品,如哲学,是专门的思想训练的结晶,有些人把它界定为反思的结果。未被加工的观念存在现象中,加工过的观念变成义理或者思想。不过,有两种加工类型,一种是用尽量提纯的方式,保证成果的纯粹、透明,这是一般的西式哲学理论;另一种像盆栽植物一样,把植物连同泥土一起切割出来,中国经典中那种把观念融入具体经验,当故事来讲述的方式,便类似这种模式。后者一般被认为不够哲学,不过它很重要,有时候可能更符合哲学的精神。因为它面对事物本身。

我想把关于哲学一词所涉的对象做个区分,称作哲学观念与哲学理论,或哲理与哲学。哲学观念是对宇宙、人生或社会中某些重要问题的根本观点,哲学理论就是对哲学观念的学理化表达。没有哲学观念就没有哲学理论,但哲学观念不一定表现为哲学理论，它可以体现为常识，表现为诗、寓言、戏剧，也可能存在于其他的知识分支中。依此，中国传统中有哲理，也有哲学。总体而言，前者比后者更丰富，也许影响也更深远。原因在于，在中国的经典解释传统中，哲理主要存在于原典中，而哲学则多发展在解释性的作品如玄学、理学著作中，前者是源，而后者是流。在经典文化中，两者地位是有分别的。这可能是导致本应以哲学理论为对象的科班哲学史，在对象的取舍中总是焦点不清的原因。而一旦把处理哲学理论的方式，不加反思地用到编述哲理上，就会出现本文引言所提到的那种困扰。这是一道大难题。

中国哲学史的编写方式，源于以近代西方哲学为哲学典范来理解哲学史的结果。但即使就研究西方哲学传统而言，它也有自己的局限性，因此西学中也不断出现试图突破有关成规的尝试。其中较重要的思路，在20世纪中至少可举出两种。一是洛夫乔伊（Arthur O. Lovejoy）的观念史探索，一是阿多（Pierre Hadot）的古希腊哲学研究。洛夫乔伊的观点，见诸他在哈佛大学的著名讲演录《伟大的存在之链》。该书的导论几乎就是他的方法论纲领。作者认为，观念史是相对于哲学史而存在的。哲学史的对象是哲学体系，而观念史对象的观念是松散的，它既表达在哲学著述中，也分布在其他知识领域，包括存在于社会生活中。纵观哲学史，构成不同哲学体系的观念要素数量并不多。每个哲学体系的新奇之处，往往不在于它创造新的观念要素，而在于它对既成的观念进行不同的组合。同时，观念与词汇也没有固定关系。同一名词在不同时期甚至同一时代，可能意味着许多不同的东西，而不同的词语也可能指涉共同的对象。重要的不一定是清楚陈述的观点，而常是思想体系中不明晰或不自觉的预设。后者与信念有关，而且会左右体系的发展方向。由此，作者提出一种"哲学的语义学"（philosophical semantics）以及跨学科研究的途径，任务就是追踪观念的不同起源，进入哲学，或在不同学科间转移、扩展，以及这些变化对社会影响的条件。[16] 洛夫乔伊的思路表明，哲学的意义不一定局限于系统理论，思想的活力体现在更宽广的领域。

法兰西学院思想史教授皮埃尔·阿多从西方古代文化传统出发，提出"作为生活方式的哲学"的论说。所谓"生活方式的哲学"是区别于理论知识的生活实践，也称"灵修"（spiritual exercises）。灵修是人变化气质的过程，它包含心理的、道德的、伦理的、理智的、思想的、灵魂的等多方面的内容，是对个人存在及看待事物的态度、方式，也即个人人格及世界观的整体转变。具体的实践事项有，"首先专注，然后沉思和对善的事物的记忆，接着是多项理智的修炼：阅读，倾听，研究及考察，最后是多项行为修炼：自作主宰，承担义务，及对微不足道的事物的漠视"。[17] 阿多认为，对古代西方人而言，智慧之爱足以表示哲学的内在含义。"智慧是一种生活方式，它能带来心灵的宁静，内在的自由，及宇宙的意识。首先而且最终的，哲学将本身表现为一种药，

---

[16] 见 Arthur O. Lovejoy, *The Great Chain of Being*, Cambridge, Mass: Harvard University Press, 1936, pp. 3–23。
[17] Pierre Hadot, *Philosophy as a Way of Life: Spiritual Exercises from Socrates to Foucault*, edited with an introduction by Arnold I. Davidson, translated by Michael Chase, Blackwell, Oxford UK & Cambridge USA, 1995, p. 84.

用以治疗人类的痛苦。"[18] 在阿多看来,关于哲学的论说不是哲学本身。Philosophy不同于Philosophizing:

> 在哲学理论与作为生活行为的哲学之间存在一道深渊。举一个相似的例子:它像创作活动中的艺术家,不做什么,只是应用规则,但在艺术创作与抽象的艺术理论之间仍存在着难以测度的距离。然而,在哲学中,我们不只处理艺术作品的创作,而更在于转化我们自身。因而真正具有哲学方式的生活行为总体上与不同于哲学论说的实在秩序相符合。[19]

不论苏格拉底还是柏拉图,不论斯多葛学派还是伊壁鸠鲁学派,都是把哲学当作一种生活方式去实践的,即使亚里士多德也不例外,其哲学也不能够被归结为哲学论说或者知识内容。但是,哲学在中世纪及现代经历了深刻的变化,不断趋向今天的理论化的形态。阿多强调,研究作为生活方式的古代哲学,在领会古人灵修的要旨时必须注意,对话是哲学生活的重要形式,它包括不同对话者间的对话,也包括修炼者自身的对话。苏格拉底的辩证法是其代表。毫无疑问,阿多所描述的这种西方古代哲学图景,与中国思想传统有更多交相辉映之处。

  无论是洛夫乔伊的观念史,还是阿多的"生活方式说",

---

[18] Pierre Hadot, *Philosophy as a Way of Life: Spiritual Exercises from Socrates to Foucault*, p. 265.
[19] Ibid., p. 268.

都与正统的哲学史思路大异其趣。不过,两者处理问题的方式并不一样。观念史悬置个人哲学体系而寻找观念要素,虽然不以固定范畴为对象,但不排斥概念的分析、追踪,其论域仍偏于思想,所以有"哲学语义学"的提倡。就此而论,它同哲学或其他观念范畴的研究,可以并存。中国哲学中,对天、人,道、理,自然、名教,心、性、知、行等贯穿古今的关键词做跨时代、跨学派的研究,与之也有契合之处。"生活方式说"更着重把思想作为行为的组成部分来研究,而且更贴近古代的思想经验,更有洞察力。它不排除对思想人物的研究,但不是那种只把思想家当作某些思想类型的标签来提及的研究,而是研究思想创造的过程,以及思想在生活中的呈现。解读说故事的传统,了解人、事、物所构成的古典生活形态,更可以与之相呼应。

上述两种洋观点,有助于放松固定的哲学史框框,但还不能完全解决我们的论题。关注现象领域中的人、事、物,不只是在"史"的层次上放宽或修正哲学史的视野,而且还期待在"论"的层次上对古典生活经验进行哲学反思,从哲学史研究走向哲学探索。以经典所叙述的生活经验为哲学思考的对象,有若干理由:第一,哲学或其他知识创造,历来有两大思想资源,一是前人的思想成果,一是当下的生活经验。而归根到底,生活本身才是思想创造的最终源泉。第二,哲学寻求有普遍意义的思想,其思考的前提,是人类自明的思想原则,及普遍的经验证据。而在历史文化领域,普遍的经验证据大多没法通过调查统计的方式来获得,这样,经典便以其受到广泛的推崇及在文化共同体中的典范作用,成为人文学术中探讨普遍问题的重要素材。第三，中国经典中，如《春秋》《论语》《庄子》等，有自己的叙事内容，本身就直接呈现古代思想或政治人物的生活经验，正是有待进一步开掘的思想矿藏。

注意，所谓古代生活经验并非一堆未经整理的素材，载入经典的任何片段，其实都是编写者选择的结果，是思想的成品。大量古典智慧就以哲理（即片段性的哲学观念）的形态隐身于故事之中。只不过，用抽象概念与用具体叙事提供的经验不同，就如一束干花与连根带泥捧出的植物的区别一样。哲学地思考这些经典的叙事，有两种不同的方式：一种是用概念的标签把它标本化，就像把鲜花制成干花。另一种就是培植它，维护它的鲜活，不仅看到花或树的姿态，还要从中想象视野更宽的风景。前者是概念的构造，后者是想象的诠释。诠释是思想的艺术，但它可以是哲学吗？哲学与哲学史不同，哲学史以哲学为对象，哲学本身则无固定的对象。导致一种论说或观点成为哲学的条件，不是它思考了什么，而是它如何思考。即思想方式才是哲学的存在基础。它包括：（1）相关语句的陈述在逻辑上的可理解性；（2）寻根问底或探索性的研究；（3）解释性或规范性的知识功能。这三条界定中，第一条使哲学区别于神话或艺术，第二条区别于常识或成见，第三条则区别于经验科学。经典叙事的诠释，同样可以满足这三个要求。对故事（包括神话或艺术）的诠释本身可以是很说理的论说，它同时就是解释性知识，而是否称得上哲学的关键，则在于它是否具有探索性。衡量一种论说或观点的哲学品位，不仅在于它的普遍性，更在于它是否深刻,即具有思想的启发能力。否则,老生常谈,即使所谈是哲学,也会失去哲学的魅力,就如时下许多教科书式的哲学理论那样。因此,正视经验,不是要瓦解哲学的普遍性品格,而是通过对人、事、物各种个案的诠释,在具体中见普遍,在广度中见深度。哲学不只是经验通往理论的单行道,而是实践与理论双向沟通的桥梁。以诠释的方式,用观念观照、探测生活,不也是哲学的一种重要活动吗?

(原载《中国社会科学》2005年第5期)

什么是思想史事件?

人事有代谢,往来成古今。历史就是由无数的人与事所构成的滚滚洪流。其中有些被认为对其时或后来的人与事造成较大影响者,就被后人当作历史人物与历史事件。但是这些人物或事件发挥影响的领域、方式及程度并不一样,所以,不同的人或者从不同的学科视野出发,选择的对象也有差别。政治史家不会对孔子与弟子郊游的情节有多大兴趣,哲学史家也不会将焦点对准像楚汉之争时的鸿门宴,或者表现宋代权力斗争的"杯酒释兵权"这类充满戏剧性的政治事件。然而,从直觉把握特定事件的性质,到从学理上论述相关学术范畴,有许多工作要做,且其所获致的成果也大不相同。本文试图通过对思想史事件的界定,为观念史研究,特别是中国哲学创作,勘测可供开掘的新矿藏。

一 初步的界定

思想史事件从属于历史上发生的事件,它与任何事件一样有相同的组成部分,所以我们的分析从事件这个概念开始。什么是事件?新闻报道要求的几个要素,时间、地点、人物、行为及前因后果等所构成的整体,就是事件。以读者熟悉的鸿门宴为例,时间是秦末楚汉相争之际,地点为关中新丰鸿门,人物为项羽、刘邦及范增、张良等两个阵营的一干人马,行为是楚方设宴谋杀刘邦,而汉营智斗全身而退,原因是楚汉争国,结果是刘氏集团坐大,以至后来灭楚立国。[1]《史记》的记载,情节完整、形象生动。事件的核心是人物的行为,没有人物行为就没有情节,就没有情感、智力及价值等可回味的内容,那它跟自然现象就没有区别。虽然古代一些思想人物会把自然现象当作事件,如谴告说,那也是把自然拟人化的产物。

自然会运动,人物则有行为。没有行为的人物更像自然物体。人的行为不只是动作,决定性的因素是行为受动机支配,韦伯(M. Weber)以来的许多反对自然主义思想方法的社会学家都指出了这一点。不理解行为的动机,意义就无法把握。如果不知道范增有诱杀刘邦的意图,那他在席间"数目项王,举所佩玉玦以示之者三"的举动就不可理喻。不管是日常生活,还是改变历史的关键行动,其实都如此。完整的行为,除了动机,还会有动作。"项庄舞剑,意在沛公",后一句是动机,前一句就是动作。动作则有肢体动作与语言动作两类,举玉、舞剑是肢体动作,下令杀人则是语言动作。禅师棒喝徒弟的行为,是语言动作的典型。有些人也喜

---

[1] 参司马迁《史记》卷七《项羽本纪》的叙述。

欢将肢体动作称作身体语言,表明两者关系密不可分。

以上所述,多半是对常识的澄清。其中对理解思想史事件有重要作用的,是语言动作。语言动作,也称"言语行为"(speech acts),其理论研究是日常语言学派的贡献。奥斯汀(J. L. Austin)开其端,而塞尔(J. R. Searle)竟其绪。[2]其要点是从语言的功能出发,把言语行为从报道式语言中区分出来。其初始动机是反对逻辑实证主义用真与假作为裁决语言的意义的标准,指出日常生活中许多语言的使用,其意义只有好与坏,或恰当不恰当,而没有真假问题。塞尔后来就把它划分为断定式、指令式、承诺式、表情式、宣告式五种类型。孔子听到曾点"浴乎沂,风乎舞雩,咏而归"的理想后,喟然叹曰:"吾与点也。"(《论语·先进》)这"吾与点也"就非报道式语言,而是表达一种对曾点生活态度的赞叹,是一种言语行为。同样,"子见南子,子路不说。夫子矢之曰'予所否者,天厌之!天厌之!'"(《论语·雍也》)。这"天厌之"是发誓,也是言语行为。在思想史事件中,人物的行为许多只是或者主要就是言语行为,因为思想最基本的表达形式就是语言。

言语行为中的语言,不仅区别于报道式语言(新闻或实验报告),其实也不同于论理式语言。言语行为是情节的要素,对其评价必须结合人物身份、语境进行。论理式语言

---

[2] 奥斯汀这方面的代表作是《怎样用词办事》(*How to Do Things with Words*, J. O. Urmson [ed.], Oxford: Clarendon Press, 1962);塞尔的论述见其《表述和意义:言语行为研究》(*Expression and Meaning: Studies in the Theory of Speech Acts*),北京:外语教学与研究出版社,剑桥:剑桥大学出版社,2001年。

如一篇文章，其优劣取决于语言的逻辑结构及表达能力，与作者身份、性格、具体写作环境无多大干系。但是有时候，在经典文本中，有些本是理论文章却模仿对话的形式，如《公孙龙子》《肇论》之类。《孟子》也有此嫌疑，魏源说："七篇中无述孟子容貌言动，与《论语》为弟子记其师长不类。"[3]这意味着，其所谓对话不是言语行为。虽然这类文本在思想史上有其固有的价值，但与本文要界定的思想史事件作用不同。这个区分的目的还在于强调，作为情节的基本成分，言语行为中的语言，不能抽离特定的语境来解读，否则就是对事件的肢解。《论语》中孔子有些言论不好理解，就与记录者没有提供足够的语境资料有关。陆九渊就说："《论语》中多有无头柄的说话，如'知及之，仁不能守之'之类，不知所及所守者何事。如'学而时习之'，不知时习者何事。非学有本领，未易读也。"[4]对言语行为的恰当把握，是解读思想史事件的重要法门。

虽然思想史事件与一般历史事件形式上相类，实质上也有重叠，不过，假如由此而把孔、孟、老庄同秦皇、汉武的行为价值混为一谈，定然不会为重视精神文化的人所接受。确定一个事件是一般历史事件还是思想史事件，要看它是否有思想作用，具体说要看它在思想史上的实际影响，或者其所蕴含的思想价值。这一陈述意味着，可以把思想史事件分为两个类型。一个是构成思想史影响的事件，一个是有思想

---

[3] 转引自杨伯峻：《孟子译注》，北京：中华书局，1984年，导言第4页。
[4] 陆九渊：《陆九渊集》卷三十四，北京：中华书局，1980年，第395页。

价值的事件。

有思想史影响的事件,可举李斯上秦王书与董仲舒答汉武帝问为例。李斯为维护君主专制政治,针对书生对秦政的批评,建议禁私学,焚《诗》、《书》、百家语,让欲学者以吏为师。由此而致焚书一事。[5] 董仲舒则总结秦任法家用酷吏的教训,针锋相对,向汉武帝献言"诸不在六艺之科孔子之术者,皆绝其道,勿使并进"[6],从而使儒学成为君主政治中意识形态的主流。这两个事件的共同点,都是帝王听从进谏者的提议后,先后为自己的统治确定意识形态的基调。只是法家的地位维护时间短,而儒家的寿命长,或者说法家后来的影响隐,而儒家的影响显。李斯与董仲舒各自把自己的意思陈述得很清楚,后世史家重视这类事件,并非由于其具有未曾明言的深邃的思想内涵,而是通过对其叙述,从因果关系上容易理解其后续历史的重大变化。它同叙述鸿门宴项羽没下决心杀刘邦,从而导致历史应验了范增"夺项王天下者,必沛公也,吾属今为之虏矣"的预言,思路是一样的,只不过表现领域有别而已。同时,从秦朝焚书的例子看,对思想史造成影响的事件,其主角不一定是思想家。反之,思想人物参与的重大历史事件,也未必都有思想史意义。子贡是孔门高第,但他不只是学者,同时也是富商及政客。司马迁用很长的篇幅记他受孔子派遣,为救鲁而穿梭各国当说客,结果是,"故子贡一出,存鲁,乱齐,破吴,强晋而霸

---

[5]《史记》卷六《秦始皇本纪》。
[6]《汉书》卷五十六《董仲舒传》。

越。子贡一使,使势相破,十年之中,五国各有变"。[7]这恐怕就很难把它当思想史事件来对待。

有思想价值的事件,则是未经反思的范畴。这类事件大多不是惊天地、泣鬼神的故事,没有令山河变色、朝代更替的后果。其人物情节可能睿智空灵,可能悲凉冷峻,更可能平和隽永,也有甚至看起来琐碎平庸的,但都具有让人反复咀嚼回味的内涵。王弼以"圣人体无"答裴徽的问难,王阳明论花树解释其"心外无物"的说法,均系有高深的思想智慧的体现。而厄于陈、蔡的孔子,在遭受严重挫折的时刻,面对弟子"君子亦有穷乎"的质疑,还要态度昂扬。写下《声无哀乐论》的名士嵇康,被害临刑之际,索琴从容弹奏名曲《广陵散》,并宣告其从此成了绝响。这些都是悲凉冷峻的音调。但夫子"吾与点也"的赞叹,以及禅宗大师让弟子"吃茶去"的公案,更像闲适人生中的散文。至于"子见南子"以后的对天发誓,或者王阳明格竹的迷茫,乍看起来可能让人觉得有些平庸。上述事件中,除嵇康之死,史家可用以作为魏晋政治黑暗的注脚外,其他都平淡无奇。而从思想的角度打量,则只有王弼、阳明的言论直接表达其或精致或深刻的观念内容,其他类型的故事,思想蕴含在情节中;不是一般的阅读,而是用心解读,其思想价值才能显示出来。因此,其意义不是通过事件与事件之间的时空因果关系在经验上体现出来,而是心灵对经典的回应。这种回应是跨时代,有时可能是跨文化的;同时这也意味着,回应的方

---

[7]《史记》卷六十七《仲尼弟子列传》。

式与深度是多样的。所以,有思想史影响的事件的判断是客观的,而有思想价值的事件,则与解读者的精神境界及知识素养有关。只不过,有些事件经思想家的反复解读而深入人心,有些则在不同时代或不同观点的学者之间引起争论而引人注目[8],也有些仍然有待智慧的眼光的发现。

如果依洛夫乔伊对观念史的设想,它的对象同哲学史不同。[9]哲学史研究以理论体系为中心,更注重说理的自觉及表达的规范,是理性的果实;观念史家则在生活的原野上采集观念的幼苗或小花,或者泥土中的块根,它重视感性的表现。观念史的对象可以是制度、风俗,也可以是思潮、时尚,也包括各种思想史事件。而在思想史事件中,有思想价值的事件的进一步界定,则为观念创造或哲学创作提供了重要的素材。观念史是发现,哲学创作则是发明。后者在哲学研究中国化的追求中,有莫大的意义。

二 两种诠释方式:叙事与评注

重复一下,有思想价值的事件,其价值蕴含在故事情节中。如果其价值未经反思与揭示,它可能就处于沉睡的状态。只有经过有深度的解读,其思想的力量才能被激发出来,才会引起更多读者的注意,才可能在塑造传统中发挥作

---

[8] 例如,对《论语·子路》中"父为子隐,子为父隐"的伦理含义的理解,在最近仍然激起对立严重的争论。参见郭齐勇主编:《儒家伦理争鸣集:以"亲亲互隐"为中心》,武汉:湖北教育出版社,2004年。
[9] 见 Arthur O. Lovejoy, *The Great Chain of Being*, Cambridge, Mass: Harvard University Press, 1936, pp. 3-23。

用。从思想史上看,这种解读有两种常见的形式,一种是通过经典评注的方式,另一种则更像是故事新编的方式。经典注疏的方式为多数人悉知,故事新编的方式则讨论不多。

夫子"与点"的故事,是我们观察两种诠释的例证。

> 子路、曾皙、冉有、公西华侍坐。子曰:"以吾一日长乎尔,毋吾以也!居则曰:'不吾知也!'如或知尔,则何以哉?"
>
> 子路率尔而对曰:"千乘之国,摄乎大国之间,加之以师旅,因之以饥馑,由也为之,比及三年,可使有勇,且知方也。"夫子哂之。
>
> "求,尔何如?"对曰:"方六七十,如五六十,求也为之,比及三年,可使足民;如其礼乐,以俟君子。"
>
> "赤,尔何如?"对曰:"非曰能之,愿学焉!宗庙之事,如会同,端章甫,愿为小相焉。"
>
> "点,尔何如?"鼓瑟希,铿尔,舍瑟而作。对曰:"异乎三子者之撰!"子曰:"何伤乎?亦各言其志也。"
>
> 曰:"莫春者,春服既成;冠者五六人,童子六七人,浴乎沂,风乎舞雩,咏而归。"
>
> 夫子喟然叹曰:"吾与点也。"
>
> 三子者出,曾皙后。曾皙曰:"夫三子者之言何如?"子曰:"亦各言其志也已矣。"曰:"夫子何哂由也?"曰:"为国以礼,其言不让,是故哂之。""唯求则非邦也与?""安见方六七十,如五六十,而非邦也者?""唯赤则非邦也与?""宗庙会同,非诸侯而何?

赤也为之小,孰能为之大?"(《论语·先进》)

这是一个意味深长的故事。历史事件是够不上的,有思想史影响的事件也很难说,我们实在没法从因果意义上看出其对思想史面貌有明确改变。然而,它因情节所体现的魅力,而长久地吸引文人学者的注意。其有趣之处在于,一生关怀政治、以培养社会栋梁为己任的孔夫子,在评论弟子的志向时,赞许的竟然不是子路富国强兵的抱负,而是曾点那种似乎"胸无大志"的个人情调。这究竟是夫子一时兴起,还是另有深意,不同的理解所呈现的孔子的精神面貌将大不相同。先看故事性的诠释:

> 孔子与子贡、子路、颜渊游于戎山之上。孔子喟然叹曰:"二三子!各言尔志,予将览焉。由,尔何如?"对曰:"得白羽如月,赤羽如日,击钟鼓者,上闻于天,下槊于地,使将而攻之,惟由为能。"孔子曰:"勇士哉!赐,尔何如?"对曰:"得素衣缟冠,使于两国之间,不持尺寸之兵,升斗之粮,使两国相亲如弟兄。"孔子曰:"辩士哉!回,尔何如?"对曰:"鲍鱼不与兰茝同笥而藏,桀、纣不与尧、舜同时而治。二子已言,回何言哉?"孔子曰:"回有鄙之心。"颜回曰:"愿得明王圣主为之相,使城郭不治,沟池不凿,阴阳和调,家给人足,铸库兵以为农器。"孔子曰:"大士哉!由来,区区汝何攻?赐来,便便汝何使?愿得之冠为子宰焉。"(《韩诗外传》卷九)

这是一则在汉代较流行的故事。[10]故事的主题也是夫子评点学生言志，但人物略有调整，对话更像台词，富于戏剧性。实际上，其创作材料除"夫子与点"外，还取之另一则孔子与颜回、子路言志的记载："颜渊、季路侍。子曰：'盍各言尔志？'子路曰：'愿车、马、衣、轻裘，与朋友共，敝之而无憾。'颜渊曰：'愿无伐善，无施劳。'子路曰：'愿闻子之志。'子曰：'老者安之，朋友信之，少者怀之。'"（《论语·公冶长》）在言志这个共同主题的基础上，新编的故事延续"吾与点也"中子路英勇豪迈的气派，作为更高精神境界的衬托，同时，除用子贡更换冉有、公西华外，更重要的是，以颜回代替曾点，作为最高精神境界的代表出场。颜回"二子已言，回何言哉？"的谦词，同曾点"异乎三子者之撰！"之说法，异曲同工。但颜回之心愿，虽然低调，仍然指向社会关怀，其内容更类《公冶长》中孔子"老者安之，朋友信之，少者怀之"的理想，同曾点的个人情怀迥异。这一构思除了服从于作者表达对仁、智、勇三达德的理解外[11]，还透露出当时社会理想比个人情感是更受关心的主题。这种诠释实际是对孔子的理想做了重新定向，但具形象的感染力，而无须明确表明取舍的理由。

评注式的诠释是另外的情形，下面是对宋人观点的选录。邢昺《论语注疏》说："仲尼祖述尧、舜，宪章文、武，

---

[10] 除《韩诗外传》卷九外，《韩诗外传》卷七、《说苑·指武》、《孔子家语》卷二"致思"第八，也有类似的故事。《韩诗外传》卷七同卷九的故事情节类似而叙述风格有别。
[11] 参见另文《孔门三杰的思想史形象》的分析。

生值乱时而君不用。三子不能相时,志在为政。唯曾晳独能知时,志在澡身浴德,咏怀乐道,故夫子与之也。"[12]程颢称:"孔子'与点',盖与圣人之志同,便是尧舜气象也,诚'异乎三子者之撰',特行有不掩焉者,真所谓狂矣。子路等所见者小。子路只为不达'为国以礼'道理,所以为夫子笑;若知'为国以礼'之道,便却是这气象也。"[13]而朱熹的发挥则是:"曾点见得事事物物上皆是天理流行。良辰美景,与几个好朋友行乐。他看那几个说底功名事业,都不是了。他看见日用之间,莫非天理,在在处处,莫非可乐。他自见得那'春服既成;冠者五六人,童子六七人,浴乎沂,风乎舞雩,咏而归'处,此是可乐天理。"[14]

这三则评注的侧重点很不一样。邢昺的疏焦点放在为政与不为政上,而引入"乱时"的背景作为解释孔子为何一反常态不关心政治,这样,"与点"便成无可奈何的选择。程颢则肯定"与点"是表达圣人之志,但笑子路等不是因其有玩政治的企图,而是其对政治的价值"为国以礼"的道理不通透。朱熹则干脆发挥为"日用之间,莫非天理,在在处处,莫非可乐",颇有禅宗担水劈柴无非妙道的意味。不管差别如何,其共同点,都是原文没有明确表达的观念,是从情节主要是人物及其言语行为中"读"出来的。这种"读"其实也是思想的创作,但与故事新编不一样,它缺乏情节的

---

[12] 邢昺:《论语注疏》,北京:北京大学出版社,1999年,第156页。
[13] 程颢、程颐:《二程集》卷十二,北京:中华书局,1984年,第136页。
[14] 黎靖德编:《朱子语类》卷四十,北京:中华书局,1986年,第1026页。另,对宋人观点的系统分析,参看冯达文《"曾点气象"异说》(《中国哲学史》,2005年第4期)的评述。

感染力，却追求逻辑上的可信性。评注式的发挥同训诂式的注释也不同，前者不能局限于重复原文明言的东西，必须提供新的观点。

当然，不是所有的诠释都得采取尊经崇圣的态度。孔子厄于陈、蔡的故事，《论语·卫灵公》的记载是："在陈绝粮，从者病，莫能兴。子路愠见曰：'君子亦有穷乎？'子曰：'君子固穷，小人穷斯滥矣。'"但从战国到秦汉的文献中，就有近十个不同版本的故事，其中不乏立场相反的说法。《庄子·山木》就说在厄于陈、蔡之际，孔子为了保命，听信一个叫大公任的人的话，"辞其交游，去其弟子，逃于大泽"，当隐士去了。又如《论语·子路》关于父子互隐的问答："叶公语孔子曰：'吾党有直躬者，其父攘羊，而子证之。'孔子曰：'吾党之直躬者异于是。父为子隐，子为父隐，直在其中矣。'"在《韩非子·五蠹》中，则有另一种叙述方式："楚之有直躬，其父窃羊，而谒之吏。令尹曰：'杀之！'以为直于君而曲于父，报而罪之。以是观之，夫君之直臣，父之暴子也。鲁人从君战，三战三北。仲尼问其故，对曰：'吾有老父，身死莫之养也。'仲尼以为孝，举而上之。以是观之，夫父之孝子，君之背臣也。故令尹诛而楚奸不上闻，仲尼赏而鲁民易降北。上下之利，若是其异也，而人主兼举匹夫之行，而求致社稷之福，必不几矣。"在法家的思想中，道德价值完全让位于功利考量。

对事件的思想价值的发掘，不仅有叙事与评注两种方式，同时相对原始文本的立场，还可能有肯定与否定两种取向。由此可见，这类事件的魅力，不一定在于它提供某种一致同意的价值取向,而在于它呈现多种理解的可能性,成为激发后人思考的源泉。与有思想史影响的事件必须在时空因果链中表现不一样,它的辐射力是可以跨时空的,即使在今日,其价值仍随时为思想的探索者开放。

三 事件、故事与逻辑

事件与故事两个词,我们常互相代替着使用,说孔子厄于陈、蔡的事件,同说孔子厄于陈、蔡的故事,有时可以无分别。但是指称同一对象的两个概念,含义有可能不一样。事件往往指事情的原发状态,而故事是事后对事件的叙述。但故事既可以是对事件的陈述,也可能是情节的虚构。同时即使是对事件的陈述,也可能因陈述者的兴趣、观察角度及信息的完整程度的影响,而导致差别。而作为反思对象的思想史事件,自然呈现在文献的叙述中。这提示我们,应当把可能(或完全)是虚构的事件,纳入讨论的范围。大多数学者相信,《论语》或《左传》中的故事是事件的陈述,而《庄子》中的故事多是寓言,即虚构的故事。那《史记》呢?恐怕没人敢断定所记都是真实的故事。即使读读《孔子世家》或《仲尼弟子列传》,从那些有声有色的描绘中,你也能分辨出其中的对话,不是平常话语,而是演员的台词。下面的情节,就安排得很像微型的话剧:

> 孔子知弟子有愠心,乃召子路而问曰:"诗云'匪兕匪虎,率彼旷野'。吾道非邪?吾何为于此?"子路

曰:"意者吾未仁邪?人之不我信也。意者吾未知邪?人之不我行也。"孔子曰:"有是乎!由,譬使仁者而必信,安有伯夷、叔齐?使知者而必行,安有王子比干?"

子路出,子贡入见。孔子曰:"赐,诗云'匪兕匪虎,率彼旷野'。吾道非邪?吾何为于此?"子贡曰:"夫子之道至大也,故天下莫能容夫子。夫子盖少贬焉?"孔子曰:"赐,良农能稼而不能为穑,良工能巧而不能为顺。君子能修其道,纲而纪之,统而理之,而不能为容。今尔不修尔道而求为容。赐,尔志不远矣!"

子贡出,颜回入见。孔子曰:"回,诗云'匪兕匪虎,率彼旷野'。吾道非邪?吾何为于此?"颜回曰:"夫子之道至大,故天下莫能容。虽然,夫子推而行之,不容何病,不容然后见君子!夫道之不修也,是吾丑也。夫道既已大修而不用,是有国者之丑也。不容何病,不容然后见君子!"孔子欣然而笑曰:"有是哉颜氏之子!使尔多财,吾为尔宰。"

这是司马迁对孔子厄于陈、蔡事件的故事新编。在困顿的背景中,孔子出同一试题,对人格特征不同的三个弟子子路、子贡与颜回分别进行面试。结果考出不同的性格与境界来:子路以为是自家的努力不够,子贡认为是天下容不下大道,颜回则看作显现君子人格的机会。这究竟是采纳其他的传说还是司马迁的创作,我们不知道。但是,这显然是以叙事的方式对事件原型的一种诠释,它同原作一起汇成有思想价值的事件的组成部分,同样也是我们思想反思的题材。不过,这些派生的"事件",实际上并不曾在历史上发生过,所以不能归入对思想史有影响的范畴。

实录的故事与编撰的故事,从叙述的形式看,未必有明显区别,但是解释的方式不同。一个实录的故事,人物的身份与性格、故事的背景、可能引起的后果,都是解释行为情节的线索或要素。如"子见南子",南子的身份、影响,见孔子的动机、方式,孔子与卫国的关系,都是故事没有交代,然而对理解孔子与子路的对话不可缺少的因素。整个故事必须放在历史的语境中解读。庄周梦蝶则不然,蝶没有历史,庄周也未必一定要是那个庄周,换个符号,不管张三还是李四,就其主题而言,没有变动。其提供的情节对表达主题是自足的,对后者的解读更多是施展分析的功夫。

对故事的反思也不局限于叙事或评注,从哲学的眼光看,更可以是逻辑的重构。逻辑的重构不是故事的再创作,也非传统的评注。传统的主流,多是评注者从特定的思想或知识背景出发对原文的点评,而这特定的背景往往是评论者的个人信念,在其心目中,是不言而喻的前提。而逻辑的重构,不管是对原著的肯定、批评还是修正,都必须形式上追求有效的论证。试以庄子与惠施的"鱼乐之辩"为例:

> 庄子与惠子游于濠梁之上。庄子曰:"鯈鱼出游从容,是鱼之乐也。"惠子曰:"子非鱼,安知鱼之乐?"庄子曰:"子非我,安知我不知鱼之乐?"惠子曰:"我非子,固不知子矣;子固非鱼也,子之不知鱼之乐,全矣。"庄子曰:"请循其本。子曰'汝安知鱼乐'云者,

既已知吾知之而问我，我知之濠上也。"(《庄子·秋水》)

关于庄子是否知鱼之乐，以及如何知鱼之乐，历来见仁见智。但是，如果我们不把它看作庄子个人特殊知觉能力的确认，而是人类面对世界的一种可取的态度，则对这种知的可能性可采取一种现象学式的分析：

> 说"鱼之乐"犹如说"鱼有知"，凭常识谁都会起疑。但用"猴之乐"代替"鱼之乐"又如何呢？观看过马戏团的表演，或者观察过猴子的脸部表情（它与人类太相像了）的人，对此可能就不会置疑。但若再说"猫之乐"或"狗之乐"，争议可能会开始。不过，当阿猫阿狗向它们的主人摇头摆尾时，主人会认为那是它快乐的表现。如果有人因为没有看到它会笑（这是一种人类能够判断自己的同类处在快乐之中的表情），就对此存疑，那主人可以让我们直接看到它的怕或恨。这从其对陌生人的眼光就能表现出来。不信，我们还可做个试验：出其不意地一棒打去，它会立即嚎叫着跑掉，或者反扑过来。这与人的反应没有两样，由此人类自然会把自己的感情体验转移到物身上。既然有怕有恨就必然有悲有乐，至于什么时候乐什么时候悲，那无关紧要。人类也常有让自己的同类捉摸不定的时候。"庄子"说"鲦鱼出游从容，是鱼之乐也"，就像《齐物论》说美人出现后，"鱼见之深入，鸟见之高飞，麋鹿见之决骤"一样，也是观察其动态而下的结论。如果换一个说

法，不是说"鱼之乐"而是讲"鱼之苦"，观察一条在陆地上因失去生存环境而垂死挣扎的鱼，观察者的感受可能会更趋一致。关键是物同人一样，都是有情世界的一员，都有被尊重的权利。这才是"鱼之乐"所蕴含的意义。[15]

这也是对"鱼之乐"的一种诠释，但它力图把庄子的个人感觉变成普遍的人性问题来探讨。其成立的依据不是基于庄子的说法，而是从分析人类普遍的情感经验而做的推论。这是一种现代意义的哲学论析。这种论析可以应用于实录的故事或编撰的故事，不管这些故事在历史上是否引起足够的重视，只要我们能触摸到其蕴含的观念价值，就是我们的矿藏。

对思想史有影响的事件同政治事件一样，其影响随着时间的推移，会变得越来越弱。然而，有思想价值的事件，不一定事后就得到即刻的呼应，但有可能像沉睡的活火山，在不确定的时刻迸发其力量。

结语

本文从历史事件中区分出思想史事件，再把思想史事件划分为造成思想史影响的事件与有思想价值的事件两类，最

---

[15] 参见陈少明：《由"鱼之乐"说及"知"之问题》，《中山大学学报》（社会科学版），2001年第6期。

后焦点放在有思想价值的事件上。这一思路的展开，不仅缘于中国经典或历史文献中包含大量的叙事题材，而且基于对哲学的另一种认识。虽然形而上学是西方哲学的主题，抽象也是哲学知识给人的一般印象，但哲学的最终目标是解释经验，它应该是具体与抽象的双向通道。哲学面对经验，不只是直接的经验，也包括间接的经验。经验的含义很复杂，操作性的经验与思想性的经验，观察到的经验与阅读来（或传闻来）的经验，都是经验的组成要素。一般讲，当下直接或最个人化的经验往往是讨论经验的出发点，而间接的经验则有远近程度的不同。但对哲学而言，相对于高度抽象的观念理论来说，思想与行为都是经验。行为可以是肢体动作，也可以是语言或其他信号性指令；思想可以是概念构思，也可以是情绪、意念的体验或流露。这一切的经验混合物，都是哲学反思的对象。就个别化的经验而言，这种反思是诠释性的，即通过调动、运用相关的知识对某一事件或个人行为，做出深入有洞察力的分析，把隐藏其中的意义开掘出来。由于经典在文化中的典范性，其所载的内容包括人物的故事情节，虽然具有独特性，但依然有普遍的意义，是理解经典世界生活方式、价值信念、情感取向的基本素材。本质呈现在现象中。如果我们的哲学，不仅仅是模仿或回应西方的思想方式或问题，而具有自己的文化内涵，就应当致力于论述自己的历史文化经验。由此，面对经典与面对经验在这里就可以统一起来。

（原载《江苏社会科学》2007年第1期）

哲学与论证
兼及中国哲学的方法论问题

寻求中国哲学的变革，不能只着眼于寻找哲学发展的新内容，也需要寻回其固有而不被重视的要素。例如，重新唤起对哲学论证的自觉。哲学与论证关系密切，这属于哲学常识。但说哲学取决于论证，则可能需要论证。在这里，我想为这种说法提供一些粗略的理据，并由此引出对中国哲学的一些方法论评论。

一 根本在于方法

虽然哲学的定义可能五花八门，但一些思想或论说被界定为哲学，一般是不同程度上满足两个不同的标准：一个叫作问题，一个划归方法。借胡适的说法，人生中根本的问题，就属于哲学问题。什么是根本的问题？按常规理解，它应该是在众多的问题中处于中心的问题，换一种说法，是其他问题的解决需要以其解决为前提的那些问题。人生中，根本的问题不是单数，而是复数。如宇宙存在，生死意义，人我关系，都可列入哲学论域。但细想一下，这类问题，也可以是宗教、科学甚至艺术的问题。不仅如此，有些看起来不怎么"根本"的问题，如某些具体的语言或行为现象，却被论述成哲学问题，故有哲学的语言学转向一说。由此看来，归根到底，论述的方式，是所论问题是否"够哲学"的条件。

征之历史，西方哲学之父——苏格拉底最重要的哲学成就，就是苏格拉底辩证法。这种辩证法就是通过直接的辩论，不断澄清问题的性质，从而把思想引向清晰、把思考引向深入的过程。其基本的方式，就是提问者以求知的姿态向那些自以为是的人请教重要的伦理观念，当对方给出明确的答案后，马上提出一些不同的理据对之进行质疑，迫使对方修改自己原先的说法。当新的说法出来后，提问者又如法炮制，再行追问，把问题继续引向思想未知的境域。后来的哲学家穆勒认为，那是一种"把问题的各种困难呈现给听者的意识的发明……它们本质上是一种对哲学和生活的种种重大问题的否定性探讨"。"它们旨在用娴熟的技巧让那些随声附和流行观念的老生常谈的人明白他们没有理解这些观念。"这种辩证法激发了苏格拉底学生的智慧，在西方哲学史上有深远的影响。当然，从苏格拉底、柏拉图到黑格尔、马克思，辩证法的具体形态不止一种，而讨论哲学问题的思想方法更非只是辩证法。[1]

---

[1] 参见陈嘉映主编：《辩证法》，《西方大观念》第一卷，北京：华夏出版社，2008年，第275—282页。

哲学方法既是研究也是论述的方法。虽然细致描述哪怕是极少数的哲学方法，在这里也做不到，但对其相关的特征进行刻画则很有必要。概括地说，有三方面的特征，有助于辨认话语或论说是否具有哲学性质。首先，提问的方法就是对问题的前提不断追问，即不满足于固有的结论。所谓根本的问题，是由寻根问底的态度找出来的。许多知识现象或者"百姓日用而不知"的问题，就是在追本溯源的过程中成为哲学问题的。同时，问与答不只是一问一答，而是一个对话过程。这种话语方式是由怀疑而非信仰的态度决定的，因为哲学不是宗教。其次，问答是以合乎理智的方式进行的。辩论或者说–听（写–读）双方共享同一语言系统，遵循陈述或理解的逻辑规则。这意味着哲学论说是一种理性的思考或表达行为，所以哲学不同于文学，不是诗歌，不讲故事，当然也不是咒语。修辞不是逻辑，生动未必真确。其中，辩的特点比较突出。做哲学要观念创新，因此要经常面对不同的观点或不利的证据，要有效表达自己的观点，必须具有排除对自己不利的理据的思想能力。即使不是直接的辩难，每一种重要的立论都是在做潜在的论战。故论证是哲学论说方式的核心，没有论证的哲学至多是哲学格言或哲学意见，不会是哲学学说。第三，哲学论说所提供的，不是科学知识或者说不是描述现象因果关系的定律或法则，不能用来预测特定现象。它是解释性或规范性的知识。解释性知识是对事物性质或关系（包括个人行为或社会运动）的理解，其中行为的意义尤其是理解的重点。这是哲学解释学，同时也是马克斯·韦伯以来的解释的社会科学传统的观点。[2]而规范性知识指对行为规则的论证，就如一些伦理学或政治哲学家所做的那样。维特根斯坦关于语言游戏的论说是解释性知识，而罗尔斯的《正义论》提供的是对规范的论证。如果某些哲学研究发展出量化分析的方式，或者给出可以由实验来验证的假说，那它们就是科学而不是哲学。知识史上，有不少科学问题是因研究或论述方式的变化而从哲学中独立出来的。

一般来说，哲学论说需要满足上述三个条件，表现越突出，其哲学意味就越强。但是，这并不意味着，抽象地满足这组条件，就自然是好的哲学论说。评价哲学价值的高低，主要尺度不在于结论的真假（虽然检验论证的结构与立论的前提时，也会涉及真假或对错问题），而在于说理的深浅。而深浅是相比较而言的，是对同类问题的论说相比较的判断。只有较前人的学说提供更深入或者另辟蹊径的论证，才是哲学意义的推进，至于最终结论是否新奇倒不重要。重新论证古典观点往往是哲学发展的途径，所以有新柏拉图主义、新康德主义，或现代新儒家之类的"新"学派出现。

二 信念、论说与体系

信念是未经或者说是不需要经过知识性证明便加以接

---

[2] 参见罗宾努（Paul Rabinow）和苏利方（William M. Sullivan）编：《解释的社会科学读本》（*Interpretive Social Science: A Reader*, Berkeley: University of California, 1979）和《解释的社会科学再观》（*Interpretive Social Science: A Second Look*, Berkeley: University of California, 1987）。

受，甚至将之当作思考或判断其他问题的出发点的观念。信念的范围很广，包括宗教的、道德的、知识的甚至是哲学的。其中，有些是人类的一部分或大多数所共享的，有些则是少数人或极个别的人持有的。持有人对它可以自觉也可以不自觉。所谓"百姓日用而不知"，也可以用来描述具有某些共同的信念而不自觉的普通人。所以，不是哲学家才有哲学性信念，普通人特别是知识分子，都可以有哲学信念。评论家们在论及某些大人物时，常常会提及他们的哲学信念，很可能是有根据的。而且我们也相信大人物的哲学信念对其思想或行为有影响，值得研究。但是，不能因此而在哲学史著述中按权力大小或政治地位高低给出相应的位置。因为哲学信念不是哲学论说，只有后者并且是其中有深远影响者，才是哲学史论述的对象。

所谓哲学论说，就是经过论证的哲学信念或问题。哲学家一定持有哲学信念，他的哲学信念有两类，一类是对之进行论证的，另一类是预设为论证其他问题的前提。只有对信念进行论证的人，才配称为哲学家。当然伟大的哲学家论及的信念会是深刻或有广泛影响力的。孟子的性善论有广泛的影响力，而庄子的"齐物论"则是深刻的，两者都各自有自己的论证。老黑格尔似乎这么说过，同一句话从涉世不深的年轻人和饱经世故的老人口中说出，意义很不一样。套用这句话，我们可以说，同样的观念，经过论证与未经论证的表达，哲学意义也很不一样。持有哲学观念与做哲学研究是两件事。

在主题相同的情况下，一种论说与另一种论说的比较，会涉及对前提的深远与可确定程度的对比,还有从前提到基本论题关联论证的逻辑严密性的对比,以及对相关知识相互关联的融洽程度的对比。用三个词概括,就是深刻、清晰与系统。伟大的哲学论说,在不同方面都有卓越的表现。但个性不同的论说,表现的优点并不一样。《老子》可能深刻,因为它对"道"不可言说的观点,开启了深邃的哲学论域,但既不清晰也很难说系统。《庄子》是深刻、清晰,如《齐物论》对人类有是非观念的诘难可谓独步千古,但《庄子》整体风格是散文化的,不同论点间的联系没有系统的揭示。比较而言,《孟子》在清晰与系统上更有优势,虽然在问题的深刻性(不是说正确性)上,可能比《庄子》逊色。在古希腊,苏格拉底是深刻而清晰的,但不系统。要讲清晰而系统,则非亚里士多德莫属。而最系统的哲学家大概要数黑格尔了。

系统有时候用另一个词"体系"来表达,但不论是系统还是体系,均有两个不同的含义需要厘清。一个是指对世界的各种关系做整体安排的论说,一个是指把所论知识通过逻辑分析将之系统化的学说。对世界的整体说明,可以像黑格尔那样包罗万象,伯林把它当作超级刺猬,其实更应看作思想的巨无霸。但有些体系也可以用简约的语言来概括,例如宋儒张载的《西铭》:

> 乾称父,坤称母。予兹藐焉,乃混然中处。故天地之塞,吾其体。天地之帅,吾其性。民吾同胞,物吾与也。大君者,吾父母宗子,其大臣,宗子之家相也。尊

高年，所以长其长。慈孤弱，所以幼其幼。圣其合德，贤其秀也。凡天下疲癃残疾，茕独鳏寡，皆吾兄弟之颠连而无告者也。于时保之，子之翼也。乐且不忧，纯乎孝者也。违曰悖德，害仁曰贼。济恶者不才，其践形唯肖者也。知化则善述其事，穷神则善继其志。不愧屋漏为无忝，存心养性为匪懈。恶旨酒，崇伯子之顾养。育英才，颖封人之锡类。不弛劳而厎豫，舜其功也。无所逃而待烹，申生其恭也。体其受而归全者，参乎！勇于从而顺令者，伯奇也！富贵福泽，将厚吾之生也。贫贱忧戚，庸玉汝于成也。存吾顺事，没吾宁也。

短短三百字，从宇宙乾坤、天地人生、亲子君臣、圣贤凡庶、家事国务、祸福贵贱、善恶是非，到生死存殁，面面俱到，通通编织为一体，是一种系统的宇宙观或人生观。这是一种伟大的道德或宗教观念。但它不是一种学理上可推演的系统，充其量只是一种价值信念的整体表达。宋明理学的价值观可以说已集中表现在《西铭》中，但张载对之做形上说明的核心概念是气，而朱熹的核心概念是理。理气结合，在说明宇宙人生的关系时，更有条理，故朱熹更有哲学意味。但如果把朱熹的理学同冯友兰的新理学相比，说理上后者便更进一步。不仅是对宇宙人生的总体安排，而且是成系统的学理说明。朱熹只是从一些事物的不同功用，类比性地导出一物有一物的理的说法。冯友兰则在承认"事物存在"的前提下，提出一组命题："凡事物必都是甚么事物。是甚么事物，必都是某种事物。某种事物是某种事物，必有某种事物之所以为某种事物者。借用中国旧日哲学家的话说：
'有物必有则。'""某种事物之所以为某种事物者，新理学
谓之理。此组命题，肯定有理。"[3]所以，新理学在论说方式
上，是现代意义的哲学。

不过，提供系统构造的知识，不一定要对世界做整体
论述。随着现代逻辑与认知科学的发展，黑格尔式的系统越
来越难自圆其说，也越来越少人问津。所以，转向对某些哲
学问题或者某些重要的社会或知识现象的探讨，并提供深入
而完备的论说，成为哲学发展的主要方向。一些重要的现代
哲学家，如胡塞尔、维特根斯坦，他们的贡献都是从某个领
域入手，触摸到哲学的重大问题。有的人，单纯是方法的阐
述，就是毕生的事业。崇尚古典的评论者，会感慨这种现代
风格是精神或思想碎片化的表现，但我们很难否认，它更能
表现智理的力量。

三 中国经典与论证

在中国经典文本中，观念的表达同论证的关系存在不
同的表现形式。首先是，有哲学观念或者信念，不一定有哲
学论说。以《论语》为例，这本经典中的经典，包含丰富的
关于道德、宗教和哲学方面的观念。这些观念在中国文化中
有深远的影响，其中部分被后来的诠释者发展成重要的哲学

---

[3] 冯友兰：《新知言》，《三松堂全集》第五卷，郑州：河南人民出版社，1986年，第224—225页。

论题。但是，这些观点多数没有经过论证。例如"性相近，习相远"，就是未经论证的命题。这可能与孔子不好辩与无须辩有关。《论语》保留大量的孔子与弟子及同时代政要的会话，内容多为他人向孔子请教问题，如问仁、问政、问孝、问君子之类，结果多以孔子提供简明的答案而结束。孔子的身份是师，而且"述而不作，信而好古"，其思想来源是周代文化，问者多抱请教而非质疑的态度，因此缺乏辩的习惯。偶尔有辩，如与子路辩"正名"，与宰我辩"三年丧"等，但似乎都没有直接导向理念性的论辩层次。不过，因为《论语》是中国特别是儒家哲学的思想发源地，哲学史从《论语》入手，自然而正当。《老子》直观上似乎比《论语》更哲学，其重要原因就是整个文本不仅没有指涉任何具体的历史经验（包括人物、事件、制度），而且充满抽象概念，如道、德、名、言等。此外，它还特别点出对主题论说的麻烦。其关键在于对抽象的"道"的概念理解困难，故说"道可道，非常道。名可名，非常名"。因此，作者要"强为之容"，行文大量采取比喻、类比的方法来论述对"道"的看法。《老子》深刻，不仅在于对文明价值有认真的反思，还在于对抽象对象与普通名词之间的紧张有内在的洞察。但比喻与类比，或许使表达生动，但不清晰，对读者的吸引力与繁难一样大。

延至战国，孔老的后继者则充满辩的精神。孟子说："予岂好辩哉，予不得已也。"庄子则有更不平凡的抱负，试图以辩止辩。所谓辩就是通过论证来说服对手或者征服听众，它要辩出一番道理来。与孔子的"性相近，习相远"

比，孟子辩出他的性善论。通读《孟子》全书，可为这一论说找出完整的逻辑结构。作者从人的感官口、目、耳、鼻有共通的嗜好入手，表明人性有共通性。再以一般人见孺子之将入于井均有恻隐之情，推出人人有不忍人之心的观点。这就是仁心，就是性善。性善包括仁、义、礼、智四方面，但只是善端，即善的苗子，要长出根叶需要培养，而非天生自然就会积德行善。在这个基础上，既推出培养个人道德的修养论，又推出符合人性的仁政观。这个性善论是清晰而系统的哲学论说。劳思光也说："就儒学之方向讲，孔子思想对儒学有定向之作用；就理论体系讲，则孟子方是建立较完整之儒学体系之哲人。"[4]与孟子强调人有共同本性相反，庄子《齐物论》则以否认存在共同人性为前提。作者以人与其他生物对处（环境）、味、色的不同选择为喻，表明不同身份、处境的人对价值有不同的选择。任何人都没有代替他人做选择的权利。不仅如此，每个人的选择也非固定不变的，今是昨非的情况比比皆是。选择就是以是非善恶的标准存在为前提，而任何选择都是一定主体的选择。庄周梦为蝶的寓言则试图表明，连自我即主体的确定都是不能保证的，选择的意义何在呢？因此，他要齐是非，对孟子式的论说采取釜底抽薪的方法。这是对其思路逻辑结构的一个分析。[5]无论孟还是庄，局部辩论中有许多自觉的逻辑推论，但总体论说

---

[4] 劳思光：《新编中国哲学史》第一卷，桂林：广西师范大学出版社，2005年，第117页。
[5] 参阅拙作《〈齐物论〉及其影响》（北京：北京大学出版社，2004年）第二章的分析。

还存在松散的现象,同时,经常辅之以类比手法,特别是庄子。因此,说有相对完整的逻辑结构,不等于说其论说严格按我们概括的思想程序进行。即使是按程序来,也非周密严谨,无懈可击。而是提供一个让读者或对手了解与检讨其思路、理据的条件,有了通过辩论把问题推翻或改进的机会。从论述方式看,比之孔老,孟庄在哲学化方向上显然有所推进。[6]

此外,还有若干以对话体撰写的思想论著,如《公孙龙子》和嵇康的《声无哀乐论》,是标准的哲学论说。作者设计的主客之辩,是通过假设可能存在的质疑,并通过对这些质疑的反驳,捍卫和发展论主的论点。疑难设计越难,辩难的水平就越高。这类辩难与寓言式的对话不同,思想的力量不是借反讽、比喻等修辞的方法,而是靠逻辑推理获得的。两者内容分别涉及概念分析(白马非马)与意识分析(声无哀乐),从论题与论说方式讲,属于哲学论证。在西方哲学史上,也存在形式类似的哲学论著,如休谟的《自然宗教对话录》等。虽然对话体仍非现代意义的哲学论文,但论证的轮廓已经比较清楚了。由于过于强调从思想内容甚至社会立场评价哲学的价值,上述中国作品基本处于哲学史视野的边缘,即使像《公孙龙子》常被提及,但它被关注的更多是其结论,而非论述方式。忽视论述方式的检讨,哲学史著述就失去示范哲学研究的作用。

---

[6] 当然,关于《庄子》及其他古典寓言中比喻与推理在论证中的关系,我们仍然研究不够。

四 从哲学史进入哲学

哲学史论述包含不同层次的论证，如文献考证、文字训诂、史料校核，还有文本释读。上述任何类型的问题，只要作者对之进行判断或给出自己的观点，都需要进行论证。但这些问题大部分与思想无关，即使文本释读有涉及思想内容的机会，也可能只是在语言逻辑的层次上了解文本的意思，还不是哲学论证。哲学论证是要对文本的思路进行分析，分析论题的意义、逻辑的有效性、思想的深度或原创性、表达拒绝或接受的理据。没有这样的工作，只是对古人的言论简单的归类，并将其放到现代人熟悉的哲学范畴下，无论是述者还是读者，都不会有哲学上的收益。重复所谓的哲学原理，只是做乏味的概念体操而已。在此基础上，更重要的是，假如有改进的可能与愿望，则提出新的论证。如果哲学史上的问题被讨论到这种深度，那就是在做哲学而非述哲学。如冯友兰的新理学，就其述理的方式而言，真的很哲学。理是极重要的哲学概念，但讲理的方式比讲理更能体现哲学的意义。

当然，以古典哲学为素材，不一定要传统的大问题或大概念，既可以继续谈玄说无，也可以重新解牛相马，如庞朴先生所示范的。[7] 所谈内容是否够哲学，标准不在于被谈的对象，而在于所谈的方式是否能启发哲学思考。效法庞先生，我们不论大道理，只谈小名物。牛高马大难驾驭，我们

---

[7] 庞朴先生有《谈"玄"》、《说"无"》、《解牛之解》及《相马之相》等名文，见《当代学者自选文库·庞朴卷》，合肥：安徽教育出版社，1999年。

只谈小虫小鱼。鱼虽小,但它是名鱼,是庄子与惠施在濠梁之上辩论是否能知其乐的那条(群?)鱼:

> 庄子与惠子游于濠梁之上。庄子曰:"鯈鱼出游从容,是鱼之乐也。"惠子曰:"子非鱼,安知鱼之乐?"庄子曰:"子非我,安知我不知鱼之乐?"惠子曰:"我非子,固不知子矣;子固非鱼也,子之不知鱼之乐,全矣。"庄子曰:"请循其本。子曰'汝安知鱼乐'云者,既已知吾知之而问我,我知之濠上也。"

这是一道主题深刻、语句简单,但常被误解的哲学考题。主题是人与鱼(寓意其他生物)是否在情感上可以沟通。语句简单是因为辩论只有两个回合,第一回合,双方各提一个问题,第二回合,各做一个有利于自己的推论。字面上语义明白,且似乎很讲逻辑,但庄子的结论却是违背逻辑得出的。稍微认真一点对这个辩论做语言逻辑的分析,便知辩论是在连续偷换概念中进行的。庄子的第一个反驳是从混淆人类个体之间的差别同人与鱼之间类的差别开始的。惠子上其框套,在第二回合中的进一步反击,同样无效。但庄子第二回合中的结辩,则连续在"知"的用词上偷换"知道"与"相信"的不同含义,从而"推"出惠子必然承认庄子已知鱼之快乐的结语。这种诡辩方式,连郭象、王夫之都被蒙混过去。借助维特根斯坦在《论确定性》中对知道与相信的分析,我们可以解开这历两千年的思想疑团。但是,问题并未至此结束,庄子的论辩不成立,不能否定庄子真的相信鱼有快乐。那些把鱼鸟当宠物养的人,多半相信它们是会快乐的。因此,有意义的或许不是问如何证明鱼有快乐这样无解的问题,而是转而询问,人类关于鱼或其他生物会快乐的信念究竟是如何形成的?分析哲学无解的问题,也许现象学可以尝试。从我们人类自己快乐经验的分析开始,再到争议较少的,我们如何感知某些生物快乐经验的探讨,还有从不快乐的经验推论快乐经验的可能性,等等,层层深入或步步展开,描述感染快乐的意识经验的逻辑。这项工作,已经不是理解物性,而是展示人性内涵的过程。它不一定能给出完全无争议的结论,但却会导致哲学思考的深入。[8]

教科书式的哲学史,当然不能展示各种思想资源的全部哲学思考。但有限的篇幅中,应该给论述方式尤其是论证程序更多的关注。更重要的是,不要把哲学史研究压缩成教科书那种单一的论述模式。更多的专题研究,更贴近生活经验的思想分析,更有论辩精神的探讨,会更有力地召唤哲学的精神力量。

(原载《文史哲》2009年第6期)

---

[8] 参见拙作《由"鱼之乐"说及"知"之问题》,《〈齐物论〉及其影响》附录一。

格义之外

用格义或"反向格义"来描述、概括中国哲学史或中国哲学的惯常方法,非常传神。对这种方法的作用特别是局限的分析,见诸刘笑敢教授发起的讨论及同道间的互动。[1] 在早先的一些论文中,我在"比较哲学"的范畴下,描述过从以中学为资源说明西学,到以西学为坐标分析中学的现象变化及其思想史背景,也可看作是对从格义到"反向格义"变迁轨迹的摹状。[2] 当然,"反向"是对中国学者而言的,对那些用同样的套路研究中国哲学的西方汉学家来说,就不存在"反向"的问题。本文主旨不是重复以往的观点,而是在申论"反向格义"自有其价值的前提下,提一个问题:

格义之外,我们还可做什么?

---

[1] 参见刘笑敢主编:《中国哲学与文化》第一辑《反向格义与全球哲学》,第二辑《注释,诠释,还是创构》(桂林:广西师范大学出版社,2007年),及刘笑敢著:《诠释与定向:中国哲学研究方法之探索》(北京:商务印书馆,2009年)。后者是近年来关于中国哲学方法论领域最重要的著述,作者提出的"反向格义"、"两种定向"及"三种身份"的观点,均涉具有普遍意义的问题。

[2] 参见本书《知识谱系的转换——中国哲学史研究范例论析》、《论比较哲学——从现代中国学术的经验看》及《中国哲学史研究与中国哲学创作》。

一 格义申说

参照《高僧传》中北朝僧人法雅"与康法朗等,以经中事数,拟配外书,为生解之例,谓之格义"的说法[3],我们把清末学者介绍西方哲学的一些手法,如梁启超说"朱子之释《大学》","其论精透圆满,不让倍根"[4];说王阳明"是亦以良知为命令的,以服从良知为道德的责任也。阳明之良知即康德之真我,其学说之基础全同"等[5],同样称为"格义",并无不妥。不过,如果我们把"格"读成类比或由比较而获致的归类,那么,格的对象既可以是概念(或范畴),也可以是命题甚至相对复杂的论说。格义或比较之难,不是今日的新发现。王国维在批评辜鸿铭的《中庸》英译时早就指出:

> 如执近世之哲学以述古人之说,谓之弥缝古人之说,则可;谓之忠于古人,则恐未也。夫古人之说,固未必悉有条理也。往往一篇之中,时而说天道,时而说人事;岂独一篇中而已,一章之中,亦复如此。幸而其所用之语,意义甚为广莫,无论说天说人时,皆可用此语,故不觉其不贯串耳。若译之为他国语,则他国语之与此语相当者,其意义不必若是之广;即令其意义等于

---

[3] 释慧皎:《高僧传》,北京:中华书局,1992年,第152页。
[4] 梁启超:《近世文明初祖二大家之学说》,《梁启超哲学思想论文选》,葛懋春、蒋俊编选,北京:北京大学出版社,1984年,第87页。
[5] 梁启超:《近世第一大哲康德之学说》,《梁启超哲学思想论文选》,第166页。

此语或广于此语，然其所得应用之处不必尽同。故不贯串不统一之病，自不能免。而欲求其贯串统一，势不能不用意义更广之语。然语意愈广者，其语愈虚，于是古人之说之特质，渐不可见，所存者其肤廓耳。译古书之难，全在于是。[6]

逻辑意识不强，词语意义在不同语境中的多样性，导致在不同语言中找到统一的匹配词变得困难。勉强的办法就是借用外延更大的概念来对付，结果是被翻译（或格义）的一方，意义被抽象化。这是切中问题的要害。然而，格义或类比的现象不仅没有消失，反而有愈演愈烈的趋势。

原因在于，在两种文化接触之初，这种格义不仅可能而且必要。就必要性而言，如果没有基本概念的比较归类，文化的沟通就几无可能。从可能性而论，则不同词意的复杂性，程度不一样，在可比性或可译性上有难易之分。常理上，哲学思考带有整全和根本的特点。不同文明都会存在"有"和"无"的判断和思考，而在"有"的领域，则包括有物质性与精神性两大类，前者存在于时空中，后者则至少不是能由空间界定的，等等。这些外延特别大的词，不仅不同文明中存在，而且意义也是类似的。另外还有些重要的日常用语，例如我、你、他，不管古希腊还是先秦，不管英文还是德法文字，我们都能找到类似的表达。而这些词（特别

---

[6] 王国维：《书辜氏汤生英译〈中庸〉后》，《静庵文集》，沈阳：辽宁教育出版社，1997年，第150—151页。

是"我")所表达的内容,也是哲学的重要对象。逻辑上讲,词所指涉的对象可以在时空的经验中被界定,就容易在另一文化中找到相匹配的成分。但如果是意义抽象者,难度就加大。如道、德、性、命等,就很难找到理想的匹配词。以道为例,英文中分别被译为logos(逻各斯)、noumenon(本体)、truth(真理)、rule(规律)、law(法则)、method(方法)、way(道路)等,也就是说,它的意义在英文中被不同的词所分有。更复杂者可能还有"气",在西方几乎找不到接近的哲学词。也可以说,客观上存在容易格义的词与不容易格义的词。人们的不满主要针对不容易格义者的实践而言,其中最拙劣者,便是通过放大一个词的抽象意义,而从西哲中找到匹配对象。如把"气"抽象为精神或者物质,用个比喻,就像把"瓻",翻译作家具,甚至物质一样。它的确是家具、是物质,但具体意义被抽象掉后,问题就变得难以理喻了。但是,我们不要忘记,事实上有些格义被人们普遍接受了。还有一些,虽然格义不易,但并非都是用A就是B这种指鹿为马式的方法,而是通过分析多种含义来确定其意义的。即使最为人诟病的唯物、唯心的归类法中,也有水平高低的存在。水平高者系借分析、论证来陈述其归类的理由。

格义的困难不仅存在中西之间,也存在古今之间。王国维赞扬阮元说:"昔阮文达公作《塔性说》,谓翻译者但用典中'性'字以当佛经'无得而称之物',而唐人更以经中'性'字当之;力言翻译者遇一新义为古语中所无者,必新造一字而不得袭用似是而非之古语,是固然矣。然文义之变迁,岂独在输入外国之新义之后哉?"[7]它只能表明,有些字面对译式的格义必须警惕,格义需要向更广阔范围和更深入程度的比较迈进。概念的意义在各自赖以生成的关系中才能得到更好的把握。在特定文化中的某一词语所承载的意义,在另一文化中需要用不同的词语,从不同角度进行阐释。阐释越深入,文化间的交流越有效。这就是为什么,以格义为基本方法建立的中国哲学史可以成为沟通中西基本思想观念的学术途径。这也意味着,格义不仅停留在孤立的概念或简单观念之间,也可发展为问题或思想体系间的格义,不过,一般我们叫比较研究。或者说,简单的概念比对叫作格义,而复杂的思想格义称作比较。格义不一定浅,而比较不一定就深,这两个词的使用没有褒贬之分。就此而论,我也同意龚隽兄的说法:"'反向格义'不应该成为一种'法病',而只有'格义'恰切与否或程度好坏的差别而已。"[8]

有深度的格义或比较分析,至少呈三种不同形态:其一,是梁漱溟的《东西文化及其哲学》,其比较的动机与手法都简单明了,学术价值则不必深究。其二,是胡适特别是冯友兰开启的"中国哲学史"论述形态,与梁漱溟的明比不同,这是一种不叫比较的比较分析。其三,则为牟宗三先生的哲学系统,它也是借康德与儒家尤其是宋明理学的比较而发展出来的。熟悉牟氏思想的读者,想想"现象"与"物自身","智的直觉","道德的形上学"与"道德底形上学",

---

[7] 王国维:《释理》,《静庵文集》,第37页。
[8] 刘笑敢主编:《中国哲学与文化》第二辑《注释,诠释,还是创构》,第397页。

"有执的存有论"与"无执的存有论"这些词就知道,张汝伦教授判断牟学也由格义而来,是有根据的。不过,一般批评格义或"反向格义"主要指向哲学史教科书式的思想方式,很少人指向牟宗三。汝伦君大概是个例外。[9] 不管怎么说,即使上述格义的三种类型相比,牟氏的贡献也是最出色的。

二 格义之外

接下来,我关切的问题,不在于格义或比较分析水平不高,而在于即使水平得到充分表现,它的意义仍然是提供文化之间观念价值沟通的途径。然而,把哲学研究的功能局限于此,依然是不够的。中国哲学史的建立固然起源于比较文化的需要,但理应同时承担推动中国哲学发展的责任。西方人研究西方哲学史,就不是出于比较文化的动机。而借比较的方式对中国古典思想的哲学阐述,本质上,依然是对西方哲学传统的依附。以成就最被称道的牟宗三哲学为例,他对儒家或宋明理学富于新意的诠释,正是建立在康德哲学的框架上。他的成功,导致有人说:"不懂康德哲学,如何研究孟子哲学?"果真有人这样想的话,这句话应该改作:不懂康德,你如何理解牟宗三?假如离开康德,就没有牟宗三的道德形上学,那就意味着,这个用以阐明儒家哲学体系的很

---

[9] 参见张汝伦:《邯郸学步,失其故步——也谈中国哲学研究中的"反向格义"问题》,《南京大学学报》,2007年第4期。

多重要概念的论证，是康德完成的。

事实上，不是中国哲学家或哲学史家不事论证，而是他们的工作大部分表现为建立一种格义或者比较分析，是一种格义式的论证。其努力是证明中国哲学中的某一范畴、命题或观念系统能在西方哲学中找到对称物，或许它同作为比较目标的西方哲学比，仍然略有逊色，如以前说王充、张载或王夫之是唯物主义，但是属于"朴素的"；或许说它比西方的同类还强，如讲儒家是"道德的形上学"，优于康德的"道德底形上学"。其要害是，把中国哲学的合理性或价值高低，完全系于所选择的西方框架。不管你如何改变比较的框架，如把庄子比作生命哲学，或者存在主义，甚至是解构主义，性质都是一样的，结果都是把中国哲学变成西方哲学的附庸，其任务只是等待西方新思潮的出现。哲学原创性的任务交给西方哲学家，我们都是搭顺风车的思想游客。

如果我们不满足于搭顺风车的角色，就必须在格义式论证之外，寻求哲学论证的正道。说在格义式论证"之外"，而非"之后"，表明格义式论证对发展中国哲学史研究，或者理解西方哲学仍有其价值，只不过，对推动中国哲学创作来说，需要另外更直接的思想手段。其目的是证成及发展中国古典哲学或者古典思想中可以汇入哲学的观点，证明其既具普遍性，又有思想的深度。下面试择两例，说明这种工作的必要与可能。

众所周知，人性论是中国哲学的基本论题，在西方哲学中很难找到重要性相当的同类论说，其价值必须独立加以论证。孟子的性善论是问题的核心，基本内容是由"四心"

(恻隐、羞恶、辞让或恭敬、是非)呈现"四端"(仁、义、礼、智)的存在。但在孟子那里,只以"今人乍见孺子将入于井,皆有怵惕恻隐之心"为例,说明仁的普遍意义,而对其他三端的普遍性还有四端之间的内在关系的分析,则付诸阙如。作为哲学史研究,给予恻隐之心的道德价值及其普遍性以深入翔实的分析,同时指出其他三端论证的不完备,也许就完成任务了。但是,假如我不满足于此,则可以对其意义及有效性给予新的阐明。就仁而言,阐述孟子例子的意义,表明它只是在(无辜者生命受威胁的)极端条件下,一种由普遍情感驱动的内在态度,但它只是态度而非行动,所以只是"端",一种善的种子。[10]而由恻隐说仁,可以同孔子的"仁者爱人"联系起来,由此区分这种对弱者、无辜者同时也是陌生者的爱,同亲子之爱、师生之爱、教主信众之爱,或者恋人之爱的不同,阐明儒家仁爱的性质与层次。[11]由仁及义,仁义并举是孟子的贡献。"羞恶之心,义之端也。"依朱熹的解释,"羞恶"有两重含义,羞是羞己之非,恶则是恶人之恶。概言之,仁是爱,义是恨。但是,孟子没有解释这两种对立的道德情感如何联系起来,要重建这种内在联系,就是面对一种思想的挑战。我的尝试是,把《孟子》中"乍见孺子将入于井"、齐宣王"以羊易牛"和"成汤征葛"三个例子进行对比,揭示三者之间内在的结构关

---

[10] 详见后篇《想象的逻辑——中国哲学的经典例证》中第一节的分析。
[11] 参见拙作《忍与不忍——儒家德性伦理的一个诠释向度》,《学术月刊》,2007年第1期,后收入《经典世界中的人、事、物》(上海:上海三联书店,2008年)。

联。"孺子入井"由恻隐示仁;"以羊易牛"近于羞;而"成汤征葛"体现恶,即羞恶的恶。但后两者同样以恻隐为基础,易牛是对无辜受罪者的不忍,从而改己之非;"成汤征葛"则是因"葛伯仇饷"而为"匹夫匹妇复仇",也是基于对童子被害的不忍,从而发起正义的战争。后两者虽同以恻隐为出发点,但易牛源于过失在己,它通过羞耻心的呈现意识到;征葛的根源起于第三者(即导致无辜者受难的责任不在己),需要用仇恶的精神来制止或消灭它。这样,羞与恶的区分与一致,仁与义的区别与一致,都得到完整的说明。不唯此,在对憎恶的情感分析中,我们还找到说明儒家正义感的思想线索。[12] 这一证明的任务是双重的,一是证明所引申的观点符合孟子的思想原则,一是证明义与仁,或恨与爱一样,普遍的道德原则均根于人性。前者是解释学的,后者则是哲学的。

再看另一个例子,《庄子·齐物论》中的"庄周梦蝶":"昔者庄周梦为胡蝶,栩栩然胡蝶也,自喻适志与!不知周也。俄然觉,则蘧蘧然周也。不知周之梦为胡蝶与,胡蝶之梦为周与?周与胡蝶,则必有分矣。此之谓物化。"这是一个神奇的故事,它的魅力不仅因情节美妙,还在于思想,即通过叙述者的提问所表达的玄妙观念。但是,是什么样的哲学或观念,这个精妙的故事并没有提供任何可直接列为哲学的范畴或者命题。你要有效做出关于哲学的判断,就必须提供分析、证明。分析它属于什么样的哲学问

---

[12] 详细分析见作者另文《仁义之间》,《哲学研究》,2012年第11期。

题,同时更重要的是,证明它是有效的。我们的问题必须从叙述者的问题入手:"不知周之梦为胡蝶与,胡蝶之梦为周与?"没有问题,只有梦境的话,并不具备哲学意义。它的性质,不是提出梦与觉两种意识状态无法区别,从而证明梦与觉是一致的问题,因为庄子知道他是做了梦的。而是提出,可能在梦与被梦之间,存在两个颠倒的主角的问题,这就涉及对主体的确定性的怀疑。而问题是否成立,取决于我们能否在梦境之中对梦、觉做出有效的辨别。如果在梦中梦见自己在做梦,是否就是对做梦有自觉的表现?事实不然,它也只是梦的一部分。那么,在日常生活中,人们觉得自己处于觉醒状态,同样无法肯定不是梦境的一部分,两者是对称的。这样,那个问题就是无解的问题,而无解正是提问者的意图所在,那是一个反诘句。与笛卡儿借梦中经验不可靠来怀疑觉的经验也不可靠,从而导向对纯思的我的信赖不一样,庄子是从梦与觉的意识经验结构的对称性,导向对思中的我的确定性的怀疑。用现代哲学的语言,就是颠覆主体性的观念。

上述尝试试图表明,在对经典思想的哲学研究中,它包括两个层次的工作,首先是解释学的,把文本的哲学意义揭示出来;其次是哲学的,即论证其合理性,或者扩展其思想的意义。诠释学的工作,难度或意义与文本展现的方式相关,有些文本本来就是概念清楚的哲学或伦理学问题,如"乍见孺子将入于井";有些文本如庄周梦蝶,其哲学意义则需要通过分析来揭示。对孟子性善论基本含义的解释,通常是哲学史的工作。只有在此基础上,对其仁义结构的分析,才是对儒家道德哲学的新论证。庄周梦蝶的问题让我们感到不可思议，你能感受到深刻的哲学意味，却不能直接抓住其哲学意义，故从对其含义的揭示，到对问题无解的分析，几乎都可看成一种哲学的新论证。我不会说这是最好的论证（即最高的合理性和最有深度的内容），但它可以展示论证的过程。对相关的预设、推导及其结论，你可以加强，也可以反驳。哲学的发展必须以论证为基本途径。上述两个问题中，哲学史上可能性善论比梦蝶影响更大，所以教科书必谈前者，很少论后者。但从哲学研究的立场看，后者的重要性，全由论证提供的说服力而定。这是哲学的魅力所在。其实，不一定开口闭口讲本体论，说形上学，或者非得谈玄论道，建立对宇宙人生的整体看法，才与哲学有关。某些片面的"哲学观"，不是误导人们大而无当地侈谈大哲学，就是放弃对哲学创造的追求，仅仅敢于从事对经典思想的介绍或哲学分类。

回到格义问题上来，当我在谈庄周梦蝶时，结尾也提到跟笛卡儿梦的分析的比较。如果愿意，我们还可以在恻隐或同情心对伦理学的意义上，将孟子跟叔本华进行比较。因此，你也可以说，这仍然包含格义的成分。所以，我不是一般反对格义或比较分析，而是反对以这种分析代替哲学论证。我们是在完成对问题的论证后，才来进行比较的。没有这种比较，我们的基本论证也可以完成。而在条件合适时增加比较，则利于阐明问题在不同哲学中的位置。

这就牵涉到否定格义的一种立场，即完全抛弃对西方哲学的学习与借鉴，回到传统的经典之学上来。这不是我的主张。我也赞同恢复或发展传统的经子之学,但反对取消哲学史。理由除了它建立起一门沟通中西精神文化的学科之外,还在于发展现代哲学需要借助哲学史从传统汲取资源。(经子之学的现代发展,是否能完全排除西方学说包括哲学的影响,我有点怀疑,理由是宋明理学的发展就包含对佛学的部分借鉴。不过,这不是本文的重点。)在我的观念中,中国哲学史、中国哲学、现代哲学,是一个序列发展的学问。中国哲学史是用哲学的眼光检讨传统(广义)的义理之学,中国哲学则是对传统哲学予以创造性的论证。中国哲学同时也是现代哲学的一个重要组成部分,只有当中国哲学有足够创造性进展,其成果、影响会吸引现代哲学的其他派别,它才谈得上对一般哲学的贡献。否则,它的作用便只是能说明思想传统而已。

显然,批评格义或格义式论证,不是要得出抛弃向西方哲学学习的结论。相反,我主张更深入学习西方哲学。但不是仅抓住作为比较坐标的现成西方哲学知识(概念、命题及体系),而是从对其基本经验(包括生活经验或思想经验)的掌握入手,分析它们建立解释相关经验的观念结构的方法。这些方法既没有普遍有效的法则或公式,也不是单一的,因为哲学是创造性的思想活动。就如艺术的学习是从对成功作品的揣摩开始一样,读读胡塞尔如何反思意识活动,看看维特根斯坦如何描述语言现象,等等,是绝对比准确复述各种哲学概念更有用的学习途径。这些基本的思想活动,对哲学是基础性的,起到脚手架的作用。我们从儒家、道家、墨家、名家,或者玄学、理学中,也能找到类似的思想要素。它是人类理性的基本特质,其应用与发展,不受特别文化背景的制约。张祥龙教授倡导对现象学与中国哲学的融汇,借现象学的说法,我们必须学习如何"面对事情本身"。

(原载《开放时代》2012年第11期)

想象的逻辑[*]

中国哲学的经典例证

哲学一向有抽象与晦涩的坏名声,抽象是指它追求远离经验的对象,晦涩则涉及玄奥的思想或表达方式。前者通常以形而上学的面孔吓唬人,后者则以貌似深刻的神情玄惑人。其实,这印象是受思辨哲学影响的结果。哲学史上即使存在这样的现象,也并非代表整个哲学发展的全部状况。不仅西方哲学史上充满机智有趣的问题,在中国哲学中,也不乏直观、深刻且富于吸引力的案例。本文从中国经典中选取几个例子,探讨蕴含在想象式的叙事背后的思想逻辑。所谓想象的逻辑,不是讨论想象的心理学,更非讽刺不合情理的言论,而是研究那种通过情景性(或图像式)的假设,所呈现的观念结构。我的重点不在于那些具体的观点或结论,而是其构思或者论说的方式,目的是加深对哲学论说形态的理解。反思在这里很重要。

---

[*] 本文系作者为北京大学"大道学术"论坛(2011年10月13日)准备的讲稿,感谢王博教授的盛情邀请。

一 "乍见孺子将入于井"

第一个案例,学习中国哲学者当耳熟能详。它来自《孟子》有关"不忍人之心"的相关说法:

> 人皆有不忍人之心。先王有不忍人之心,斯有不忍人之政矣。以不忍人之心,行不忍人之政,治天下可运之掌上。所以谓人皆有不忍人之心者,今人乍见孺子将入于井,皆有怵惕恻隐之心,非所以内交于孺子之父母也,非所以要誉于乡党朋友也,非恶其声而然也。由是观之,无恻隐之心,非人也;无羞恶之心,非人也;无辞让之心,非人也;无是非之心,非人也。恻隐之心,仁之端也;羞恶之心,义之端也;辞让之心,礼之端也;是非之心,智之端也。人之有是四端也,犹其有四体也。(《孟子·公孙丑上》)

这则语录是孟子著名的性善论的中心环节。孟子之前,孔子曾有"性相近,习相远"的模糊表达,要把它发展成性善论,至少需要完成两个思想步骤,才能使说法生效。第一步,说明人有共性,或者说存在着人性这样的"东西"。第二步,证明这种人性是善而非恶的,当然也不是无善无恶的。第一环节的任务,孟子在其他地方完成。他以传说中易牙、师旷与子都三者的知名度,分别与众人口、耳、目三个感官的嗜好相对应,说明人的感性经验的共通性,并进而推论,从事思考指导行为的心也应无不同。"故曰:口之于味也,有同耆焉;耳之于声也,有同听焉;目之于色也,有同美焉。至于心,独无所同然乎?心之所同然者,何也?谓理也,义也。"(《孟子·告子上》)悬置对第一步骤的检讨,我们把焦点对准第二个环节,即上面引文提出的问题。关键句就是,"今人乍见孺子将入于井,皆有怵惕恻隐之心"。它是孟子判断人性为善的核心论据。

如果这一论据能够证成性善论,它需要让人相信,这种反应具有普遍性,且它是善的性质的表现。对于是否具有普遍性,孟子把它当作自明的现象,没有进一步的说明。但对其善的性质,则给出精到的辨析。"皆有怵惕恻隐之心",指的是任何可能的目击者,对孩子坠井危险的关切及引起的恐惧。说这种态度(或行为)是善的,是因为它可以排除与道德无关的其他动机,如"非所以内交于孺子之父母也,非所以要誉于乡党朋友也",即不是基于私人关系或个人利益,因为心情如何不一定为他人所知晓;同时,也非纯粹生理上的反应,如"非恶其声而然也",目击的距离导致声音强弱不同,即使没听到声音,也不影响这种心理反应。所以,它是纯粹的善的表现。注意,这种善不是指表现个人的正当权利,而是指向对他人的关怀。

不过,这种恻隐之心,并非一定是伟大或崇高的善。人类善的表现很多,如《论语》中子贡提及的"博施于人而能济众",当然是伟大的善,但不是所有的人都有这种能力。就是有这种能力,也未必都有这种愿望。就是面对街头乞讨这种现象,即使人人相信乞讨者没有欺骗,也不见得人人愿意伸出援手,哪怕代价甚微。如果我们把行为主体付出多、他人受益大（当然，两者无必然联系）作为衡量善的高低的标准，博施济众是高度的善，乍见孺子将入于井的心理反应就是低度的善，因为它既没有代价，也未有行为。而正是这种低度的善可能更加纯粹，更有普遍性。但因为它是低度的善，因而不是善的充分表现，所以，孟子称其为善之"端"，即有待于进一步发展的根苗。孟子期待着这种根苗可以培养成参天大树。

顺上面的思路，进一步的问题是，是否存在更低程度的善的表现？换句话说，这是我们能否找到更恰当的其他替代例证的问题。孟子说齐宣王时，曾用"以羊易牛"的例子，启发王对"不忍"之心的自觉，可以提供我们继续分析的线索：

> （齐宣王问）曰："德何如，则可以王矣？"（孟子答）曰："保民而王，莫之能御也。"曰："若寡人者，可以保民乎哉？"曰："可。"曰："何由知吾可也？"曰："臣闻之胡龁曰：'王坐于堂上，有牵牛而过堂下者。王见之曰："牛何之？"对曰："将以衅钟。"王曰："舍之！吾不忍其觳觫，若无罪而就死地。"对曰："然则废衅钟与？"曰："何可废也？以羊易之。"'不识有诸？"曰："有之。"曰："是心足以王矣。百姓皆以王为爱也；臣固知王之不忍也。"王曰："然。诚有百姓者，齐国虽褊小，吾何爱一牛？即不忍其觳觫，若无罪而就死地，故以羊易之也。"曰："王无异于百姓之以王为爱也。以小易大，彼恶知之？王若隐其无罪而就死

地,则牛羊何择焉?"王笑曰:"是诚何心哉?我非爱其财而易之以羊也。宜乎百姓之谓我爱也。"曰:"无伤也,是乃仁术也。见牛未见羊也。君子之于禽兽也,见其生,不忍见其死;闻其声,不忍食其肉。是以'君子远庖厨'也。"(《孟子·梁惠王上》)

故事中提及的齐宣王的不忍之心,情形有点复杂。其关怀的对象不是人而是动物,行善的范围似是扩大了。但其行善的措施,不仅不需要付出代价,而且还有赚,以羊易牛即是以小易大,似乎有谋利的嫌疑。其实,君子之于禽兽"见其生,不忍见其死;闻其声,不忍食其肉"这种经验,也非不可想象的,的确可称为"恻隐",且这种反应也可能启发培养到对人的善心上来。然而,它缺乏普遍性,这从百姓以为其行为是出于爱牛的动机而非不忍之心就可看出来。也就是说,这种"不忍",并非百姓都能体会的心情。所以,孟子只是利用它劝说齐宣王向善,而非当作人性善的证据使用。这反衬出"乍见孺子将入于井",是一种深思熟虑的设计。所举例子之恰当,如理想中的美人,增一分太胖,减一分则太瘦。今人熟悉这一例子,并非因为它能轻易找到,而是因为它得到孟子提点后,已经深入人心。

更重要的问题在于,如何理解价值的普遍性。当我们接受"乍见孺子将入于井,皆有怵惕恻隐之心"时,只是确认它为绝大多数人的常规反应,但并不能保证百分之百的人均会这样。如果有人声称他碰到这种情形就会无动于衷时,这个例子的普遍意义何在,就需要进一步说明。事实上,不仅对他人的灾难态度冷漠者大有人在,就是许多灾难本身也是某些人类成员蓄意所为。因此,不能把人类价值的普遍性,理解为逻辑的必然性,后者是不能有例外的。同时,它也不同于大概率现象,像某种地理区域的降水频度,或者平均温度的统计一样,这类现象与人类意向无关。人性问题,在孟子那里,就是人之所以为人的本质,它是用来划分人与动物的界限的。原因在于,人本身首先是动物之躯,要摆脱纯然由生理欲望支配,是需要变化气质的。划界就是确定努力的目标。孟子就选恻隐(及羞恶),作为确定人禽之辨的界线。所以,它也是一种观念价值,守住这条线,有人性,是人。守不住,或不承认,就没有或丧失人性,不是人。因此,可能存在不够人性标准的人,即生物意义上是人,而道德意义上则不合人的要求。情形严重者,如果不是精神状态出问题,缺乏正常人的行为能力,就是有意违反人性,所以正常的社会便对之加以防范、限制甚至惩治。当然,从达不到人性的标准,到为非作歹,甚至丧心病狂,还会有程度不同。孟子讲恻隐的重点不在惩恶,而在扬善,即证明人向善发展的可能与必要。他的界线不是底线,而是基线,底线是防止沉沦的,基线则是激励向上的。

当然,在推论上,孟子并非没有漏洞。明眼人一看就知道,这个例子只能说明恻隐之心,但从心之一端到四端,需要更多的分析推论。我的目标并非为孟子的整个性善论辩护,而是想揭示,"乍见孺子将入于井,皆有怵惕恻隐之心"的内容,看似平淡,实则包含着深刻的尚待继续发掘的哲学内涵。

二 庄周梦蝶

第二例来自《庄子·齐物论》：

> 昔者庄周梦为胡蝶，栩栩然胡蝶也，自喻适志与！不知周也。俄然觉，则蘧蘧然周也。不知周之梦为胡蝶与，胡蝶之梦为周与？周与胡蝶，则必有分矣。此之谓物化。

在《庄子》大量有趣的寓言中，这则寓言可能是最为神奇的。严格来说，它应该叫庄周梦为蝶。一个叫作庄周的人做梦，梦见自己变成一只得意飞翔的蝴蝶，可一觉醒来，沮丧地回到自己的原形（"沉重的肉身"）。紧接着，述梦者提出一个问题："不知周之梦为胡蝶与，胡蝶之梦为周与？"既然快乐的蝴蝶可以是庄子梦幻的对象，那不快乐的庄周为何就不会是蝴蝶做梦的产物呢？虽然"周与胡蝶，则必有分矣"，但谁是梦者，谁又是被梦的对象呢？因此，神奇的不是梦境，而是问题。梦见自己变成某种动物甚至是无生命的物，即使不常有，也非绝无可能。但问题很妙，看似简单，回答却很困难。更重要的是，简单的问题背后，有很玄的哲学观念。

事实上，借助于对梦幻现象的分析，揭露感觉经验具有欺骗性的方法，也为西方哲学家如笛卡儿这样的怀疑论者所采用。在《第一哲学沉思集》的第一个沉思中，他提到梦境可以启发我们对觉醒状态时的感觉经验的怀疑：

> 有多少次我夜里梦见我在这个地方,穿着衣服,在炉火旁边,虽然我是一丝不挂地躺在我的被窝里!我现在确实以为我并不是用睡着的眼睛看这张纸,我摇晃着的这个脑袋也并没有发昏,我故意地、自觉地伸出这只手,我感觉到了这只手,而出现在梦里的情况好像并不这么清楚,也不这么明白。但是,仔细想想,我就想起来我时常在睡梦中受过这样的一些假象的欺骗。想到这里,我就明显地看到没有什么确定不移的标记,也没有什么相当可靠的迹象使人能够从这上面清清楚楚地分辨出清醒和睡梦来,这不禁使我大吃一惊,吃惊到几乎能够让我相信我现在是在睡觉的程度。[1]

依笛卡儿的这段描述,即使在梦中,我们也可以拥有非常清晰的感觉,所以清晰的感觉并非就是可信赖的依据。笛卡儿是借对梦、醒经验的混淆来否定感知觉的客观意义。其实,做梦过程的真实感,只能说明梦者在梦中没有对梦境进行怀疑的能力;如果有,它也是梦的一部分。[2]这不等于在醒后没有识别的可能,只是不能以清晰与否作为标准罢了。关于梦的甄别,是依据梦与醒的经验存在中断现象而做出的。不管你的梦多逼真,一觉醒来,你就没法跟梦中的其他人继续梦境中的交往经验,如梦中与人合谋做事,但醒来后

---

[1] 〔法〕笛卡儿:《第一哲学沉思集》,庞景仁译,北京:商务印书馆,1986年,第16页。
[2] 有人就把笛卡儿的问题,扩展到梦中"假醒"的分析上来。〔英〕朱利安·巴吉尼:《一头想要被吃掉的猪》,张容南、杨志华译,第28则,"恐怖的情景",上海:上海三联书店,2008年,第82—84页。

"合谋者"完全不知情；即使梦中只有你一个人，醒来也无法延续梦中的情节，如不能仍然作为蝴蝶起舞。不仅梦、醒有分，梦与梦也有别。例如，你也无法每次入睡都做情节连续的梦，如电视连续剧那样。换个角度说，其他人不管曾处于你的梦中，还是与之无关，也都有条件助你分辨你的经验是否是梦境。

庄周梦为蝶也一样，"俄然觉，则蘧蘧然周也"。至少，清醒状态的社会交往会中断你梦觉连续的幻觉。笛卡儿与庄周之梦的差别不在结构上，而在叙述者所提的问题上。笛卡儿想表明，我们不能确证我们在所谓觉醒状态中的知觉经验，同睡梦中的经验有本质的不同。请注意，他所指的梦与觉的经验者，是同一个人。而蝶梦的问题，"不知周之梦为胡蝶与，胡蝶之梦为周与？"却把做梦者变成两个不同的主体，一个是周，一个是蝶。"周与胡蝶，则必有分矣。"困难不在知道周、蝶有分，而在确定谁是梦的主体。梦蝶者是周，这没有问题，庄周醒来就知道。但如果梦周者是蝶，则周的在世本身正是蝶的梦境的内容。按照梦中没有对梦境进行怀疑的能力的相同道理，所谓醒着的庄周，是没法怀疑或确证他是由蝶梦化而来的客体的。同样，其他人也没能帮庄周做主体还是客体的分别，因为对庄周来说，他能接触的任何人，都在蝶可能的梦境中。

理论上，把庄周与蝴蝶看成互相联系且平行发展的两种生命状态，与庄周将其觉醒当作生活的常态，并无矛盾。因为这种生活无论物理、生理、伦理还是心理，都具有连贯性，即是有秩序（理）的生活。反过来，如果有的人做梦做得很特殊，像电视连续剧，每天定时睡觉做梦，不断进入剧情，其结果，他的每次做梦，就会像常人每天醒来，继续昨天的生活一样。那这个梦者，就是在过一种特殊的"双重生活"，因为两种经验均可以有计划有秩序进行。不过，由于是同一个主体的"双重生活"，他站在任何一种生活的立场上，都可将另一生活视为梦境。而周与蝶则是两个互相取代的主体，恰好都没有判断自身的生活为梦境的能力。这个诘难是很难在逻辑上加以反驳的。虽然说蝴蝶会做梦有些匪夷所思，但如果庄周不是梦为蝶，而是代之为某一灵长类甚至是传说中上古的某一神人，无论对梦的结构还是问题的意义，一样有效。

当然，即使我们怀疑每天的生活都是身处梦中，我们也只能以其为清醒（正常）的生活。而日常生活中，喜欢或需要做梦者，多半是现实的不满足者。不满程度低者是想给生活增加理想色彩，程度高者则是对现世生活的基本否定。庄子的议论，包含某种悲观主义的心声："一受其成形，不亡以待尽。与物相刃相靡，其行尽如驰而莫之能止，不亦悲乎！终身役役而不见其成功，苶然疲役而不知其所归，可不哀邪！人谓之不死，奚益！其形化，其心与之然，可不谓大哀乎？人之生也，固若是芒乎？其我独芒，而人亦有不芒者乎？"（《齐物论》）所以"蘧蘧然周"虽然真实，但不如"栩栩然胡蝶"的生活值得期待。

用哲学的术语讲，无论庄子还是笛卡儿，都是怀疑主义者。但怀疑的程度与目标不一样：笛卡儿怀疑经验及其派生的知识的可靠性，目标是通向一种主体性的哲学；庄子则是怀疑人自我把握的可能，意图在于解构任何主体的观念，颇有"后现代"的味道。前者是认识论，后者是生存论。庄周梦蝶是《庄子·齐物论》的最后一章，它以寓言的形式结束对问题的讨论。齐物论包含齐"物论"、齐"万物"与齐物我三层含义。齐"物论"即齐是非，是对各种思想学说进行一种哲学批判。其重点不在讨论是非的标准，而是对争是非本身的正当性的质疑。"齐物"论即齐万物，则要求人的世界观的转变，放弃任何自我中心的态度，平等地看待万有的自然性与自足性，把是非转化成有无问题。然而无论是齐"物论"还是"齐物"论，其实都是人对事物态度转变的产物。而这种对事物态度的转变，从根本上讲，是人对自身态度的转变。它必须把人看作万物的一员，而非它的异类，更不是高高在上的高贵的存在物。这就是齐物我，或者齐天人的精神。[3] 而这则寓言正是对齐物我（"此谓之物化"）的一种图解，即人与物本身没有或不应如世俗认为的那样存在严格的界限。从解构主体的宗旨而言，庄学与佛学的破除"我执"有些类似。不过，它与佛教如十二因缘说之类的解构方式比，庄子不是提供复杂严密的现象分析，而是借梦境的描述与诘问，把观念呈现在精致生动的思想图像之中。

三 自相矛盾

第三例，则与韩非子有关：

---

[3] 参考拙作《〈齐物论〉及其影响》第二章所做的讨论，北京：北京大学出版社，2004年。

> 楚人有鬻盾与矛者，誉之曰："吾盾之坚，物莫能陷也。"又誉其矛曰："吾矛之利，于物无不陷也。"或曰："以子之矛，陷子之盾，何如？"其人弗能应也。（《韩非子·难一》）

众所周知，这是后来概括为"自相矛盾"这个成语的寓言。它充分体现了韩非子机智、犀利的思想风格，在感受过孟子的温暖与庄子的神奇之后，它会让我们见识什么叫尖锐与毫不妥协。情节同样简单：一个兜售武器者，在吹嘘货物品质时说过了头，留下漏洞。结果被人一句话揭穿，尴尬收场。世上可能有攻无不克的矛，或者有战无不胜的盾，但没有两者并存的情形，因为任何一方的存在，均得以对方的不存在为前提，这是常识。但实际上，人们几乎没有验证唯一的利器的机会，尤其是在冷兵器时代，所以，在不同场合把其中某一款兵器吹到登峰造极的地位，未必就有问题。但放在一起吹，就过不了关。"以子之矛，陷子之盾"的提议，就是揭示这种不可能性的思想实验。不必观察真实对抗，结论就昭然若揭。

"自相矛盾"作为成语，含义是从这则寓言引申出来的。原意是通过某种经验的不可能性，揭露某种论断的虚伪性。经验上不可能的现象，生活中比比皆是，如火不能吃，人不能单凭自身的生理条件飞上天，或者鱼不能长期没有水生活，等等，都属这种情况。如果可能，就会很神奇或者有特异功能。那是孤立存在的不可能现象。但这则寓言指的不是这种不可能，因为攻无不克的矛，是有存在的可能的。它说的是，两种相互对立的现象不能并存这种不可能。当然，对立的现象也分多样，有些现象如明与暗、热与冷、硬与软、高与低，特点是两极对立，但有一个相对的程度变化，像在一个坐标轴上。另一些如水与火、生与死，好像战场上敌对的双方，则是不能并存的现象。矛盾的关系，表示的正是后一种。但是，当我们用"自相矛盾"来批评某种陈述不合逻辑时，表达的是它的引申义。即不是用于批评对经验上互不相容的事实的同时断定，而是要求，任何陈述对相同概念或观点的表达，含义必须前后保持一致，不能中间改变其用法，甚至走向反面。这就是形式逻辑上讲的"不矛盾律"。它要求在同一思维过程中，对同一对象不能同时做出相互排斥的判断，即不能既肯定它，又否定它。如不能说"水是物质"，同时又说"水不是物质"，这两个判断中必有一个是假的。它要求思想前后一贯，不能相互抵触。用公式表示，即"甲不是非甲"或"甲不能既是乙又不是乙"。

有意思的是，这则寓言不仅被概括为成语"自相矛盾"，也不只被用来命名形式逻辑的不矛盾律，甚至被推许为一种哲学学说——辩证法的核心观念，著名的《矛盾论》就是关于这种学说的经典。如果我们不去追溯辩证法在西方从苏格拉底到黑格尔那里含义的巨大变化，仅就中文所说的矛盾的普遍性而言，就必须区分现象的矛盾（对立）与思想方式的矛盾（对立），水与火是前者，热与冷是后者。事实上，如热与冷、硬与软或高与低，都是应用于判断某种性质的程度变化的概念工具，它是我们理解事物的方式，而不是事物本身。谈辩证法的话，重视前者与重视后者，立场很不一样。

事实上，无论成语、逻辑还是辩证法，都非在传统兵器的意义上使用"矛盾"这个词，而是一种隐喻。其实，强调其势不两立的意义，不一定要借矛盾，水火（不容）的结构也一样，叫"不水火律"原则上也无不可。而辩证法意义上的矛盾，更恰当的词语当是"阴阳"，许多讲古代辩证法的书，常常用它作为"矛盾"无处不在的例证就是很好的证明。但是，为什么"矛盾"就出尽风头，在竞争中竟然占据上风呢？

韩非的睿智，是这则寓言成功的决定性因素。它用矛盾的结构，把人世间势不两立、水火不容，甚至你死我活的对抗性经验深刻揭示出来。情景很有讽刺喜剧的味道，其结论通过一个诘问，就不容置疑。与孟子的例子比，其论证的效力更高，孟子的假定会有例外，可韩非的结论是绝对必然的；与庄子的例子比，庄子问题的含义深邃，非好学深思者所能明确掌握，但韩非设定的情景，凭常识就能意会。除了寓言结论呈现的逻辑的力量外，韩非批判性的思想风格也极有感染力。很多出自《韩非子》寓言的成语，如守株待兔等，也体现这种风格。它就讥笑那种把偶然现象当成普遍经验的愚昧想法，这种人既愚不可及，同时也缺乏进取心。韩非思想的理智背后，有一种强烈的要求决出胜负的斗争精神。"夫冰炭不同器而久，寒暑不兼时而至，杂反之学不两立而治。"（《韩非子·显学》）自然有斗争，政治有斗争，学术也有斗争，矛盾关系就是斗争关系的概括。韩非这种思想于儒、道之外，在中国文化传统中绝非主流。但现代评论多将其看作代表那个时代新兴社会力量、有进取心的表现。

"矛盾"一词在20世纪大行其道,主要不是因为逻辑观念的普及,而是这个时代在你死我活的经验中酝酿出一套叫作斗争哲学的意识形态,法家的精神由此而得到复活。[4]这则寓言之力量,真是大矣哉。

四 想象、逻辑与反思

上述三例,均系中国哲学中的经典片段。三者分属儒、道、法三派,所涉哲学范畴也很不一样。孟子的目标是以此为起点,确立道德普遍性的基础;庄子则是试图从个体自我把握的怀疑,瓦解世俗的或理想的自以为是的价值观;韩非却是借对某种宣传方式的批判,表达一种看待斗争经验的思想立场。这三个片段,与各自思想背景有直接或间接的联系。继续分析的话,也能找到这三种不同思想态势的结构关系。不过,本文把它们放在一起讨论,着眼点不在于思想内容,而是其共同的论述方式,即类似于思想实验的方法。我的手法是断章取义的。

三者的基本方法,是设计一个简单故事或情节,它未必在生活中实际发生,但读者能够凭借自身的间接经验,理解其意义。例如,虽然目击过小孩坠井的人非常罕见,但不妨碍我们想象自己(或者他人)置身于这种情景时的心理反应。矛与盾的兜售者那种卖什么吹嘘什么的行径,则几乎就

---

[4] 庞朴在《"中庸"平议》(《庞朴文集》第四卷,济南:山东大学出版社,2005年)中,就将韩非的矛盾与儒家的中庸进行对比,指出两者分别代表不同的思想立场。

是人的习性之一,更没什么难理解的。有点奥妙的是梦蝶,在梦中变成蝴蝶的经验,也是绝大部分人不曾有过的。但只要你做过梦,对日常经验在梦幻中变形的现象,就不会觉得不可思议。这种情节有的看起来像是信手拈来,其实都是精心设计的。故事就是思想实验的材料与程序,情节的展示也是观点证成的过程。它不能是任意安排的。情节设计是否成功,与其能否导出预设的结论有关。关键在于,情节是否蕴含着与结论相关的逻辑结构。因此,不只是要求一个情节清楚的故事,而是要呈现某种观念的故事。故事是为观念设计的,但同样的观念可以有不同的表现途径,其中便存在理路优劣程度不同的问题。"乍见孺子将入于井",可能是最直白的情节。然而,人类表现善心的行为无限多样,要选一个例子如它一样,把最低度,同时是最纯粹,因此也是最能被肯定的善的苗头显露出来,即使不是绝对不可能,也是非常困难的。孟子的直白是对其结论有自信的表现。与此不同,其他的两个例证,不是直接给出结论,而是通过提问题来揭示其意义。也可以说,正是问题把情节的意义唤醒,起到画龙点睛的作用。不过,矛盾中的提问,是情节的组成部分,它的答案只有一种可能,极具逻辑力量。而在梦蝶中,问题是以评论的口吻提出的,非常委婉。尽管情节已经铺设好逻辑的轨道了,却有让人慢慢思索的效果。正是情节的可理解性,和逻辑的可公度性,它才不是作者的自言自语,而是可以与读者交流,能通过理性来检验的案例。

在西方学术中,思想实验被运用在不同的知识领域。流传最广泛的科学思想实验,大概是伽利略关于自由落体运动的思考。而当代哲学领域，常被提起的，则有罗尔斯《正义论》中关于"无知之幕"的假设。[5] 在有些知识领域，思想实验与实验室实验也许可并行不悖；而在另一些领域，知识的确定性最终得由实验室的实验来保证；但在哲学领域，问题很可能没办法或者不需要实验室方法解决。因此，思想实验是哲学的基本方法之一。当然，这也意味着，不只有一种哲学方法。西学如此，中学亦然。下面我们通过观念分析的例子，看不同哲学方法之间的差异所在：

> 夫物之所以生，功之所以成，必生乎无形，由乎无名。无形无名者，万物之宗也。不温不凉，不宫不商。听之不可得而闻，视之不可得而彰，体之不可得而知，味之不可得而尝。故其为物也则混成，为象也则无形，为音也则希声，为味也则无呈。故能为品物之宗主，苞通天地，靡使不经也。若温也则不能凉矣，宫也则不能商矣。形必有所分，声必有所属。故象而形者，非大象也；音而声者，非大音也。然则，四象不形，则大象无以畅；五音不声，则大音无以至。四象形而物无所主焉，则大象畅矣；五音声而心无所适焉，则大音至矣。故执大象则天下往，用大音则风俗移也。无形畅，天下虽往，往而不能释也；希声至，风俗虽移，移而不能辩也。是故天生五物，无物为用。圣行五教，不言为化。

---

[5] 近年来甚至有不少对之做专门的方法论分析的作品，其中翻译为中文的著述便有《维根斯坦的甲虫》（马丁·柯亨著，陈宏信译，台北：麦田出版社，2006年）、《一头想要被吃掉的猪》等。

是以"道可道，非常道；名可名，非常名"也。[6]

这是王弼在注释老子哲学命题"道可道，非常道；名可名，非常名"时采取的方法，它不是通过语词与文法分析来澄清文本的意思，而是通过对物的现象分析，逻辑上证成命题的意义。分析的起点是"物"，但全文不涉任何具体的人、事、物，因此，"物"也只是抽象概念。它以任何实存的物都是特殊的现象，不能从中找到万物共有的性质为由，在排除了各种可感知的属性后，找到"无"作为物的通性，于是"物非物"便成"道非道"及"名非名"的最后根据。这是典型的本体论分析方式。如果我们将梦蝶的哲学主题概括为"我非我"，那么，它与王弼"物非物"的论说方式，便形成有趣的对照。前者是从生活情景的具体性出发思考问题的，读者或参与者无须以掌握专门的抽象概念为前提，故对问题有一种体验性的理解。后者则得预先学会一大堆抽象概念，包括名、物，以及次一级的、从具体事物分解出来的属性概念。这样，你对世界的观察已经戴上有色眼镜，对事物或世界的理解是概念性的。哲学同经验的关系可以有两种形态，一种是对经验予以类型化的处理，如人不是某人，物不是某物，而是抽象的人、物；另一种是典型化的呈现，它通过特定情景的描述，让观念形象化或者情景化。前者靠概念推演，后者系思想实验。形而上学的追捧者会认为，前者不拖泥带水，才显示哲学的高贵与圣洁，但感觉丰富的哲学家

---

[6] 王弼：《王弼集校释》上册，楼宇烈校释，北京：中华书局，1980年，第195页。

则更关注，如何让意义植根在经验的土壤中。

当然，我不想倡导用思想实验代替其他哲学方法，而是想借助相关例子的分析，扩展理解中国哲学的视野。孔子说："能近取譬，可谓仁之方也已。"（《雍也》）这"仁之方"也可当成"道之方"或哲学之方。所谓"近"，就是切身的经验，但它不是随机截取的，经验的运用需要"能力"。这种能力就是通过情景的构造，把观念呈现出来。它是想象力的精致发挥。想象的作用不只是抒发浪漫的情怀，或者满足虚无缥缈的幻想，它是思想或知识的助手。同时需要强调，这些可以称为思想实验的例证，需要不断被反思。首先，大多数经典论述都采取简约而非详尽铺陈的方式来表达，其中蕴含的意义，需要通过分析才能更清晰地呈现出来。其次，从思想实验的角度看，实验就是可以或需要检验的，读者尤其是跨时代的读者，由于文化或知识的累积，导致其有机会发现原创者不一定注意的问题，因此，它需要继续讨论，以便改进或者取代原来的思想设计。一个经典的思想实验，本身就是丰富的矿藏，反思就是开掘思想财富的方式。在这里，反思、想象力与逻辑分析，是三位一体的事情。

（原载《哲学动态》2012年第3期）

兑换观念的支票
中国哲学的新探索

哲学的经典图景,是形而上学,欣赏它类似于观看放飞的风筝。风筝飞得越高,离地面越远,形态越模糊。同样,理论越抽象,离开经验越远,就越难捕捉思想的切实意义。高水平的表演不仅要把风筝放高飞远,而且得把它操控在手里。否则,断了线的风筝,飞得越远越没有意义。玩形而上学也是这样,需要抓紧从大地飘向天空的那根线。只剩空洞概念的形而上学,就会如失控的风筝,最终将坠落于读者的视线之外。与此相对,哲学还有另外的图景,不是仰望天空,欣赏思想的风筝,而是面对大地,在日常生活中做功课,从经验中领悟观念的具体意义。威廉·詹姆士(William James)的"观念的支票",比拟的便是哲学之经验化图景。这后一种图景,在哲学的整体运动中,是对前者的一种平衡。至少,在我看来,它也是当代"中国哲学"应当补习的一课。[1]下文

---

[1] 当代中国哲学依然热衷于形而上学:一方面,有人提出没有形上学就没有哲学,以此质疑中国哲学的存在基础;另一方面,在"中国哲学"界,现代新儒家特别是牟宗三哲学之所以被热烈追捧,正是依据其建立形上学的成就。另外,本文的"中国哲学",特指体现中国经典精神或中国文化特色的哲学研究或创作;而"形而上学"与"形上学"则在同一意义上交替使用。

的论述,便从"观念的支票"的比喻开始。

一 观念的支票

"观念的支票"这个比喻,见诸詹姆士的《实用主义》一书:

> 事实上,真理大部分是靠一种信用制度而存在下去的。我们的思想和信念只要没有什么东西反对它们就可以让它们成立;正好像银行钞票一样,只要没有谁拒绝接受它们,它们就可以流通。但这只有可以直接证实的情况才如此,缺乏这个,正如金融系统缺乏现金准备似的,真理的结构就崩溃了。你接受我对某种事物的证实,我接受你对另一事物的证实。我们就这样在彼此的真理上做买卖。但是被人具体证实过的信念才是整个上层建筑的支柱。[2]

这种说法,主要是针对游离于经验的抽象概念而言的:"要是你采用实用主义的方法,就不会把这些词(指上帝、物质、理性之类概念。——引者)当作追求的终结。你必须把每个词实际的兑现价值表现出来,放在你的经验里运用。"[3] 运用的方法,就是对观念的经验或实践后果的分析、

---

[2] [美]威廉·詹姆士:《实用主义》,陈羽纶、孙瑞禾译,北京:商务印书馆,1979年,第106页。
[3] 同上书,第30页。

揭示。对此,胡适早年也曾引介:"一个观念(意思)就像一张支票,上面写明可支若干效果;如果这个自然银行见了这张支票即刻如数兑现,那支票便是真的,——那观念便是真的。"[4]简言之,一种观念的价值,在于它能否为经验所求证。这是一种具有经验主义特质的真理观,它提出的不仅是确定观念含义的方式,同时还是判定观念可靠性的标准。本文援引这一比喻,目的并非全面评价这种真理观,而是借此揭示、改变与其相对立的漠视经验的思想倾向,也即那种使用各种宏大概念,对世界进行贴标签式的抽象解说的思想方式。胡适引述说,在大词滥用者看来:"宇宙的道理即在名字里面;有了名字便有了宇宙了。(参看中国儒家所论正名的重要,如孔丘董仲舒所说。)'上帝','物质','理','太极','力',都是万能的名字。你认得他们,就算完事了。玄学的研究,到了认得这些神通广大的名字可算到了极处了。"[5]其错误的基本特征,便是观念与基本经验的脱节。

什么是与经验脱节的哲学,可以借经验主义对黑格尔思辨哲学的批评来说明,这种哲学曾在中国广泛流传。在《科学哲学的兴起》中,赖欣巴哈(Hans Reichenbach)从黑格尔的《历史哲学讲演录》绪论中举证:"理性是实体,也是无限的力,作为一切自然生命和精神生命的基础的它自己的无限物质;它同样也是使物质运动的无限形式。理性是一切

---

[4] 胡适:《实验主义》,葛懋春、李兴芝编《胡适哲学思想资料选》上册,上海:华东师范大学出版社,1981年,第59页。
[5] 胡适:《实验主义》,葛懋春、李兴芝编《胡适哲学思想资料选》上册,第58页。

事物从中获得存在的实体。"[6]随后他说:"现在请考虑一下一个受过训练、使用语言时使每一个句子都具有意义的科学家。他把他的陈述表述得他自己总能够证明它们是真的。他不在乎在证明中包含着一大串思想环节;他不畏惧抽象的推理。但他要求,抽象的思想多少总须与他眼睛所看见、他耳朵所听见、他的手指所触到的东西有点联系。这样一个人如果读到前面所引的那段话,他会怎么说呢?"[7]这一嘲讽中最核心的地方,就是那种不知所云的说法,"与他眼睛所看见、他耳朵所听见、他的手指所触到的东西",也就是与生活经验没有丁点儿联系。

在中国传统中,人们把类似的思想方式称作"玄思"。胡适就说,"玄学的研究,到了认得这些神通广大的名字,可算到了极处了"。不过,胡适没有提供进一步的分析。其实,所谓玄思之学,同经验分析相对比,便是通过抽象概念之间的相互定义来表达的观念。譬如,把"道"界定为玄、为无、为一,或者为绝对。其中,几乎每个用来解释道的概念,本身都需要被解释。但无论如何解释,都跟经验生活难以产生直观的联系。在概念的园子里绕圈子,这就是玄思的世界。与思辨哲学一样,魏晋玄学自然也有玄思的色彩。王弼对道与无的关系的演绎,堪称典范:

> 夫物之所以生,功之所以成,必生乎无形,由乎无

---

[6]〔德〕赖欣巴哈:《科学哲学的兴起》,伯尼译,北京:商务印书馆,1983年,第7页。
[7] 同上书,第7—8页。

名。无形无名者,万物之宗也。不温不凉,不宫不商。听之不可得而闻,视之不可得而彰,体之不可得而知,味之不可得而尝。故其为物也则混成,为象也则无形,为音也则希声,为味也则无呈。故能为品物之宗主,苞通天地,靡使不经也。若温也则不能凉矣,宫也则不能商矣。形必有所分,声必有所属。故象而形者,非大象也;音而声者,非大音也。然则,四象不形,则大象无以畅;五音不声,则大音无以至。四象形而物无所主焉,则大象畅矣;五音声而心无所适焉,则大音至矣。故执大象则天下往,用大音则风俗移也。……是以"道可道,非常道;名可名,非常名"也。[8]

这是对《老子》开篇第一命题的分析,也是对道的本质的阐述。它通过对物的特性的消解,来达到对无的观念的把握。"分析的起点是'物',但全文不涉任何具体的人、事、物,因此,'物'也只是抽象概念。它以任何实存的物都是特殊的现象,不能从中找到万物共有的性质为由,在排除了各种可感知的属性后,找到'无'作为物的通性,于是'物非物'便成'道非道'及'名非名'的最后根据。"[9]其实,这也是形而上学形成的典型思路。

哲学是否应当完全避免玄思,或许难以这样断言。但哲学如果完全是玄思,它将失去对生活意义的有效观照。而要避免完全的玄思,观念就必须与经验生活有所关联。对新观

---

[8] 王弼:《王弼集校释》上册,楼宇烈校释,北京:中华书局,1980年,第195页。
[9] 参前篇《想象的逻辑——中国哲学的经典例证》。

念的创造是这样,对经典观念的理解或阐明,也应当如此。但是,一旦要把从经验中兑现观念的价值当作论述或衡量哲学的原则时,我们需要放大经验的视野,即不能囿于实验室中处理自然物质的经验。人生经验的内容丰富多彩,不仅包括人与物关系的经验,也包括人与人关系的经验;不仅包括外在行为的经验,更包括内在意识的经验;不仅包括直接的经验,还包括间接的经验。只有形成一种含义广泛但又可分类认识的经验观,才是我们理解观念意义的有效框架。

如果把阐述的对象定位于中国古典观念,我们还面临两种向度不同的经验背景的选择或切换。一是古典与现代之分,一是中国与外国之别。即是说,向不同的经验兑现的观念价值,意义不一样。它不但表现为不同的解释途径,同时也区分为不同的知识门类(或学科)。即是说,不同的知识或学科视野,与不同的思想目标有深层的关联。

二 既有的学问取径

在古今中西两轴交叉的背景下,理解传统观念的途径,大致分成两个学科方向,一是传统中学的,一是现代西学的。

所谓中学,自然指传统的学问,为经学或广义的经典之学。经典学术有自身的传统,包括经世、考据、义理不同的功能。虽然我们有时把今文、古文与宋学的成就同此相联系,颇有三足鼎立的意味[10],但从经验的视角出发,用汉学

---

[10] 参见周予同为《经学历史》(皮锡瑞著,周予同注释,北京:中华书局,1959年)作的序。

统称的今古文学属于一个范畴。经世是将观念应用于其时的生活经验，而考据则是揭示观念赖以产生的原初历史经验。汉初的学者，相信他们所处的时代去古不远，古今的经验是共通的。但是，事情远不如他们想象的那样简单。秦汉之际，社会政治结构的变动，形成某种程度的历史断裂。后汉的古文经学便从经典文本的考索，通过历史语言研究，最终导向历史经验的探寻。今古文之争，其实也可以看作古代的古今之争。这种古今的区别既是经验的，也是价值的。

价值的概念化是随历史而发展的。早期经典五经中，观念概念化的程度不高。为中国思想传统做学术奠基的是子学，百家争鸣开始了运用概念的观念制作运动。虽然诸子也传承早期经典中的核心观念，例如孔、老均谈论的德，但也为我们提供了今天称之为哲学的更清晰的观念，像道或仁。其后，中国历史上先后有两个阶段，发生富有意义的可称得上是哲学的思想运动，一个是魏晋玄学，一个是宋明理学。悬置其中儒、释、道思想斗争的内容不论，其共同点，便是具有超越经验、深化对经典的理解、导向观念世界的建构的冲动。与今古文经学把观念镶嵌在经验中不同，玄学与理学则是从经验中抽取出观念，并用它来观照现实。后者的成果，成为今日治中国哲学的基本思想资源。

与秦汉之际的历史变革相比，清末民初是中国传统上更深刻的历史断裂。新的经验造就新的学问，包括关于古典的学问。不过，这些学问在价值取向上仍然有"好古"与"趋新"的不同。在"好古"的学问中，可举经典文献学与学术史。经典文献学与古文经学及清代汉学有较深的渊源，但长期兴盛的客观原因,则与古文献(包括古文字与古文本)的持续出土有关。就经典文献研究而言,其方法或许有新旧之分,但其知识性质没有古今之别。有些考据家以为其使命是发现永恒真理,自有其心理基础。不过,这并不意味着这个学科的兴旺没有依托或者带动怀古的思想动向,只是其学术取径并非观念阐明或历史描述,故同观念或经验的关系,并不直接。学术史则不同,这里借钱穆使用的学术史为名称,指那种致力于以经典思想传统为对象,努力揭示或复现其观念价值的学问。学术史曾因思想史与哲学史的流行而饱受挤压,但时下有复兴之势。如当今主流的魏晋玄学或宋明理学研究,以梳理人物与学派、概念与体系、传承与流变等关系为主要任务,其问题意识基本上来自研究对象传统内部,同时,分析的线索紧贴着传统观念演变的脉络。它关心的是经典观念的形成与传承的内在理路。[11]

与之相反,思想史与哲学史则是受西学影响的"趋新"学问,虽然两者有不同的价值取向。思想史类似于曼海姆倡导的知识社会学,致力于还原经典思想与历史的关系,也即用现代人的目光,透过古典的观念,观察古代的生活经验。它有重要的知识功能,然而,被还原出来的经验,往往被看作观念形成的原因而非其成立的理由。从深化古典哲学的意义而言,它可能起消解观念意义的作用。这从当年胡适推崇阮元的"剥皮主义",以及赵纪彬释"人民"时,要把孔子

---

[11] 余英时思想史研究上对"内在理路"的强调,也可列入本文的"学术史"范畴。参见其《从宋明儒学的发展论清代思想史》《清代思想史的一个新解释》等文,见《中国传统思想的现代诠释》,南京:江苏人民出版社,1989年。

心目中的人还原至贵族阶级的原型便可看出来。胡适后来只能写《中国中古思想史长编》，而非《中国哲学史大纲（卷下）》，原因就在于这种研究方式，与深化对哲学观念的理解的目标，正好南辕北辙。这是胡适对经验理解的偏颇。但它也可以解释，为何持唯物史观立场的作者，多操思想史这一行当，即使讲哲学史，也有更多思想史的意味。[12] 不过，哲学史按其原意，正是以阐明传统观念的哲学含义为宗旨的。只是其问题意识不是来自传统，而是来自西方哲学。原因是近代西方政治军事的压力，导致西学的输入。开始是用中国观念理解西方哲学，后来变成用西方哲学解释中国观念，其结果是"中国哲学史"学科的形成。它的作用，是通过建立一个可以比较中西方思想特质的学科，来阐明我们的精神传统，表达对其批判或维护的态度。其基本方法是"格义"，即通过比较来说明问题。当现代哲学史家熟练地把某些西方哲学的框架，当作阐明中国传统的坐标后，两者就变成解释与被解释的关系。极而言之，其基本套路便是证明：中国的X相当于西方的Y，或者不如，以及不亚于西方的Y。以至于形成不用西方哲学语言就没法表达中国哲学的局面。

当然，学科标识只是重要特征的区分，许多著述处于学科的边缘上。但借用支票的比喻，可以显示不同的学术取径面对"古代支票"所采取的不同处理方式。文献学关心的是那张纸片究竟是什么？是支票、货币，还是欠条？在哪个年

---

[12] 参见拙作《知识谱系的转换——中国哲学史研究范例论析》（《等待刺猬》，上海：上海三联书店，2004年）的分析。

代产生的？思想史除了其票面价值外，还关心谁曾是它的持有者？以往如何使用？其时可以兑换多少商品，或者买多少石粮？然而这也意味着默认它是一张已经无用的废票。学术史与哲学史都希望它依然是有价值的，只是学术史更像是拿到可以放长线的股票，不急于兑现，把它储存起来。而哲学史则考虑如何兑换为外国货币，美金或是欧元，以为这样就能确认其价值。

比喻的作用是有限的，让我们回到问题本身，即经典哲学如何体现其观念价值上来。学术史与哲学史虽有"守旧"与"趋新"的差别，但其共同点是肯定经典观念的价值。只不过，两者均与经验特别是当下的经验相隔膜。在经典时代，无论子学，还是玄学、理学，其观念的创作，都是思想家应对治政或修身生活的产物，是其生活方式的组成部分。脱离其历史语境的学术史，尽管可对其中的概念及问题做精细讨论，但它并非那些观念功能的完整体现。而作为哲学史叙述参考框架的西方哲学，本身也是观念形态的存在，其价值也靠它能否有效解释经验生活来确认。不可否认，这种诠释对澄清中国古典观念的含义有重要的帮助，但它只是这种价值的间接说明。因此，只有我们自身的经验，才是阐明经典哲学价值的直接依据。

三　经验从当下开始

无论是回溯传统，还是面对西方，循不同的学科途径寻找、确认经典观念的价值，都可看作从不同方向及程度对这些观念与经验关系的探讨。不过，还有一个更重要的经验面向，即当下的经验需要阐述。我们的"当下"包括两方面的规定，即既是现代的，也是中国的。经典观念的价值，如果只能体现在经典时代，那它在今天就只有博物馆的意义。同样，如果中国的经典观念，必须通过西方观念的诠释，才能得到认可，那就如带民族风情的旅游产品，是为外国游客制作的，自己的民众则没有需求。

然而，这一"当下"的经验，虽然是既现代又中国的，但它并不排斥古典的与西方的。人类的经验有普遍性的内容，既通古今，也通中西。不过，对任何人群或文化共同体而言，它必须是自身在"当下"能体验到或领会到的。"当下"的经验，并非一个人的偶然经验，也非某种行业的经验。这些经验都有它的意义，但不具有普遍性，不能作为诠释哲学观念的基础。实验室的经验是重要的经验，但它只是经验的一个方面，不能孤立地作为理解丰富的观念世界的标准。经验的理解必须从最普遍的类型开始。

其一，身体活动的经验，它是人作为生命体的根本体验所在。分解开来，存在每一感官相关的感觉经验，合成起来，则是完整行为中身体经验的综合。"食、色，性也"，是对身体活动最基本的概括。此外，我们的生存过程也包含大量从简单到复杂的身体现象，从走路、说话，到劳动，以至其他技术操作或艺术表现，均以身体活动为中心或前提。它是知识的一种类型，又是我们理解、创造更复杂的观念或者学理化知识的基础，甚至就是体验生命/生活意义之第一场域。在中国经典，尤其是《庄子》中，从各种身体残障现象的描绘,到庖丁解牛、匠石斫垩等神乎其技的论述,都显示其对身体活动有深刻的认知。其二,与之相关,便是关于道德(首先是伦理)生活的经验。这种经验从每个人的出生开始,从婴儿与母亲身体的接触,感受亲子之爱,一直到在家庭生活中学会相应的礼仪。父母之外,还有兄弟姐妹,小家庭之外还有大家庭,从人伦关系可扩展到社会关系。道德生活的理解,离不开这种经验的领会。儒家讲亲亲为仁,强调孝悌为仁之本,并扩展到仁民爱物或万物一体的精神境界的追求,根本上可以从生命成长的经验加以理解。其三,伴随着身体活动、人伦关系的处理,还有语言学习与运用的经验。借助语言,我们的愿望得到表达,思想得以沟通,合作可以进行。语言能力不仅是人类协作或者共同体形成的条件,同时还是知识储备与创造的基础。在语言运用的过程中,有水平高低的区别,甚至也是有效或无效的问题。因此,思想家很早就对语言的界限有所反思。孔子说"刚毅木讷,近仁",而"巧言令色,鲜矣仁",强调为言与为人都要真诚。从庄子到魏晋玄学,则发展出"言意之辩",对语言能否表达深刻的观念意义,以及如何听取言外之意,进行富有启发的辩论。其四,与所有经验类型相伴随的,则是意识经验。它包括认知与情感活动。没有喜怒哀乐的人生不叫人生,但同样的情景下,不同的人情感状态不全一样。情感包含生命本能的反应,也包含由观念的培养产生的性格特征。生命意义的体验,最直接或最终的是情感体验。儒道讲乐,佛家论苦,耶教言罪,都与对生命过程复杂情感的不同体验的强调相关。其实,不同类型经验的划分只是说明的方便,实际经验中不同因素是同时存在的。没有意识，任何经验都没有可能。而意识的复杂性，会导致关于它的任何见解，从观察角度到论断都有巨大的多样性。所以有"毋必毋意"之意，有"正心诚意"之意，也有"有善有恶是意之动"与"意之所在便是物"之意。简言之，经验的复杂性导致观念的丰富性。人类的基本生活经验，是经典哲学观念创造的资源。同样，它也是我们理解、深化这些观念意义的基础。胡适说，观念价值的兑现处是自然银行。这种说法正如把经验局限于实验室经验一样，需要修正。

欧洲现象学家耿宁（Iso Kern）花三十年时光从事中国心学的研究，他深有体会地说："在两千多年后，在一个完全不同的文化中，孟子关于同情的具体例证也可以为我们〔西方人〕直接理解和领悟，这真是非常奇妙。孟子在这里似乎说出了某种普遍人性的东西。"[13]这个"同情的具体例证"，指的就是"今人乍见孺子将入于井……"与齐宣王以羊易牛两个典故。正是基于存在跨文化的普遍人类经验的认知与信念，激发了他用现象学方式澄清阳明心学的哲学意义，及将它引介给欧洲哲学界的热情。[14]

另一位汉学家毕来德（Jean François Billeter），也是试图以生活经验为阐明《庄子》哲学意义的依据。在评论庖丁解牛时，他把"所见无非全牛"、"未尝见全牛"和对牛"以神遇而不以目视"，理解为各种成功的技能训练过程阶段化

---

[13]〔瑞士〕耿宁著：《人生第一等事：王阳明及其后学论"致良知"》序言，倪梁康译，北京：商务印书馆，2014年。
[14] 参见后篇《来自域外的中国哲学——耿宁〈心的现象〉的方法论启示》。

的传神写照。他说,即使是倒一杯水,使水不溢出水杯,切几片面包,使面包厚度均匀同时完整,同样要经历类似的练习过程,更不要说练骑车、说外语或弹钢琴等更复杂的训练了。毕来德讲的经验就是普通人的生活经验,他强调:

> 我不是说那些在实验室里进行的实验,也不是说我们在生活过程中,或是在某一职业中积累起来的那些经验,也不是我们某一次,在某个特殊场合所感受到的某种具体的经验。我所谓的经验,指的是我们一切有意识的活动的基础。我们非常熟悉这一基础,但一般不去注意它,因为它离我们太近,而且太过普通。我们平常不关注它,但是可以逐渐去觉察它,去认识它。这需要培养一种特殊的注意力,而要读好《庄子》,正好需要培养这样的注意力。[15]

这里引述的汉学家观点,思路同"中国的X相当于西方的Y"不一样,不是重复"格义"式的套路。耿宁不是用现象学的既有理论裁决阳明心学,其分析评断的依据是共同的意识经验。毕来德也非用现成的西方哲学解释庄子,相反,他认为庄子思想同西方哲学的主流格格不入。他对庄子哲学可理解性与普遍性的阐明,是通过类型相似的经验分析来进行的。事实上,有些经典文本在表达其深刻的观念时所叙述

---

[15]〔瑞士〕毕来德:《庄子四讲》,宋刚译,北京:中华书局,2009年,第11—12页。

的经验性内容,具有高度的可理解性,如庄周梦蝶之梦,或阳明南镇观花之观,今人同样明白。只不过,如果我们的研究不以对相关经验的反思为基础,而是径直比之于笛卡儿的怀疑论或者贝克莱的"存在就是被感知"的观点,我们的视野就被那些解释理论直接屏蔽了。以经验为基础或以当下的经验为基础,说到底,首先就是从研究者自身体验到的经验出发,这样我们才能踏上做中国哲学的坦途。

四 教科书外的尝试

以范畴、命题与学说为线索,叙述古典哲学的成果,是各种哲学史教科书的应有之义。尽管不同时期的教科书作者在文化价值取向上有所变化,如早期著述以西方哲学的问题意识剪裁古典观念,最近则又回归传统,尽量用固有的术语表达经典思想的主张,但只要名为"中国哲学史"的编纂,结构就大同小异。它的局限是,经典中原本具有哲学意味的某些观念,可能因未被概念化或难以进行哲学归类而被隐没或弃置。同时,原来的哲学论述,由于部分系寓言或故事而非论说体裁,没有范畴或命题式的表达形式,也可能被边缘化。其前因与后果,都是观念与经验的脱节。扩展中国哲学而非续写中国哲学史研究,需要超越教科书式的研究或论述方式。对这两类现象做新的论述,可能是发展中国哲学论证的有益尝试。

非论说体的哲学论述,指包含有故事情节的描述或设计的观念表达。就作者论及的事例而言,便有《论语》的

"夫子为卫君乎"章、"问三年丧"章、"在陈绝粮"章,《孟子》的孺子入井、以羊易牛、葛伯仇饷,《庄子》的庄周梦蝶、鱼乐之辩,《韩非子》的自相矛盾,与《传习录》中的南镇观花,等等。这些思想案例,或实录或创作,其共同点是以叙事的方式表达与流传,我们也可把它们称作"思想史事件"。[16] 从经验的角度看,这些篇章有些是有特定历史背景的,如《论语》中的事例,其中的行为与观念,必须放在特定的人物关系、政治秩序与行为原则中来解释。对其经验的理解,只能是我们依据掌握的历史信息间接获得的,因此对其观念的把握,更多是在思想史或文化史的意义上。但像《孟子》、《庄子》、《韩非子》及《传习录》中的许多事例,其经验是古今相通的。孟子设想的观"孺子将入于井"的反应,对任何人都一样。庄周梦蝶改成张三梦蝶或李四梦蝶,观念的结构没有任何变化,只要是人且做过梦,即使你未曾梦过这种特殊的情景,也能明白故事的情节,有条件一起思考"不知周之梦为胡蝶与,胡蝶之梦为周与?"这个绝妙的问题。

对经验关系的分析将包含两个层次的内容,一是原文情节的理解,弄清楚作者通过其叙述想表达什么样的观念;另一是通过扩大或丰富相关题材的可能经验,与文本情节相比较,从而深化或修正文本提出的观念。"今人乍见孺子将入于井,皆有怵惕恻隐之心。"我们不仅要了解,在这种假设

---

[16] 参见本书中的文章《经典世界中的人、事、物——对中国哲学书写方式的一种思考》与《什么是思想史事件?》。

性的情景中，孟子想表达的观念，而且要设想：是否任何人在这种情景下反应都将如孟子料想的一样？如果出现例外，是否意味着孟子的命题应当否定？另外，我们是否能够举出比"孺子入井"更能激发人的同情心的例证？以经验为基础，层层的提问与分析，是深化观念理解的方式。庄周梦蝶同究竟谁是梦者的关系，需要有某些做梦的基本经验，才有梦与觉的意识的分别。但是问题在于，它并非要强调梦觉之分，相反，是在暗示在特殊情景中，觉与梦的经验具有同样的或者对称的结构。这样，如果我们白天否认在做梦（白日梦），这种根据放在梦境中是否也有效？例如梦见自己否认自己在做梦，是否意味着就是处于觉醒的状态？如果不是，这个追问过程，会让这个"梦"变得很有哲学味道。经验总是具体的，对经验的叙述则是对其相关特征从不同角度或在不同程度的取舍，因此，如果我们拥有同类的经验，我们的不同观察或提取角度，将成为分析、阐释文本记述的参考框架。在这一分析过程中理解、深化或修正对经典观念的理解，可能就是对经典哲学的推进性研究。

至于那些难以做哲学归类而被教科书边缘化或弃置的观念，这里也举两个例子。一是耻，无耻的耻；一是命，生命的命或天命的命。耻的观念看起来很普通，但在中国文化中很重要。骂人无耻同骂人禽兽不如，是一个等级的。骂人无耻，自然意味着人必须有羞耻心。这种观念，从孔孟时代到当代社会中人格健全（不必很高尚）的人都在不同程度上具有。羞耻的内涵是什么？经典似乎没有概念化的论述，但可以从它的应用性表达，即谴责行为中感受其道德意义。作者的尝试是，借助于对羞耻经验的现象分析，把羞耻感概括为做出不名誉的行为而感受到（或担心）被他人鄙视时的情绪反应。在此基础上分析导致这种心理体验的相关要素，与之相关的现象谱系（如区分为羞、愧、耻、辱四型），还有产生相关情绪后常规与反常的反应及其所体现的人格特征问题，以及羞耻感的培养对塑造道德人格的作用，等等，从而揭示一种道德情感现象的存在。说它是道德情感，不是指那种道德行为中伴随的情感（如正义需要勇敢，但勇敢也可以伴随不道德的行为），而是因为这种情感的存在本身就具有道德取向。孟子说，"羞恶之心，义之端也"。这个羞就是羞耻之羞，对它的分析，自然就是传统哲学观念的一种揭示。[17]

命的内容可能更复杂，影响更大。阮元写《性命古训》，王国维则撰有《原命》，但哲学史教科书除偶涉孔、孟天命观外（往往赋予负面的意义），很少深入探讨，原因也是它很难归入现成的哲学范畴。但是，如果我们把围绕着与命相关的各种向度，除生命的命或天命的命外，还有命令的命、革命的命、命运的命、宿命的命、使命的命等含义的用法与关联，包括发生学的与结构学的关系，勾连揭示出来，就知道：它既是宗教的，也是历史的；既是政治的，也是道德的；它不能被规约在哪个领域。这就意味着，它是中国文化中基源性的观念。这种观念，不以其他观念为基础。同时，

---

[17] 参见拙作《明耻——羞耻现象的现象学分析》，《经典世界中的人、事、物》，上海：上海三联书店，2008年。

它也不是依某种理性的证明获得的，它是背景性的信念。对它的研究，当然得通过经典提供的历史例证，但同样需要运用当代人能够理解的历史与人生经验。比起上面说的羞耻观念，很可能命的观念更具中国文化特色。这会提出另一个问题，把命当作哲学观念是否具有普适性？我的理解是，只要相关观念的分析有助于揭示中国文化的价值特质，它就是中国哲学应有的课题。[18]

上述两种现象有所区别，前者是经典中自觉论述的话题，后者是文化经验中隐藏着的观念，因此，工作性质也略有区别，前者是深化或扩展对古典哲学观念的理解，后者则是从经典文化中寻求哲学的思想资源，发展新的哲学课题。两者都是做中国哲学的尝试。

五 被反思的经验

经验是理解观念或知识的基础。它首先是一种经历，没有做梦的经验者，没法与之欣赏或探讨庄周梦蝶的问题。但经验不仅是经历，它需要内化为经历者或本能或理智的认知模式，以便能够在不同的经历中辨认出相同或类似的内容。这个辨认有两种不同的作用，一种是辨认出同一个对象，即特定的人或者物，如邂逅过的人，或者那辆肇事的车辆；另一种只是辨认出同样的类型，餐厅的筷子不必认定是哪双筷

---

[18] 参见拙作《儒家的历史形上观——以时、名、命为例》，《华东师范大学学报》（哲学社会科学版），2012年第5期。

子，公交车上的司机也不须指定哪位司机。做梦不一定要庄子，蝴蝶也不必是哪只蝴蝶。不仅人可分类型，物可分类型，事件也可分类型。事件的分类，较能体现经验的内化能力。这种内化实际是将事件结构化，从中提取构成事件的基本要素，并掌握这些要素之间的相互关系或活动规则。例如，游戏或运动，法庭审判或警察执法，等等。庭审需要法官、原告与被告，及控辩双方的律师。其中的人物身份与行为规则关联在一起。这种结构就是用来辨认类似事件的模式。结构的提取，实质就是对经验抽象化的思想活动。这样经验就不只是经历，而是知识的形成。

类型是分层次的，自然或普通行为类型，前者如山河、大型动物，后者像市场买卖或集会，容易直观与分辨。但深入到一定程度，特别是涉及思想生活或意识现象，就需要精细的思考。例如，前面论及的羞耻现象，是一种内在心理活动，你要对相关的经验有所反思，才能揭示其结构。这类经验具体内容千差万别，需要分析才能提取出由主体、违规行为、旁观者，以及心理-行为反应等相关要素形成的基本行为结构。在这一基本结构中，通过对相关要素性质及变动的分析，可以分出羞、愧、耻、辱四个亚类型，从而分辨道德与非道德性质，行为的主动性与被动性，常规反应与非常规反应所体现的羞愧者或耻辱者的人格特征。由此阐明儒家为什么重视羞耻心的培养，它对儒家倡导的理想人格以及中国文化的塑造有什么意义。具有羞耻心的人，对什么当羞耻、什么不当羞耻，有自己的判断能力。这种能力不仅应用于对自己的行为甚至内在思想的感受，它也可能用于对他人行为的评价上,即从羞耻现象结构中的行为主体变成旁观者。然而,这种道德实践能力并不能自动产生出对这一现象结构的提取能力,后者是分析的结果,是我们作为主体与作为旁观者对这种交互经验反思的产物。这是哲学意义的经验分析。

如果不是直接以日常经验而是以经典文本中描述的内容为题材,我们就势必有对经典题材中的事例进行分析的需要。这种分析通过提取文本原型的结构与相同结构下的不同经验的对比来进行。以孟子的"乍见孺子将入于井,皆有怵惕恻隐之心"为例。耿宁为了深化对问题的讨论,提供了一个自己见闻的例子进行分析:一个母亲(耿宁的姐姐)看到自己的孩子在做危险的游戏(滑雪)时的复杂情绪。一方面,孩子的行为让目睹其情形的母亲感觉不安;另一方面,孩子本身不但没有意识到危险,而且还体验着这种刺激性运动的快乐。于是,母亲便陷入在惊恐中看着儿子开心运动的境地。耿宁借此表明,母亲对孩子处境的担心与关切,并不是体验到孩子的心情的结果。紧接着,他又列举一个想象的和一个亲历的例子,以加强论证的效力。想象的例子是,假定我们见到有人要跳井或跳楼自杀的时候,会感到害怕及生出制止这种悲剧的愿望,但我们并未能体会及赞同对方内心的厌世感。亲历的例子是,作者看到其刚去世的父亲被置于低温的房子中时,为他感到寒冷,忍不住想去帮他盖好被子。其实,这种担心并未进入父亲的"感觉"世界。[19]这些

---

[19]〔瑞士〕耿宁著:《孟子、亚当·斯密与胡塞尔论同情和良知》,倪梁康编《心的现象:耿宁心性现象学研究文集》,倪梁康、张庆熊、王庆节等译,北京:商务印书馆,2012年。

分析表明，同情别人，并不是因为我们经验到被同情者的内心活动，更不是我们也感受到威胁，而是同情者对被同情者危险处境的担心。这里，每个例子都涉及同情者与被同情者的关系结构，通过变换对比，就能对问题性质予以更切实的说明。它不需要滥用经验之外的概念作为观点的支撑。

经验的反思是需要想象力的，它不只是在意识中再现文本故事所示的事件与场景的能力，更是构思结构相同但情节有所区别的其他例子的能力。一方面，观念的形成需要通过想象构思某种情节或图景，另一方面，对既有观念的理解也需要想象相关的情节与图景。原因在于，有时候那些观念的图像不一定是现实经验的截图，而是设计出来的。孟子言恻隐之心，不见得曾目睹孺子落井的悲剧，赞同孟子观点的人也不必有这种亲身经历。庄周梦蝶亦然，作者与读者均不必有梦变蝴蝶的经历，想象力是这种哲学观念沟通的必要条件。积累丰富的生活经验与提高对事物的洞察力，则是获得这种想象力的基础。

当然，观念是复杂的，至少有大观念与小观念的不同，最大的观念几乎把所有的观念都囊括其中，例如存在、万有，或者道、理之类。而最大的观念，其意义不是从经验中直观得到，而是在逻辑上推导出来的。如《老子》说的"道可道，非常道；名可名，非常名"，表明它与日常经验是脱节的，甚至是无法经验的。形而上学或者说传统的形而上学，是思辨哲学的产物。但是形而上学的王国如果是实在的，它就需要不同层级的观念来支撑。而其中基础层次的观念，应当与不同类型的经验生活相关联，否则，这个观念的王国就是漂浮的冰川。因此,至少那些基础的观念必须在经验世界兑现其价值。一张许诺拥有无限价值的支票,只能放在上帝的口袋里。人间使用的支票,都是价值有限的。如果哲学一定要与形而上学挂上钩,那么,我们的目标是各种情景的形而上学。即器言道,不断揭示经验生活的意义所在。这些意义是具体的及多层次的,但不是分裂的,它们将在人生的具体实践中融贯起来。

思想的风景,就展现在我们前往探索的旅途上。

(原载《哲学动态》2014年第6期,标题有改动)

为什么是思想史？
徐复观的思想性格与学问取径

很少人学问文章做得像徐复观那样，不但说理透彻，而且能感动人。读他的书，不仅可以感受其思想的张力，同时还会被作者的个性情怀所感染。张力是问题的症结所在，它不仅存在于作者与外部世界之间，同时也存在于他本人的精神世界内部。这种张力，体现在文字风格上，就是充满论战色彩，不管是做时评还是写学术论文。用徐复观自己的话来说，叫作表达"反抗"的精神。他声言，"由一九五〇年代所开始的在文化上的发言，不是想为自己表现什么，维护什么，而只是一个中国人在文化上的反抗"。[1]因此，探讨这种反抗的方向与方式，既是把握徐氏思想性格的途径，同时，更重要的，也是我们理解他的学问取径——思想史的重要角度。

---

[1] 徐复观：《徐复观杂文——记所思·一个中国人在文化上的反抗》，转引自黄克剑、林少敏编《当代新儒学八大家集·徐复观集》，北京：群言出版社，1993年，第58页。

一 压力结构

反抗来自压力,压力的来源塑造了反抗的方向。徐复观作为阅历丰富、感受敏锐的思想人物,所承受的压力不是单向度的。依其公开的陈述及间接的表达,我们可以将它归纳为文化、政治以及学业三个方面。

清季以来,几乎所有稍微有所思考的读书人或知识分子,都在其生存处境中感受到文化上的压力。不过,不同的人,所感受的压力来源不一样,因而反抗的对象也迥异。这种有压力感的人大致可分为两类。第一类以"五四"人物为代表,其压力来自传统,如陈独秀、胡适,特别是鲁迅,后者极尽对传统负面现象的揭发、痛斥。第二类也产生于"五四",以梁漱溟、熊十力这类后来被称为现代新儒家的人为代表,他们感受到的压力来自清末民初以来横扫我国的西方文化。徐复观的特别之处,在于他同时感受到两种压力的存在。第一类压力,表现在他曾经对鲁迅的着迷:"看到鲁迅的《呐喊》,便十分佩服。因为他所批评的,也是我所要批评而不能表达出来的。他的文字泼辣生动,不同于线装书里的陈腔滥调,一下子我便变成鲁迅迷了。自1926年至1928年间,凡能买到的鲁迅作品,我都热心地读过了。"[2]他后来放弃鲁迅,不是因他对传统的反抗,而是没有提供新的希望:"读完了鲁迅的作品以后,感到对国家、对社会,只

---

[2] 徐复观:《中国文学论集·漫谈鲁迅》,《当代新儒学八大家集·徐复观集》,第57—58页。

是一片乌黑乌黑。他所投给我的光芒，只是纯否定性的光芒，因而不免发生一种空虚怅惘的感觉。"[3]其实鲁迅笔下的两大主题，农民与知识分子[4]，后来同样为徐复观所延伸。第二类压力的体验，则自"四十年代，始以国族之忧为忧，恒焦劳心力于无用之地；既自知非用世之才，且常念熊师十力'亡国族者常先自亡其文化'之言，深以当时学风，言西学者率浅薄无根无实，则转而以'数典诬祖'（不仅忘祖而已）为哗众取宠之资，感愤既深，故入五十年代后，乃于教学之余，奋力摸索前进，一以原始资料与逻辑为导引，以人生社会政治问题为征验。传统文化中之丑恶者，抉而去之，惟恐不尽；传统文化中之美善者，表而出之，亦惧有所夸饰"。[5]他声称："我在文化上的反抗，首先是以吴稚晖胡适所代表的集团为对象。……他们对西方文化，对中国文化，多是以情感上的固执，代替理智上的研究抉择，于是不知不觉地走上以'洋'压'中'的路。"[6]

政治上的压力，当然是现代中国人共同的感受。于徐复观而言，抗战之后决心结束军政生涯，其重要因素，是对政治前途的失望。这个前途既是国家的，也是个人的。所谓"四十年代，始以国族之忧为忧，恒焦劳心力于无用之

---

[3] 徐复观：《中国文学论集·漫谈鲁迅》，《当代新儒学八大家集·徐复观集》，第58页。
[4] 参见李泽厚：《鲁迅思想散论》，《中国近代思想史论》，北京：人民出版社，1980年；《胡适 陈独秀 鲁迅》，《中国现代思想史论》，北京：东方出版社，1987年。
[5] 徐复观：《中国思想史论集续篇》自序，上海：上海书店出版社，2004年，第3页。
[6] 徐复观：《徐复观杂文——记所思·一个中国人在文化上的反抗》，《当代新儒学八大家集·徐复观集》，第59页。

地；既自知非用世之才"，就是这种失望的表述。但是，让他感受更直接的压力的，则是五十年代开始的政治形势。一方面，是曾为国民党军政成员的徐复观，随整个集团的败北而逃离大陆；另一方面，则是脱离这个集团后作为一名知识分子，他得继续生活在高压的政治气氛之中。这种精神压抑可想而知。徐复观虽离开官场，但他有政治理想。早年曾经热衷于马克思主义或左派思想，抗战自延安回重庆后，还致蒋介石政治建言。新的政治压力没有迫使其退缩（如躲避于纯学问领域），而是激起其反抗，思想与言论的反抗。即使进入历史论域，他也写出《西汉知识分子对专制政治的压力感》。[7] 他通过解释第一本文集的名称来表达这种志向："我之所以用一篇'学术与政治之间'的文字来作这一文录的名称，正是如实地说明我没有能力和方法去追求与此一时代不相关涉的高文典册。这是人生最大的不幸。至于我在这泛滥着百千万人的血河泪海中，大之不能逞呼风唤雨之灵，小之不能陈鸡鸣狗盗之力。几希之明，只能倾吐出这些微末不足道的慨叹，以偃蹇于荒天漠地之中，内心的惶愧，当然是不可言喻的。"[8] 他自撰的墓志铭："曾经尝试过政治，却万分痛恨政治的一个农村的儿子——徐复观"，也想告诉人们，他对政治的反抗是终生的。

而所谓学业的压力，则是徐复观在转向学问之路上才面

---

[7] 徐复观：《两汉思想史》第一卷，上海：华东师范大学出版社，2001年，第166—173页。
[8] 徐复观：《学术与政治之间》甲集自序，新版《学术与政治之间》，台北：学生书局，1985年，第XII页。

对的。虽然,以学术为志业是他年届五十后的选择,但据他自述,早年就做过当大学教授之梦。而且"因为我自己想当大学教授而无法当到,所以对大学教授的评价非常的高,以为这些人正是真才实学,血性良心,结合在一起的国家元气"。[9] 这个说法包含着徐氏对教授职业作用的想象,即通过学问表达思想性的追求,充当社会的精神领袖。这是传统士大夫式的学者形象,或者更准确地说,是宋明儒者的学问追求。这能解释为什么他对胡适的某些行为感到不快:"当抗战结束后,……大家以思想的泰山北斗,期待着自美返国的胡适之先生。而胡先生从美国带回来的却是再来一度的七校《水经注》。当时社会上,尤其是青年们,由此所发生的怅惘之情,胡先生自己后来大概也有所感觉。"[10] 当徐复观转换人生的轨道进入学问这个行当的时候,他更深切感受到其追求与环境的冲突。一方面,现代经验主义思潮对学术客观性的要求给人文学术思想性追求的压力;另一方面,则是徐复观本人非科班出身的身份,在争夺学问发言权上的弱势地位。两者是混合在一起的。因此,徐氏反复强调他没有学问上的地位:"年来在学术上我和时贤所发生的争论,决非出于个人僭妄之心,想用我的学问去压倒时贤的学问;我很坦白地承认自己并没有学问。只是从时贤谈学问的态度中,引发我上述的感触;因而不能抑制自己,写出了这种感触。"[11] "我

---

[9] 徐复观:《我的教书生活》,《当代新儒学八大家集·徐复观集》,第55页。
[10] 徐复观:《儒家精神之基本性格及其限定与新生》,萧欣义编《儒家政治思想与民主自由人权》,台北:学生书局,1988年,第59页。
[11] 徐复观:《学术与政治之间》乙集自序,新版《学术与政治之间》,第Ⅶ页。

以迟暮之年,开始学术工作,主要是为了抗拒这一时代中许多知识分子过分为了一己名利之私,不惜对中国数千年文化,实质上采取自暴自弃的态度,因而感愤兴起的。我既无现实权势,也无学术地位,只有站在学术的坚强立足点上说出我的意见,才能支持我良心上的要求,接受历史时间的考验。"[12]而这因身份转换而感受到的压力,却是他的同道、科班出身的哲学家牟宗三、唐君毅所不曾有的。可正是这种无地位的处境,激发了他论战的热情。

上述文化的、政治的与学业的三层压力,不是所有的学者更非所有的国人都能感受到的(尤其是第三层学业的压力),但不同的人在不同的时期或位置上或多或少会感受到其中不同方面的压力(其中第二层政治的压力对知识分子是最普遍的),这使得徐复观反抗的主题具有时代的意义。而他的特殊之处在于,作为文化保守主义者,他同反传统主义者同样感受到传统的压力;作为曾经混迹于政界的知识分子,他对政治的理解是以直接的政治经验为基础的;而学业的压力,则几乎完全是个人的。也许他的老师熊十力也会面对这种压力,这对师徒的学问性格有许多相通之处。而这种独特性,正是促成其思考更具复杂性,更有深度,从而更吸引人的重要原因。徐复观谈压力时,往往只论第一、二层次的问题:"把政治上的感触写出来容易,但把文化上的感触写出来却相当地困难,因为这要冒着社会风气的大不韪。现

---

[12] 徐复观:《中国思想史工作中的考据问题(代序)》,《两汉思想史》第三卷,上海:华东师范大学出版社,2001年,第1页。

实政治上的压力,在形式上很重,而在精神上却很轻。社会风气的压力,在形式上似乎很轻,而在精神上却很重。一个人的生命,若非不幸而完全沉浸在这种时代感触之中,无法自拔,谁又肯冒双重的压力,以自甘孤立于寂天寞地之中,而可不惧、不悔、不闷?"[13]至于第三层的压力,徐复观没有以学理的形式表达。但是这种个人独立承受的压力,比较公共承担的压力,潜在的影响也许更深远。不管徐氏对这种压力自觉的程度如何,这对理解他的学问性格以至成就很重要。徐复观正是在自觉的反抗、不妥协的论战中,选择其主题,塑造其学问,扩展其思想影响。

二 "反乾嘉"情结

反乾嘉学派或反清代汉学几乎是徐复观终生的学术主题,也是我们考察他学业上的反抗与学问取径的联系的最重要论域。反乾嘉当然不是徐复观个人的课题,现代新儒家几乎都有这种倾向,这是其精神导师熊十力遗留下来的问题。但反乾嘉也可以只是表达不同学问取向的态度,或者只做与乾嘉学术不相干或相反的学问,例如冯友兰或熊十力乃至牟宗三的形上学追求。徐复观则采取同对手近乎贴身搏斗的形式,且终生不懈。所以说这种"反乾嘉"是他的学问情结。徐氏关于中国思想史的每一本文集或专著,几乎都有反对、批判乾嘉学派的论述。而其最重要的著作,如《中国人性论

---

[13] 徐复观:《学术与政治之间》乙集自序,新版《学术与政治之间》,第Ⅶ页。

史(先秦篇)》(1963年出版),特别是多卷本《两汉思想史》(1972—1979年出版),简直就是为同清人争短长而展开的。请看下面从《两汉思想史》各卷序言摘录的相关段落:

卷一:

> 江藩著《汉学师承记》,以"各信师承,嗣守章句",为两汉学术的特色。以乾嘉时代声音训诂考订的学风,为"汉学昌明,千载沉霾,一朝复旦"。自是以后,谬说相承,积非成是;而两汉学术的精神面貌,遂隐没于浓烟瘴雾之中,一任今日不学之徒,任意涂传。所以我在六年以前,发愤要写一部《两汉思想史》。[14]

卷二:

> 我曾指出过,两汉思想,对先秦思想而言,实系学术上的巨大演变。不仅千余年来,政治社会的格局,皆由两汉所奠定。所以严格地说,不了解两汉,便不能彻底了解近代。即就学术思想而言,以经学史学为中心,再加以文学作辅翼,亦无不由两汉树立其骨干,后人承其绪余,而略有发展。一般人视为与汉学相对立的宋明理学,也承继了汉儒所完成的阴阳五行的宇宙观、人生观;而对天人性命的追求,实亦顺承汉儒所追求的方

---

[14] 徐复观:《两汉思想史》第一卷自序,第13页。

向。治中国思想史，若仅着眼到先秦而忽视两汉，则在"史"的把握上，实系重大的缺憾；何况乾嘉时代的学者们，在精神、面貌、气象、规模上，与汉儒天壤悬隔，却大张"汉学"之帜，以与宋儒相抗，于是两汉的学术思想，因乾嘉以来的所谓"汉学"而反为之隐晦。我以流离琐尾的余年，治举世禁忌不为之旧学，也有一番用心所在。[15]

卷三：

> 以考据为专门之学，的确是出自乾嘉学派。但他们在以汉学打宋学的自设陷阱中，不仅不了解宋学，且亦不了解汉学。更糟的是，他们因为反宋学太过，结果反对了学术中的思想，既失掉考据应有的指归，也失掉考据历程中重要的凭借，使考据成为发挥主观意气的工具。[16]

以上三则引文表达的侧重点有所不同，第一则说明其针对清代汉学，为汉学正本清源、拨乱反正的著述用心，第二则提出两汉汉学在思想学术上全面压倒清代汉学的概括性观点，第三则则批评清儒对考据的误用。不夸张地说，徐复观是近代以来反乾嘉的第一人。问题在于，徐氏为何要为此贡献本来已经有限的几乎整个学术生涯？在现代新儒家的心

---

[15] 徐复观：《两汉思想史》第二卷自序，第1页。
[16] 徐复观：《中国思想史工作中的考据问题（代序）》，《两汉思想史》第三卷，第1页。

目中，清学的弊端，归结起来有两个方面，一是以考据代义理，一是借汉学反宋学，后果则是废弃义理之学，也即放弃思想性的学问。本来，一般文化保守主义者，即使对清人开启的汉宋之争不以为然，也不一定要将其当作非攻克的障碍不可，如陈寅恪、钱穆，甚至冯友兰，都可以对之态度超然。但现代新儒家中熊氏一脉，却是以宋明儒学为复兴传统的思想基地，因此在思想上与清代汉学处于敌对的形势。而更严重的是，延至二十世纪，这种唯考据为学问的观念，"一直到今天还是一股有力的风气"。[17] 它给年届五十以后进入学术领域，带着通过思想性的学问努力，为民族文化的复兴寻求精神资源的徐复观带来直接的压力。

众所周知，带动这股学术风气的核心人物是胡适。胡适早年的成名作《中国哲学史大纲（卷上）》，其特点之一，就是继承清代汉学考据的方法。而在思想内容上，则从西方的经验主义立场出发，有强烈的反传统倾向。这导致冯友兰指斥这本以"中国哲学史"命名的著作，其实是一本批评中国哲学的书。关于清代学术，胡适还写了一本《反理学的思想家——戴东原》的小册子，其中附论若干同一谱系的人物，包括写《性命古训》的阮元。他特别推荐阮元反理学的训诂研究，称其方法为"剥皮主义"。胡适的同道傅斯年则写《性命古训辨证》相配合。假中央研究院与北京大学等高等学术机构的建制，胡适派在学界占据绝对优势的地位。这

---

[17] 徐复观：《中国思想史工作中的考据问题（代序）》，《两汉思想史》第三卷，第1页。

种在学术上推崇清学而思想上打压宋学的态度，让新儒家在学问环境上陷于被压制的地位。据徐复观在悼念胡适的文章《一个伟大书生的悲剧》中的回忆，在那篇标志着现代新儒家成军的《宣言》刚发表不久，胡适就在一次茶会上指责徐复观，说他们的那套东西是骗人的。以地位声势的对比而言，徐复观对胡适派的争论，完全是一种反抗。在这种反抗中，他把胡适派同乾嘉学术联系起来，形成一种叫作"洋汉学"的图像："清代以异族而统治中国，钳制智识分子特甚。威之以文字之狱，诱之以博学鸿词。以八股牢笼下乘，以考据销蚀上选。清代考据，本是工具之学。但他们无形中以工具代替目的，以名物否定思想，自标汉学，以打击宋明理学为快意，却把中国文化的精神完全埋没了。此一风气，与近代经验主义的末梢趣向，有其相同，于是两相会合而形成'洋汉学'，其特点不承认文化的精神，而实则系表明其精神之为一睡眠状态。"[18]

徐复观相信现代史是历史的基础，他对乾嘉学派的不满，其实根源于他对现代学术的反抗。以此着眼，我们才能理解他晚年那篇全面清算乾嘉汉学思想学术弊端的《"清代学术"衡论》，为何痛下杀手，花那么多笔墨揭露汉学家道德人格的缺陷。按理，批评其学问倾向缺少思想性，从方法论分析考据对思想史研究的局限就够了，揭露学问家人格不高尚通常不是思想史的主题。但他试图以此揭示这些人之

---

[18] 徐复观：《儒家精神之基本性格及其限定与新生》，萧欣义编《儒家政治思想与民主自由人权》，第57页。

所以反对宋明理学,与他们不健全的道德心理有关,标榜学问只是一种掩饰。徐复观联系现状说:"标榜纯客观,而对自己的民族国家人民,没有一点真正感情的人,对人类前途,就不会有一点真正的关切。由近数十年的事实,证明了这种人常是只图私利、卖弄资料的反道德的人。谁能相信这种人会保持客观谨严的态度,写出可以信任的历史。"[19]他还说:"两百年来流行的无条件地排斥宋明理学的情形,经过我这几年不断地留心观察,发现这并不是根据任何可以称为学术上的研究的结论;而只是坏的习性,相习成风;便于有意或无意中,必以推倒在历史中仅有的、可以站得起来的好知识分子为快。这和在政治上,在社会上,坏人必定编出许多借口以排斥正人君子,是出于同样的心理状态。"[20]完全可以这样说,不是因为反乾嘉,导致徐复观反"洋汉学"。相反,是反抗"洋汉学",导致他强烈反乾嘉。[21]这才是他"反乾嘉"情结的成因。在这个情结中,反专制政治,反道德放逐,反学术压制,以及反经验主义,各种倾向聚合在一起。"乾嘉"成了集徐复观反抗之矢的箭垛。

观察徐复观的思路就可以发现,他的学问取径很大部分是被论敌的问题塑造出来的。徐复观对胡适派的批评,学术上主要集中在方法论方面。原因当然与胡适派对治学方法

---

[19] 徐复观:《原史》,《两汉思想史》第三卷,第158页。
[20] 徐复观:《中国人性论史(先秦篇)》序,上海:上海三联书店,2001年,第7—8页。
[21] 值得注意的是,同对乾嘉-胡适派批评的频繁、激烈程度比,徐复观对乾嘉学术正宗继承人章太炎评论极少。原因很可能是,章氏仍然提倡学问思想性的一面,如与胡适在治经与治子问题上的方法论争论。至少,章太炎讲的不是"洋汉学"。

的提倡，尤其是在经验主义的旗帜下，推广清人的考据学有关。例如，同毛子水等进行的考据与义理关系的论战[22]，还有在《中国人性论史（先秦篇）》中对傅斯年《性命古训辨证》方法的系统批评，都与此有关。这些为论战而写的方法论文章，成为他思想史成果的重要组成部分。同时，让人惊异的还有徐复观为反抗而进行学术长征的毅力。徐氏为反对现代"洋汉学"而批判清代汉学，为批判清代汉学而又投身汉代思想学术的研究。为批判考据方法的滥用与误用，他入室操戈，跟论敌一起进入考据领域，最后形成经子史研究齐头并进的局面。徐氏以其不懈的努力，为二十世纪下半叶的中国学术留下不朽的思想篇章。就个人来说，他同时也证明自己作为非科班出身的学者，在"迟暮之年"才进入的学术领域中，能够取得卓越的成就。反乾嘉情结，结果成为推动徐复观学问发展的内在力量。

三 离开形上学

从表面上看，徐复观的治学立场似乎是有矛盾的。一方面，同"洋汉学"的斗争，表明他同经验主义的治学态度的对峙；但另一方面，在理想主义的新儒家阵线中，他同师友的形上学取向则存在疏离以至紧张。后者同样是理解徐氏思想史取径不可或缺的内容。用哲学语言讲，经验主义的对立

---

[22] 论战情形参见黄俊杰《东亚儒学视域中的徐复观及其思想》，台北：台湾大学出版中心，2009年，第15页。

面是理想主义(包括理想、观念、唯心等多层含义)。与胡适派经验主义(连同其他唯物主义)对立的现代新儒家,则是自觉的理想主义者。牟宗三著作名称"道德理想主义",大略可以表达他们共同的哲学趋向。但现代新儒家,不论取李泽厚的现代宋明理学说[23],还是余英时的熊氏门派说[24],其主流的学问成就,都是哲学形上学。从熊十力的《新唯识论》、牟宗三的《现象与物自身》,到唐君毅的《生命存在与心灵境界》,所建构的道德本体论,都是追求形上学的证明。这种哲学形上学,是距离经验主义立场最远的学问形态。熊门出身的徐复观,哲学上也当属理想主义者,不过,他绝不是形上学家。这不仅因为他的学问取径刚好是思想史,也与他对哲学的理解有关。《中国人性论史(先秦篇)》是徐复观的第一部成系统的学术专著。他声称该书:

> 是对"一般性的哲学思想史"而言,我所写的"以特定问题为中心"的中国哲学思想史的一部分。我的想法,没有一部像样的中国哲学思想史,便不可能解答当前文化上的许多迫切问题,有如中西文化异同;中国文化对现时中国乃至对现时世界,究竟有何意义?在世界文化中,究应居于何种地位等问题。因为要解答上述的问题,首先要解答中国文化"是什么"的问题。而中国文化是什么,不是枝枝节节地所能解答得了的。不过,

---

[23] 见李泽厚:《略论现代新儒家》,《中国现代思想史论》。
[24] 见余英时:《钱穆与新儒家》,《钱穆与中国文化》,上海:远东出版社,1994年。

> 因为近两百年来,治中国学问的人,多失掉了思想性及思考的能力,因而缺乏写一部好哲学思想史的先行条件;所以要出现一部合乎理想的哲学思想史,决非易事。[25]

分析开来,这段论述的含义包括:第一,承接"五四"以来文化论争中以哲学作为理解文化的基本途径的思路[26];第二,必须克服"近两百年来"以乾嘉学派为主流的学问方法,这也意味着要回归到被排斥的宋明理学原本的方向(实即心性论的思路)上;第三,用"哲学思想史"而非一般"哲学史"界定论说的内容,表明他对哲学与中国思想传统的关系有自己的见解。

关于第三层意思,徐氏在一个注释中补充说:"我主张依然保留'哲学'一词,而称之为'哲学思想史',以表示在中国的历史文化中,在这一方面的成就,虽然由于知识的处理、建构,有所不足;但其本质依然是'哲学的'。在原用的'哲学史'中加入'思想'一词,不是表示折衷,而是表示谨慎。等于说,中国历史中没有'政治学',因为没有建立成一套组织严密的'学的'系统;但却有丰富的'政治思想',而可以由我们的努力,把它拿来作'学的'建立;

---

[25] 徐复观:《中国人性论史(先秦篇)》序,第1—2页。
[26] 这与后来徐复观一同签署的《为中国文化敬告世界人士宣言》的主张是一致的:"我们研究中国之历史文化学术,要把它视作中国民族之客观的精神生命之表现来看。但这个精神生命之核心在哪里?我们可说,它在中国人之思想或哲学之中。"封祖盛编:《当代新儒家》,北京:生活·读书·新知三联书店,1989年,第10页。

有如从铁矿中炼铁,从铁中炼钢一样。"[27]这是对哲学做内容与形式的区分,认为中国思想在内容上有可称为哲学的,但形式即论述方式上则不够哲学。要发展成完整意义的哲学,依然需要进一步的学理建构。哲学形上学意义上的心性论如果存在,那自然是特别建构起来的。这种工作,熊十力以后,熊门弟子中牟宗三做,唐君毅也做,而徐复观没有做。

同是讲心性,徐复观理解的"心"不是超验的,而是有感性特征的。他不属形而上,而是居形而"中"。在《心的文化》中,徐说:"《易传》中有几句容易发生误解的话:'形而上者谓之道,形而下者谓之器。'这里所说的道,指的是天道,'形'在战国中期指的是人的身体,即指人而言。器是指为人所用的器物。这两句话的意思是说在人之上者为天道,在人之下的是器物;这是以人为中心所分的上下。而人的心则在人体之中。假如按照原来的意思把话说完全,便应添一句,'形而中者谓之心'。所以,心的文化,心的哲学,只能称为'形而中学',而不应讲成形而上学。"[28]就训诂而言,这个说法肯定是有争议的,但它道出了徐复观要与形上学保持距离的学问性格。

到了晚年,徐氏关于"向孔子的思想性格回归"的呼吁,更是一篇反形上学的宣言:"讲中国哲学的先生们,除了根本不了解中国文化,乃至仇视中国文化,有如杨荣国之流,以打胡说为哲学者外,即使非常爱护中国文化,对

---

[27] 徐复观:《中国人性论史(先秦篇)》序,第1页。
[28] 徐复观:《心的文化》,《中国思想史论集》,台北:学生书局,1988年,第243页。

中国文化用功很勤、所得很精的哲学家，有如熊师十力以及唐君毅先生，却是反其道而行，要从具体生命、行为层层向上推，推到形而上的天命、天道处立足，以为不如此便立足不稳。没有想到，形而上的东西，一套一套的有如走马灯，在思想史上从来没有稳过。熊、唐两先生对中国文化都有贡献，尤其是唐先生有的地方更为深切。但他们因为把中国文化发展方向弄颠倒了，对孔子毕竟隔了一层……这都是受了希腊系统哲学的影响。"[29] 从学理上讲，这是徐复观对中西思想传统不同特点考察的结果：

> 假定希腊语中的"Logos"和中国语中的"道"，其分位约略相等，但在希腊则是由"语言"发展出来的，在中国则是由道路上行走发展出来的。Logos在斯图阿学派中也带有实践的意味，但远不及它的"纯理论的倾向"之重。中国的"道"也有言语的意味，如《论语》中"乐道人之善"(《季氏》)者是。这种意味，虽因约定俗成，在日用语言中流行甚广，但与儒、道两家所谓"道"的内容相较时，则轻微得不足齿数。由此我们也可以说，孔子追求的道，不论如何推扩，必然是解决人自身问题的人道，而人道必然在"行"中实现。行是动进的、向前的，所以道也必是在行中开辟。《论语》中所涉及的问题，都有上下浅深的层次，但这不是逻辑上

---

[29] 徐复观：《向孔子的思想性格回归》，《中国思想史论集续篇》，第283页。

的层次,而是行在开辟中的层次,因此,这是生命的层次,是生命表现在生活中的层次。"下学而上达"(《宪问》),应从这种方向去了解,否则没有意义。[30]

其实,即使从其反形上学的论述来看,也能读出徐氏对哲学有深刻的理解,与仅用经验主义的只言片语对中国传统评头品足者决然不同。[31]然而,说"徐复观在本质上亦是一位哲学家"[32],则只能就其学问前期的《中国人性论史(先秦篇)》立论,如果考虑其后规模更大、工作时间更长的《两汉思想史》及相伴随的各种著作的取向,"哲学家"的说法不见得更能体现他的学问成就。

虽然从学问取径说,徐复观的方向基本是思想史。但联系前后著作看,则显示他有一个逐渐与形上学拉开距离的过程。推动这个过程的因素不仅与其重视实践的性格有关,同时还同他进入两汉思想的研究经验有关。如前所述,他是因反"洋汉学"而反乾嘉,为反乾嘉而进入两汉学术。而两汉学问性格,同宋明儒学以义理为主的取向大相径庭。其实,正是因为汉宋学问性格有重大差别,清儒才有机会以汉学的

---

[30] 徐复观:《向孔子的思想性格回归》,《中国思想史论集续篇》,第284—285页。
[31] 同样,余英时对现代新儒家哲学的下列尖锐批评,也不会落在徐复观身上:"如果我们细察新儒家重建道统的根据,便不难发现他们在最关键的地方是假借于超理性的证悟,而不是哲学论证,康德-黑格尔的语言在他们那里最多只有援助的作用,而且还经过了彻底的改造。只有在承认了'心体''道体'的真实存在和流行不已这一前提之后,哲学论证才能展开。但这一前提本身则绝不是任何哲学论证(或历史经验)所能建立的。"《钱穆与新儒家》,见《钱穆与中国文化》,第68页。
[32] 李维武:《近五十年来现代新儒家开展的一本与万殊》,《南京大学学报》,2008年第6期。

名义排斥、反对宋学。徐复观进入汉学本是为了压制清学的影响,但在广泛深入吸取汉学的精神时,其思路也为汉学所陶铸。他说:"我研究中国思想史所得的结论是:中国思想,虽有时带有形上学的意味,但归根到底,它是安住于现实世界,对现实世界负责;而不是安住于观念世界,在观念世界中观想。"[33]因此,同样讲道德学问,不一定要讲道德理性,更可以讲道德人格。汉代史学的探讨,为他提供了同其实践性格更契合的学问途径。代表作当为《两汉思想史》卷三中的《原史》《论〈史记〉》《〈史〉〈汉〉比较研究之一例》等论文。徐复观正是在其中,提出孔子思想性格与形而上的思辨哲学无缘的观点:

> 孔子把他对人类的要求,不诉之于"概念性"的"空言",而诉之于历史实践的事实,在人类历史实践事实中去启发人类的理性及人类所应遵循的最根源的"义法",这便一方面决定了由他所继承的"史"的传统,不让中国文化的发展,走上以思辨为主的西方传统哲学的道路。一方面,把立基于人类历史实践所取得的经验教训,和他由个人的实践发现出生命的道德主体,两相结合,这便使来自历史实践中的知识,不停留在浅薄无根的经验主义之上;同时又使发自道德主体的智慧,不会成为某种"一超绝待"的精神的光景,或顺着逻辑推演而来的与具体

---

[33] 徐复观:《两汉思想史》第一卷三版改名自序,第1页。

人生社会愈离愈远的思辨哲学。他所成就的，乃是与自己的生命同在，与万人万世的生活同在的中庸之道。[34]

如果形而上走向超越的本体论建构，形而下局限于经验主义的知识考据，那徐复观的形而中就是对传统进行富有生存感的思想史诠释。黄俊杰教授把这种诠释概括为"实践的解释学"，非常准确。[35]

四 批判性儒学

不仅在新儒家中徐复观学问性格独特，就是盘点现代中国整个文化保守主义阵营，他也是个思想异数。其特别精彩之处，就在于他贯彻在整个思想学术中的批判精神。他批判专制传统，批判知识分子，批判西化思潮，批判当代政治，甚至批判儒学本身。陈昭瑛称其为"激进的儒家"。[36]他的思想史论述，为其从事各种批判提供灵活的表达方式。因为考据固然不生产思想，而形上学的精制语言，远离经验，也缺乏对具体弊端的针对性，容易在远离现实的层面上打滑。

"五四"开始的时代，在文化上就是一个批判的时代。

---

[34] 徐复观：《原史》，《两汉思想史》第三卷，第157页。
[35] 黄俊杰：《东亚儒学视域中的徐复观及其思想》，第15页。
[36] 陈昭瑛：《一个时代的开始：激进的儒家徐复观先生》，《台湾文学与本土化运动》，台北：正中书局，1998年。

既有西化论者对传统文化的批判，也有文化保守主义者对西化论的批判。徐复观的特别之处，在于同时展开对两个方面的批判。所谓批判，在徐复观那里，就是反抗的表现。反抗来自压力，他所感受到的文化上的压力，如前所述，其实是双重的。早年对鲁迅的着迷，表明他认同鲁迅对传统反抗的一面。但思想资源的变化，令其没有追随鲁迅，而是把批判纳入更理性的思想结构。作为一个文化保守主义者，徐氏对传统的批判，达到了包括反传统主义者在内的批判所未达到的深度。深刻不是指态度的决绝（如鲁迅），更非哗众取宠的叫喊（如胡适、吴稚晖），而是对文化做鞭辟入里的系统分析。

徐复观对传统的批判，往往同对政治的批判相联系，因为在现实政治的弊端中，显露着传统的投影，甚至就是传统弊端的复制。《学术与政治之间》、《中国思想史论集》及续篇、《两汉思想史》第一卷，集中了最多的传统批判文章。其中，较能体现其系统思考的篇章有《中国政治问题的两个层次》《儒家政治思想的构造及其转进》《中国的治道》《中国知识分子的历史性格及其历史的命运》《儒家精神之基本性格及其限定与新生》，以及论述历史政治的《汉代专制政治下的封建问题》《汉代一人专政政治下的官制演变》《西汉知识分子对专制政治的压力感》等。以《儒家政治思想的构造及其转进》为例，可以观察其政治批判的理路。作为儒者，徐氏肯定儒家政治思想的根源是民本，原则是德治，"由德治思想，而否定了政治是一种权力的观点，更否定了国家纯是压迫工具的谰言。由民本思想，而否定了统治者自身有何特殊权益的观点,更否定了统治与被统治乃严格的阶级对立的谰言"。[37]但他又承认,德治不是民主政治,因此孤立的道德原则不能确保有理想的政治效果:

> 因为民主政治的根源是争个人权利,而权利与权利的相互之间,必须有明确的界限,有一定的范围,乃能维持生存的秩序,于是法治便成为与民主政治不可分的东西。……因为民主之可贵,在于以争而成其不争;以个体之私而成其共体的公。但这里所成就的不争,所成就的公,以现实情形而论,是由互相限制之势所逼成的,并非来自道德的自觉,所以时时感到安放不牢。儒家德与礼的思想,正可把由势逼成的公与不争,推上到道德的自觉。民主主义至此才真正有其根基。……而民主政治,却才是人类政治发展的正轨和坦途。因此,儒家的政治思想,在历史上只有减轻暴君污吏的毒素的作用,只能为人类的和平幸福描画出一个真切的远景;但并不曾真正解决暴君污吏的问题,更不能逃出一治一乱的历史上的循环悲剧。[38]

由于真正的政治主体没能建立起来,"若大多数人缺乏个体权利的政治自觉,以形成政治的主体性,则统治者因不感到客观上有政治主体的存在与限制,将于不识不知之中,

---

[37] 徐复观:《儒家政治思想的构造及其转进》,新版《学术与政治之间》,第52页。
[38] 同上书,第53—54页。

幻想自己即是政治的主体（如'朕即国家'之类），于是由道德上的无限的责任之感，很容易一变而引起权力上的无限的支配的要求，而不接受民主政治上所应有的限定。一个政府知道自己权力的限定，这是民主政治起码的要求。近代西方民主的统治意识，好像是有限公司的性质；而中国的倒像是无限公司"。[39] 徐复观痛切地说："只有采用中国传统的无限责任的政治观点，而后面缺乏道德的自觉；采用西方近代权力竞争的政治观点，而前面不承认各个体的基本权利的限制，这种把中西坏的方面糅合在一起的政治，有如中国现代的政治，才是世界上不可救药的政治。"[40]

徐复观对知识分子的批判，同样追溯到它的文化根源。《中国知识分子的历史性格及其历史的命运》一文的许多论断，今日读来仍然发人深省：

> 知识分子的性格，首先是关系于它所持载的文化的性格。中国文化精神的指向，主要是在成就道德而不在成就知识。因此，中国知识分子的成就，也是在行为而不在知识。换言之，中国人读书，不是为了知识；知识也不是衡量中国知识分子的尺度；这在二千年的历史中是表现得很明白的。所以，中国知识分子，缺乏"为知识而知识"的传统，也缺乏对客观知识负责的习性。西方人为求得知识，要从具体的事物上求出抽象的概念。

---

[39] 徐复观：《儒家政治思想的构造及其转进》，新版《学术与政治之间》，第58页。
[40] 同上书，第59页。

概念不能代表具体事物之全体，但能抽出具体事物之各部分作成一种确切不移的定义。中国人则是就具体事物之本身来看事物，缺乏概念性的思维习性。每一个具体的东西，其内容都是无限的；一草一木，都是一个无限。人们对于无限的东西，常是想象重于定义，并且也无从下定义；于是中国知识分子缺少对事物确切不移的概念，可以多方立说，并且可以随便做翻案文章。[41]

知识的对象是物，知识的尺度也是物；物在外面是可视的，可量的，其证验是人可共见，其方法是人可共用，而且可在时间空间中予以保存的。所以知识能作有形的积累。自本自根的道德的对象是各人自己的心，其尺度也是各人自己的心。心在内面，可内视而不可外见，可省察而不可计量；其证验只是个人的体验；其方法只是个人的操存；一切都是主观上的；既不可能在客观上摆出来如轻重长短之不可争；也不能如产业传承之不可易。于是作为中国文化基石的"心"，没有方法作客观的规定；而只靠自验于心之安不安。……这种只能信自己而无法求信于他人，只好看自己而不能看他人的格局，若不向上升起而系向下坠落，便可一转而成为只知有己，不知有人的格局，恰合乎作为自然人的自私自利的自然愿望。因之，中国知识分子，常是由文化上以

---

[41] 徐复观：《中国知识分子的历史性格及其历史的命运》，新版《学术与政治之间》，第178页。

> 道德之心为一切的出发点，一转而为以自利之心为一切的出发点；由以一切为充实个人道德之心之资料，一转而为以一切为满足个人私利之心之工具；于是中国文化在成就人的人格上，常表现为两极的世界。[42]

无论是对专制政治的批判，还是对知识分子的批判，徐复观总是把问题追溯到文化，追溯到儒家身上："儒家所祖述的思想，站在政治这一方面来看，总是居于统治者的地位来为被统治者想办法，总是居于统治者的地位以求解决政治问题，而很少以被统治者的地位，去规定统治者的政治行动，很少站在被统治者的地位来谋解决政治问题。这便与近代民主政治由下向上去争的发生发展的情形，成一极显明的对照。"[43]与肤浅的反传统主义者对传统的一味谴责、痛斥相比，徐的深刻在于，追溯问题的思想文化根源，及其同文化价值取向的内在联系。同时，认真检讨那些原本良好的道德意愿，在逻辑与经验上哪些环节出了问题，从而导致消极的历史结果，甚至酿成社会政治上的阴暗以至邪恶。徐复观的批判是一种文化病理学的研究。他为此所开的药方，就是向西方文明尤其是其近代自由主义与民主政治学习。这种学习不是用势利的态度来排斥传统，而是让它同传统的正面价值结合起来。西方文化也有它的问题，方向弄错的话，是两种

---

[42] 徐复观：《中国知识分子的历史性格及其历史的命运》，新版《学术与政治之间》，第180页。
[43] 徐复观：《儒家政治思想的构造及其转进》，新版《学术与政治之间》，第54—55页。

文化中的坏处的结合，那就是我们已经经历过的灾难。徐复观的儒学是批判性儒学，作为一个儒家自由主义者，他的论述比现代中国任何一个自由主义理论家更有思想贡献。[44]

五 什么样的思想史？

回到本文的标题上来：为什么是思想史？这是汉学家本杰明·史华慈（Benjamin I. Schwartz）在其《古代中国的思想世界》一书导言中所提的问题。它是二十世纪后期在文化人类学大行其道的背景下，史华慈为通过思想史研究文化价值的意义所做的辩护。然而，什么是思想史，本身却是一个问题：

> 我之所以使用"思想史"（history of thought）一词，而不是"观念史"（history of ideas）或"知性思想史"（intellectual history），乃是由于"思想"（thought）这个词语的语义边界是不确定的。它可以包含认知、推理、意向性、想象力、情感、惊叹、困惑以及不能够在计算机上轻易编程模拟的意识生活的许多其他方面的内容。此外，它还有其他一些模糊的涵义，既可以指思维过程（process of thinking），也可能指诸如观念（ideas）、心态（mentalities）或内在态度（inner attitudes）之类固

---

[44] 对徐复观政治思想中自由主义内容的论述，参见肖滨《传统中国与自由理念：徐复观思想研究》第四、第六章，广州：广东人民出版社，1999年。

定化的思想"产品";这也颇受人们的欢迎。尽管在本书之中,我们的注意力主要集中在那些"高层"文化典籍的思想之上,我的关注并不完全局限于能够被贴上"知性思想"(intellectual)——就这个词的狭义而言——标签的"思想"(thought)。[45]

在中文学术词汇中,史华慈列举的三种史学类型,往往被直接译为思想史。思想史这个舶来的概念,意义涵盖着不同的学术区域。我们的问题是,徐复观的思想史,究竟是什么样的思想史?这关系到能否对其学问形态的思想功能做更准确的把握。艾尔曼(Benjamin A. Elman)曾断言,观念史在中国思想文化研究中更有影响力:"我这里所谓的'中国哲学史',是指师法早期研究中国思想的先驱如梁启超和胡适等人的'观念史'角度的研究,那一辈人受到德国人以'精神史'(Geistsgeschichte)研究哲学史,或是美国的哲学研究之影响。后来,亚瑟·洛夫乔伊的'观念史'取向(在哈佛发展成他的《伟大的存在之链》[*The Great Chain of Being*]),对于受美国训练的中国思想史学者开始有影响力,他们独取观念的内在开展,作为阐明传统中国思想和概念的方法论框架。"[46]

洛夫乔伊关于观念史的理解,见诸该书的导论,那是

---

[45] 〔美〕史华慈:《古代中国的思想世界》,程钢译,南京:江苏人民出版社,2004年,第14页。
[46] 〔美〕艾尔曼:《中国文化史的新方向:一些有待讨论的意见》,贺照田主编《学术思想评论》第三辑,沈阳:辽宁大学出版社,1998年,第425页。

他的方法论纲领。作者认为，观念史是相对于哲学史而存在的。哲学史的对象是哲学体系，而观念史对象的观念是松散的，它既表达在哲学著述中，也分布在其他知识领域，包括存在于社会生活中。纵观哲学史，构成不同哲学体系的基本观念（unit-idea）数量并不多。每个哲学体系的新奇之处，往往不在于它创造新的观念要素，而在于它对既成的观念进行不同的组合。同时，观念与词语也没有固定关系。同一名词在不同时期甚至同一时代，可能意味着许多不同的东西，而不同的词语也可能指涉共同的对象。重要的不一定是清楚陈述的观点，而常是思想体系中不明晰或不自觉的预设。后者与信念有关，而且会左右体系的发展方向。由此，作者提出一种"哲学的语义学"（philosophical semantics）以及跨学科研究的途径，任务就是追踪观念的不同起源，进入哲学，或在不同学科间转移、扩展，以及这些变化对社会产生影响的条件。[47] 洛夫乔伊的思路表明，哲学的意义不一定局限于系统理论，思想的活力体现在更宽广的领域。

由此看来，艾尔曼的判断不对。类似于洛夫乔伊的观念史的，既不是胡适，也不是冯友兰或牟宗三的哲学史研究，而是徐复观式的思想史。胡适反抽象，热衷考据与翻案，对观念性的内容兴趣不大。冯友兰或牟宗三虽然哲学取向不同，但两人均致力于建构更抽象的哲学学说。为什么说徐复观更接近呢？理由是他避免局限于对理论系统的诠释，自觉

---

[47] 见〔美〕洛夫乔伊《伟大的存在之链》导论（*The Great Chain of Being*, Harvard University Press, 1936, pp. 3-23）。

发掘分布在不同文化知识领域中的基本观念，将不曾明言的观念与显题化的论述联系起来。这种思路在他强调其人性论史是"哲学思想史"而非"哲学史"时，已经初步透露出来了。当然，徐复观的研究有开阔的领域，包括经典文本的释读（如对《中庸》的诠释），还有制度史讨论（如《两汉思想史》卷一中的篇章），但观念史研究最能体现他通过思想史做有思想性学问的抱负。徐复观大概没读过洛夫乔伊，也肯定对自己的学问没有严格设限，但他从自己的阅读经验中找到了学问的基点：

> 中国的思想家，很少是有意识地以有组织的文章结构来表达他们思想的结构，而常是把他们的中心论点，分散在许多文字单元中去；同时，在同一篇文字中，又常关涉到许多观念，许多问题。即使在一篇文章或一段语录中，是专谈某一观念某一问题；但也常只谈到某一观念，某一问题对某一特定的人或事所须要说明的某一侧面，而很少下一种抽象的可以概括全般的定义或界说。……西方的思想家，是以思辨为主；思辨的本身，必形成一逻辑的结构。中国的思想家，系出自内外生活的体验，因而具体性多于抽象性。但生活体验经过了反省与提炼而将其说出时，也常会澄汰其冲突矛盾的成分，而显出一种合于逻辑的结构。这也可以说是"事实真理"与"理论真理"的一致点，接合点。但这种结构，在中国的思想家中，都是以潜伏的状态而存在。因此，把中国思想家的这种潜伏着的结构，如实地显现出

来，这便是今日研究思想史者的任务；也是较之研究西方思想史更为困难的任务。[48]

根据这种观察，以及为了与"洋汉学"的方法论划清界限，徐复观在方法论上有相应的反思。就处理以文本为中心的思想史研究而言，他强调在文献考信的基础上，思想性的解释，必须向三个层面扩展。它包括知人论世的层面，在历史中探求思想发展演变之迹的层面，以及以归纳方法从全书中抽出结论的层面。[49]这里，文本的单位不是孤立的章、篇，甚至不止于一书，思想在不同的文本中互动发展、嬗变，文本与文本间的交涉是网状的，而思想的关联不是单向而是立体的。徐氏的主张及实践，被研究者概括为"整体论"的方法，包括"发展的整体论"与"结构的整体论"。[50]这种分析完全可以证之《中国人性论史（先秦篇）》《两汉思想史》，甚至《中国艺术精神》等著作，以及分析儒家政治思想之重要论文，如《孔子德治思想发微》《孟子政治思想的基本结构及人治、法治问题》《荀子政治思想解析》等。

然而，除此之外，徐复观还有另外一批不是以经典诠释为中心，而是论述对传统整体见解的学问文章（个别以章节的形式存在于经典诠释作品中）。内容包括"忧患意

---

[48] 徐复观：《研究中国思想史的方法与态度问题（代序）》，《中国思想史论集》，第2页。
[49] 参见徐复观：《中国思想史工作中的考据问题（代序）》，《两汉思想史》第三卷，第2—3页。
[50] 参见陈昭瑛：《一个时代的开端：激进的儒家徐复观先生》，《台湾文学与本土化运动》；以及黄俊杰：《东亚儒学视域中的徐复观及其思想》第二章第三节，第17—32页。

识""政治的二重主体性""心的文化"等概念的形成,以及以论题形式出现的"学术与政治""修己治人""人格人权关系""知识分子性格"等问题的讨论,等等。其目的不是以特定文本或思想人物的观点作为解释的对象,而是发掘原文没有直接表达,但是构成文化或思想结构中的基本要素的内容。在对其内容进行分析的基础上给予命名,如"忧患意识"或"政治的二重主体性"。也包括在传统考察的基础上,对公共论题做出自己的回答。这类成果,有更鲜明的思想个性,及相对完整的概念论述,它可能是徐复观文章中最有思想锋芒或影响最大的那部分。像"忧患意识"一词,业已成为论述中国文化精神根源的通用词。在《中国人性论史(先秦篇)》中,徐复观把《易·系辞》中关于作《易》始于"忧患"的说法,同周代倡导的敬德观念联系起来。从分析忧患的心理含义出发,诠释"敬"在原始宗教向人文道德发展过程中的重大意义。[51]

> "忧患"与恐怖、绝望的最大不同之点,在于忧患心理的形成,乃是从当事者对吉凶成败的深思熟考而来的远见;在这种远见中,主要发现了吉凶成败与当事者行为的密切关系,及当事者在行为上所应负的责任。忧患正是由这种责任感来的要以己力突破困难而尚未突破时的心理状态。所以忧患意识,乃人类精神开始直接对事物发生责任感的表现,也即是精神上开始有了人地自

---

[51] 参见徐复观:《中国人性论史(先秦篇)》第二章第三节,第18—22页。

觉的表现。[52]

一个敬字,实贯穿于周初人的一切生活之中,这是直承忧患意识的警惕性而来的精神敛抑、集中及对事的谨慎、认真的心理状态。这是人在时时反省自己的行为,规整自己的行为的心理状态。周初所强调的敬的观念,与宗教的虔敬,近似而实不同。宗教的虔敬,是人把自己的主体性消解掉,将自己投掷于神的面前而彻底皈归于神的心理状态。周初所强调的敬,是人的精神,由散漫而集中,并消解自己的官能欲望于自己所负的责任之前,凸显出自己主体的积极性与理性作用。[53]

徐复观的这个概念,不仅被牟宗三在《中国哲学的特质》中引申,甚至引起海峡对岸学者的回应。李泽厚对中国文化精神的概括,其中一项叫"乐感文化",他明言其观点的形成正是针对"忧患意识"提出来的。[54]这实质上是一种反模仿。这种忧乐对峙的说法,后来还引出第三者庞朴的另一篇名文《忧乐圆融》。[55]

如果不依抽象的方法论,而是用具体的例子比较,徐复观这类文章,其实非常类似于以赛亚·伯林(Isaiah Berlin)

---

[52] 参见徐复观:《中国人性论史(先秦篇)》第二章第三节,第18—19页。
[53] 同上书,第20页。
[54] 见李泽厚:《试论中国的智慧》,《中国古代思想史论》,北京:人民出版社,1985年。
[55] 见庞朴:《忧乐圆融——中国的人文精神》,《庞朴文集》第三卷,济南:山东大学出版社,2005年。

的研究风格。伯林的经典论文如《两种自由概念》《狐狸与刺猬》，也都不是以解释某个文本或理论为目标，而是针对某种思想文化现象提出自己的见解。读者从中读到的，主要不是被讨论对象，而是作者的观点。这种观点如果见解深刻而问题又带有普遍性，它就会成为一种成说甚至思想方式被传播或效法，从而进入思想学说史。《两种自由概念》不消说，以《狐狸与刺猬》为例，伯林用两者代表两类思想性格，并用于解释某些俄罗斯思想人物的性格与其时代文化气氛的关系的做法，就启发了余英时用于研究清代中叶的戴震与章学诚，分析两人不同的学问性格在同一时代的不同命运，并解释其身后影响力对比消长的时代因素。[56] 正是伯林本人，将其学术文章称作观念史研究。因此不是因洛夫乔伊的方法论，而是通过伯林著述的参照，我把徐复观的这类学问文章，称作观念史研究。

我无意于用观念史这个概念牢笼限定徐复观用思想史所标示的丰富多彩的成果。特别提出这个问题，是因为它既是徐氏思想史研究中最能体现其思想性格的部分，也是他在压力下成功从事文化学术的反抗的见证。徐复观所感到的文化、政治与学术的多层压力，二十世纪中国人文学者不同程度上都感受到了。因此，叙述徐氏反抗压力的学问故事，应该对我们以及更年轻一代有正面的启示。

（原载《华南师范大学学报》2013年第5期）

---

[56] 参见余英时《论戴震与章学诚》（香港：龙门书店，1976年），以及拙作《等待刺猬》（上海：上海三联书店，2004年）对此的讨论。

穿越理解的双重屏障

论本杰明·史华慈的思想史观

站在一个与自己的传统急剧拉开距离的时代去探讨传统本身，肯定是十分困难的工作；而对于对其他思想传统做跨文化研究的人来说，任务就尤为艰巨。因为后者必须同时穿越时代与文化的双重屏障。本杰明·史华慈教授属于为数极少的从事这一有"风险"的事业且有创获的杰出学者之一。他的有关中国思想史的著述不仅为西方世界开拓了分享中国文化"经验"的途径，同时也为中国同行提供了某些反思自身传统的参考架构。造就史华慈学术道路的因素是复杂的，借他喜欢用的词来讲，是有"问题性"（problematiques）的。本文准备讨论其中重要的一个方面，即以方法论为中心的思想史观。至少就人文学术领域而言，方法论的自觉是成功学者的必要条件，只不过有些人将其融入具体研究实践中，有些人则将它著诸竹帛，公诸同好。在史华慈为数不多的涉及方法论的系统文字中，特别值得注意的篇章有《中国思想史：初步的反思》（1957年）、《古代中国的思想世界》导论（1985年），以及论文集《中国及其他问题》导论（1996

年），前后相隔近四十年，基本思路一脉相承，而侧重点又略有变化，均可看作其治思想史的方法论纲领。史华慈不是那种抽象理论的构造者，而是对思想世界有敏锐洞察力的历史学家，因此他的方法论论述带有显著的实践性格。通过对这些文字的分析，不仅有助于我们更好地理解与之相关的学术作品，或许还有机会了解作者本身及其所处的思想世界。

一 思想："有限的自由"

思想史研究不同于一般的阅读思想文献，它不只是要了解文本明确表达的含义，更重要的还在于揭示文本背后的问题，这些问题包括作者本身没有意识到的，甚至是故意向人们隐瞒的，也即所谓思想的背景问题。探讨这种背景有两条基本途径，一是从思想与思想的关系去寻求，一是从思想与现实的关系去分析。在史华慈刚进入思想史领域的时代，这两种思路几乎被对立起来，并形成有影响力的两个学科，这就是观念史与知识社会学。两者分别以亚瑟·洛夫乔伊的《伟大的存在之链》与卡尔·曼海姆的《意识形态与乌托邦》为代表。史氏在两者的夹缝中开辟自己的学术途径，他为思想史设定的任务是"关注人的全体意识对他们的生活情境的反应"[1]，实是对这两者深切反思的结果。

---

[1] Benjamin I. Schwartz, "The Intellectual History of China: Preliminary Reflection", in John K. Fairbank (ed.), *Chinese Thought and Institution*, Chicago: The University of Chicago Press, 1973, pp. 24-25.

洛夫乔伊的观念史（the history of ideas）从哲学史脱胎而来。他不满足于以每个哲学体系为独立自足的单位，再以时间顺序为线索把这些体系串联起来的哲学史编撰方式，因为它不能揭示这些体系出现的深层因素及被接受或发生影响的途径。新的观念史的目标是，分解这些体系，将其看作某些基本观念要素在不同思想形势下的不同组合，揭示它们背后没有明言的重要预设同特定时代精神风尚包括思想运动的联系，追寻某些重要观念、新的信念或时尚出现、消失或融合的线索等。这看来很接近思想史，中文通常就是用思想史翻译"观念史"的。然而，洛夫乔伊强调说："尽管它大部分处理同其他思想史分科共同的材料且大量依靠它们先前的工作，但它用特定的方法区分这些材料，把其各部分带入新的组合与关系中，从特定的目的看待它。"[2]说到底，他的焦点仍落在那些最形而上的观念如"神""善""性"等哲学或宗教问题上。

这种"观念"的宽泛含义，史华慈当然也注意到了，但他要突出意识同情境的关系："当我们承认（观念史）这一理路的成果时，我们的焦点更多地集中在那些出现于人们对他们的生活情境的反应背景中的观念上。由于前辈和个人的同时代人的思想倾向形成情境本身的完整和重要的部分，观念与观念间的关系不能被忽视。但另一方面，还存在着包括在情境之中而又落在思想之流以外的制度、技术-逻辑事实、

---

[2] Arthur O. Lovejoy, *The Great Chain of Being*, Cambridge, Mass: Harvard University Press, 1964, p. 3.

政治条件等问题。"[3]即是说,"软件"和"硬件"都应被整合到"情境"中思考。分析"思想"的历史,不能忽视软件,而考察"历史"上的思想,则不能忘记硬件。

"知识社会学",按曼海姆的说法,"是社会学中最年轻的分支之一。作为理论,它寻求对知识与存在的关系的分析;而作为历史-社会学研究,它试图追溯这些关系在人类思想发展中采取的形式"。在现代思想危机中产生的这门知识,其目标是,"一方面,致力于发现决定思想与行动间关系的可运用的标准。另一方面,通过自始至终以基本的、无偏见的方式思考问题,它希望发展出一种适应于当代情境的关于知识中的非理论条件因素的意义的理论"。[4]从思想的根源、思想的过程到思想的作用,曼海姆都采取极强的社会决定论的分析模式。他把思想家个人的思想,还原为其所处的社会阶层或集团的集体意识,同时又把它同特定的社会利益直接挂上钩。在分析"意识形态"和"乌托邦"这对概念之后,曼海姆也把它推荐给思想史及观念史。

史华慈愿意正视环境对思想的影响,但无法接受这种思想的"起源式解释"。因为"这里所要处理的是一种有限的自由——一种人在他们的意识反应中有限的创造性"。[5]不仅如此,"进而言之,在假定人的意识反应不完全被来自背

---

[3] Benjamin I. Schwartz, "The Intellectual History of China: Preliminary Reflection", in John K. Fairbank (ed.), *Chinese Thought and Institution*, p. 18.

[4] Karl Mannheim, *Ideology and Utopia: An Introduction to the Sociology of Knowledge*, London: Routledge & Kegan Paul Ltd., 1972, p. 237.

[5] Benjamin I. Schwartz, "The Intellectual History of China: Preliminary Reflection", in John K. Fairbank (ed.), *Chinese Thought and Institution*, p. 20.

后的东西所决定后,我们将冒险做更大胆假设,即人对情境的意识反应构成了改变情境的动力因素之一"。[6]史华慈关于思想的"有限的自由"的观点的价值在于,它能说明为什么在相同的历史情境下,出类拔萃的思想依然只是出于少数人的头脑。思想史上重要的思想,绝不是人类智商的平均值,而是"有创造性的少数人"对"有限的自由"充分利用的产物。值得思想史家关注的,不只是思想家们想什么,而是他们如何想。

对思想的"有限的创造性"的珍视,可能是在六七十年代人类学在文化解释中大行其道之后,史华慈仍然潜心《古代中国的思想世界》的写作,坚持通过探讨"有创造性的少数人"的思想来解释中国文化的定向的信心所在。在这部名著的导论中,他对自身所处的情境有高度的自觉:"但问题仍然是——为什么是思想史?特别是在这部书中,我要处理的主要不是无名无姓的全部人口的'心态',而是那些被记录在文本中的少数人的深思熟虑的思想,这一事业看来不仅是不时髦的,而且会被称作精英论。"[7]答案就是他深信这种精英的思想在随后而来的时代中,无论对统治阶级还是对普罗大众的文化都将产生直接或间接的影响。

文化人类学与思想史共同关心人的意识生活,但在史华慈看来,两者的取向则大相径庭。列维·斯特劳斯在以结构

---

[6] Benjamin I. Schwartz, "The Intellectual History of China: Preliminary Reflection", in John K. Fairbank (ed.), *Chinese Thought and Institution*, p. 24.

[7] Benjamin I. Schwartz, *The World of Thought in Ancient China*, Cambridge: Harvard University Press, 1985, p. 3.

语言学做类比的基础上,在结构的措辞下思考文化,而吉尔兹(Clifford Geertz)强调符号与符号系统的作用。两者都把"文化"当作通过或在人的意识生活背后起作用的高级实体。思想史要求动态地探讨人的文化的发展,人与其他高级动物的区别在于,由于思想的作用而产生文化,而文化符号使其对环境产生新的知觉经验,这新的经验又导致人们对环境及自身的存在提出新的问题,正是这种不断问答的过程,构成思想史所面对的主要课题。

二 分享跨文化的经验

一般来说,所有的经验都是已发生了的经验,故对经验所做的探究,也可看作广义的历史研究。其"历史性"的程度,不但依时间的长短来衡量,而且得考虑对现实影响的程度来判断。"意识对情境的反应"在多大意义上是社会学的,多大意义上是思想史的,取决于对象所处的"情境"同现实的关系,甚至取决于研究者对有关的具体关系的看法。所以社会学家可以过去为对象(历史社会学),思想史家也会以昨天才出现的思想为题材(当代思想史)。围绕着"意识对情境的反应"所做的探讨,史华慈从史家的角度,试图解决的是进入过去的思想世界的方式。但对他而言,要进入中国的思想世界,上述努力只是穿越第一重屏障。除了历史的屏障外,对于一个从事自身以外的文化传统的研究的学者来说,更大的问题可能还在于文化的屏障。

对跨文化的自觉,在史华慈的思想中可能是经历了一个过程的。在《中国思想史：初步的反思》那篇文章中，问题被区分为"一种思想史概念"和"作为思想史领域的二十世纪中国"两方面进行讨论。跨文化的问题没有作为概念被提出。但到了研究严复的思想个案时，问题便逐渐碰到。

首先要克服的不是不同文化理解的麻烦，而是那种自以为是的理解给真正的理解带来的障碍。《寻求富强：严复与西方》（1964年）开篇就揭露这样的虚幻："在谈到西方与'非西方'的遭遇时，我们一般会假定西方是一个已知的量。'西方的冲击'的隐喻暗示着一个清晰感觉到的对象冲击一种无活力的材料的意象。被动的材料是某种未定型和模糊的东西，但我们全都熟知冲击的对象。我们知道西方。"[8] 在史华慈看来，这只不过是一种神话而已。他直截了当地说："我认为，在对待西方与任何一个确定的非西方社会及文化的冲突问题上，我们必须同时尽可能深刻地把握双方的特征。我们所涉及的并不是一个已知的和一个未知的变量，而是两个庞大的、变动不居的、疑窦丛生的人类实践区域。对西方我们无疑'知'之甚多，但对西方的认识照样留有疑团。有人甚至希望两种文化冲突的根由本身或许会提供一个有利的切入点，以便由此对双方重新进行审视。当然，没有人能够自称立足于任何一种特写的文化之外。我们都受到'文化范围的约束'。然而，有人也许会期望确实存在着一个处在任一特定文化之外的一般的人类王国，以便使某种程度的自我超脱成为可能。再有，人们不可能希望自己对诸事

---

[8] Benjamin I. Schwartz, *In Search of Wealth and Power: Yen Fu and the West*, the President and Fellows of Harvard College, 1983, p. 1.

同样'精通',但是如果要着手进行富有成效的研究,必须敢于对即使是自己研究领域以外的问题做判断,只要它们与自己的研究领域有关。"[9]对严复思想个案的分析,是史华慈探讨有才华的头脑如何在特定的历史情境中表现"有限的自由",同时也是他审视中西文化的不同特质,同读者分享跨文化的思想经验的有效尝试。

当然,跨文化研究中,克服一般的文化偏见是一个问题,而能否进入另一个世界则是另一个问题。后者不只是观念的变更,还需要知识的学习或训练。对任何从事中国学尤其中国思想研究的西方学者而言,第一个需要克服的障碍便是语言。对两大语言系统能否有效沟通的认识,甚至是跨文化的经验能否分享的前提。就传达日常生活经验而言,这不是太大的问题,但对那些玄妙的形而上的观念来说,结论就不会那么简单。对严复翻译的西方名著进行精心研究的史华慈,对此自然深有体会。他不会低估它的困难,但可能也更被成功的前景所鼓舞。所以他又从现代中国的思想世界进入古代中国的思想世界。史华慈对语言的态度有两方面:一是反对语言决定论,二是正视翻译的困难。

语言决定论认为不同的语言体现对现实完全不同的想象。不仅清晰的思想如此,甚至文化也被预定的语言的基本特性所塑造。这种假定会引导出由语言结构分析思想以至整个文化结构的偏颇做法。史华慈承认,古代中国文献中的书写语言显得特别简省,缺乏如单复数、冠词及表示抽象的后

---

[9] Benjamin I. Schwartz, *In Search of Wealth and Power: Yen Fu and the West*, pp. 2-3.

缀，它主要依靠上下文关系及共同的可理解背景来掌握。但他举"仁"这一抽象概念做例子，否认这些特性会导致中国缺乏抽象观念的想法。另一方面，史华慈也意识到，对中国传统概念的"任何现代西文翻译，必然是一种解释，它不能避免对西方语言与思想范畴的运用"。[10]但两种语言间的很多概念或思想范畴，不存在一一对应的关系。如英文中的自然、理性、科学、宗教及自由，同中文中的道、理、气等，在各自的传统中都有很多层次的含义，做比较处理的时候得很小心。这是一项比较思想的事业，而这一事业之所以可能，对他来说是建立在一种信仰之上。"这一信仰假定有一个共同的人类经验世界。"[11]

在对葛瑞汉《论道者：中国古代哲学论辩》[12]所写的书评中，史华慈继续坚持他以往对比较文化所持的立场。一方面，他相信人类不同文化传统中存在共同关切的问题，因而也必然存在可资比较的思想经验。另一方面，他反对以一种文化为（认知特别是价值的）坐标，对另一种文化做图式化的处理的片面手法，因为这容易导致对另一种文化甚至可能同时对两种文化的曲解。在史华慈看来，葛瑞汉的文化特殊论的倾向，同他的研究成果并不一致。他举葛瑞汉对西方在与非在的二分法同中国古典中有与无的二分法的比较研究为例，表明对中西两种主要文化观念的概括，可以

---

[10] Benjamin I. Schwartz, *The World of Thought in Ancient China*, p. 11.
[11] Ibid., p. 13.
[12] A. C. Graham, *Disputers of the Tao: Philosophical Argument in Ancient China*, La Salle, Illinois: Open Court Publishing Company, 1989.

在两种语言中被理解。由此进一步反对文化的"不可公度说"(incommensurability)。但同时,他又强烈地批评芬格莱特与葛瑞汉在比较哲学中,靠援引某些西方哲学家如莱尔(Gilbert Ryle)、奥斯汀等人的观点来把孔子思想合理化的做法。这种援引"最后的判词"(latest word)的手法,假定了一方是没问题的权威。这在比较研究中非常流行,但在史华慈看来,这是最成问题的。[13]

史华慈既反对文化相对论,也反对文化有机论,两者是互相联系的。他总结自己的文化观说:"我觉得,也许可以把文化比喻成一种化学上的复杂的化合物。我采用这个比喻是因为有人把文化比作生物学上的一元有机体。后者是一种强势的文化观,它很容易让人低估历史变迁的重大意义。我个人则赞成一种弱势的、比较谦虚的文化整体观。我心目中的文化是一种未经决定的、不稳定的、相当松散的整体。它对于来自外部的各种影响和未来的种种可能是完全敞开的。如果我们说文化是一种结构,就必须马上强调这个结构内部各种成分之间并没有达成一种稳定的谐和状态,而是充满种种深刻的历时性和共时性矛盾,而且还如一切化学化合物那样,其中各种成分都可以分离出来,可以从原有的结构中解脱出来和其他结构组合。它与固定的结构和所谓牵一发而动全身的强势的生物有机观很不一样。"[14] 这自然可以看作一种

---

[13] Benjamin I. Schwartz, "Review of *Disputers of the Tao*", in *China and Other Matters*, Cambridge, Mass.: Harvard University Press, 1996, pp. 139-153.
[14]《刘梦溪、林同奇对史华慈的访谈》(1999年4月,记录稿,由林同奇教授提供)。

哲学性的假设，但它也是史华慈中国研究的一种经验之谈。它不但解释了文化发展的可能性，同时也为其比较思想史研究提供了依据。

三　情势与理路

在为自己的论文集《中国及其他问题》（1996年）写的导论中，史华慈这样说："我不会声称把它们放在一起代表了一个紧密联结的思想系统及同样无懈可击的专业见解。但我会简单提示，至少在我自己的回顾中，它们反映了某些基本持续不变的专心，此外还直接地回应了在第二次世界大战结束后的岁月中，美国和一般西方思想中变化着的思潮。"[15] 信哉斯言。我们在前面提到，史华慈不是抽象的理论家，他的方法论主张同其研究经验的关系几乎密不可分。探讨这两者之间的互动关系，不但可以更具体地掌握他的观点，而且有助于进入他的思想世界。这也是研究"意识对情境的反应"、认识思想的"有限的自由"的一个案例，但这里只能先简单地勾画一些线条。

史华慈首先从事的中国研究，其实不是思想史而是现实政治。他的第一本著作《中国共产主义与毛泽东的兴起》（1951年）[16]，所处理的是正在发生的现实，而不涉及文化传统问题。构成这一选择的背景因素有：战后美国对中国外交

---

[15] Benjamin I. Schwartz, *China and Other Matters*, p. 1.
[16] Benjamin I. Schwartz, *Chinese Communism and the Rise of Mao*, the President and Fellows of Harvard College, 1951.

政策的挫折,西方反自由主义思潮的盛行,有政策关注倾向的老师费正清的影响,以及恰巧得到一本别人从延安带来的《整风文献》……这些因素导致他对当时世界前途是向左还是向右的关切,以及提供了以中国政治的个案来探索这种答案的具体途径。[17]正是这一途径,塑造了他后来整个中国研究的若干特色。例如,中国研究中的世界视野,也许是起于研究中共同莫斯科及整个共产国际的关系,一开始便是试图把握可以共同理解的经验;而以理论与现实的关系作为观察中共兴起的历史的焦点,使他对"思想"的作用有深刻的体会。1971年,他发表《政治与思想史的简要辩护:以中国为个案》[18],便继续把两者联系起来。

"有限的自由"(或"有限的创造性")等范畴,虽然是针对整个思想史研究而提出的,但灵感来自上述的政治个案观察。他以中国共产主义的兴起为例说:"相当明显的是,当马克思列宁主义复合体中的一些因素模式化了这个运动领导人的思想、感情和行为时,其他的因素已变成仪式化的僵硬的文字或仅仅是套式而已。马克思列宁主义创造、塑造了一个新的领导集团,……它扮演了激活思想和激活意识形态的双重角色。其他的思想则通过其他方式把自身同它们时代的社会冲突联系起来。不受简单化假定拖累的具体研究对处理这个时代大部分困难的课题将会更有帮助。"[19]"反思"一

---

[17] 参阅史华慈 China and Other Matters 一书导论以及"访谈"中的自述。
[18] Benjamin I. Schwartz, "A Brief Defense of Political and Intellectual History: The Case of China", in *China and Other Matters*.
[19] Benjamin I. Schwartz, "The Intellectual History of China: Preliminary Reflection", in John K. Fairbank (ed.), *Chinese Thought and Institution*, pp. 22-23.

文虽然同时与观念史及知识社会学保持距离,但更着重与后者划清界限。一个重要的因素是曼海姆的知识社会学与传统马克思主义的思路有密切联系,而这种思想方法其时正以更简单的方式,被中国大陆的学者所复制。例如对康有为、章太炎思想的阶级属性之类的争论。这也是刺激史华慈给思想的活动以更多空间的因素。

"反思"一文的后半部分对20世纪上半叶的中国思想史背景及问题做了概括性的论述。在提及汉学、宋学、公羊学及佛学等传统遗产的作用时,他笔锋一转:"西方方面,将其当成一个可被贴上'现代西方'标签的实体来谈,更是一种误导。严复、梁启超及其他人所遭遇的西方知识界,正迷失在自己的碎片中。要提醒我们的是,只有一些跨越18世纪自由主义潮流的思潮在西欧仍然强大,而19世纪对自由主义的反动早已到来。因而严复翻译孟德斯鸠和赫胥黎不是反常的。社会主义从其各派看已高度成熟,正如各个保守的反自由主义的流派一样。历史进步的信念正在培养,但叔本华、尼采及其他人对它的攻击也已经进行。社会达尔文主义正同时在个人主义和民族主义的意义上被翻译。贯穿所有这一切的,是对现代工业功利主义的审美反动。"[20]可以说,该文就是后来研究严复的准备,包括方法论与背景分析两方面。严复是史华慈精心挑选、雕琢的一枚用来折射那个时代光芒的多棱镜。

一旦进入严复的思想世界,史华慈直面的就是比较文化

---

[20] Benjamin I. Schwartz, "The Intellectual History of China: Preliminary Reflection", in John K. Fairbank (ed.), *Chinese Thought and Institution*, p. 27.

的问题。而对严复，可能还有康有为、梁启超、章太炎、王国维、鲁迅、陈独秀甚至毛泽东等人的精神资源的兴趣，则诱导他对中国古代世界的思想探险。这自然是怀有深刻的问题意识，而又不满足于浅尝即止的学者才会有的举动。从为现代中国思想舞台人物造像，到探索古代中国的思想世界，不仅是对象产生巨大的时空变换，而且提问与解答的方式都有微妙的不同。同样是探讨思想的"有限的自由"，前者关心个人对情境的意识反应，后者着眼于"文化导向"（cultural orientations）的形成。焦点从文化承担者身上转到文化奠基者身上。还有另外的原因导致他的新探险，他说："超越这一时期对随后而来的整个中国思想史的意义，我必须承认我自己对古代中国思想的兴趣更多受到'世界-历史的'观察类型所刺激。这是我从卡尔·雅斯贝斯的著作《历史的起源与目标》论'轴心时代'一章中找到的问题。"[21]这是正面的启发，还有反面的刺激。从60年代开始，文化人类学对文化的解释在社会科学领域有很大的影响，先是列维·斯特劳斯结构人类学的出现，后又有吉尔兹符号论的流行。其共同点是把文化看成静态的东西，这与历史学的基本前提相冲突。史华慈其实也是通过对中国的"文化导向"形成过程的分析，向人类学的说法挑战。这直接体现在他著作的导论中。

无论是讨论严复还是古代思想，史华慈的目标都是文化的比较，但前一比较是以严复个人的思想经验为中介，问题

---

[21] Benjamin I. Schwartz, *The World of Thought in Ancient China*, p. 2.

相对具体,而后一比较则是平行的比较,相对更抽象。从政治到思想,从现代到古代,他的转换有情境的刺激及逻辑的导引。但其总方向基本一致,那就是通过中国思想的分析,提供可沟通中西的人类共同的思想经验。

四 对比的观点

现在的问题是,史华慈提供的关于中国经验的经验(方法)是否可为中西同行所分享呢?让我们先转到同某些观点的对比上来。

中国思想史家徐复观谈论自身的传统时说:"中国传统的学问,本是以经世致用为目的的;因此,中国学问的本身,两千余年来,本是以对现实问题负责所形成的'思想性'为其主流的。中国学问的活动,自先秦以来,主要是'思想'的活动。"[22]"古人的思想活动,乃是有血有肉的具体的存在。此种抽象的东西(概念——引者),与具体的存在,总有一种距离。因此,由古人之书,以发见其抽象的思想后,更要由此抽象的思想以见到在此思想后面活生生的人;看到此人精神成长的过程,看到此人性情所得的陶养,看到此人在纵的方面所得的传承,看到此人在横的方面所吸取的时代。一切思想,都是以问题为中心,没有问题的思想不是思想。"[23]史华慈读过徐复观,但徐复观是否读过史华慈,我

---

[22] 徐复观:《五十年来的中国学术文化》,载《中国思想史论集》,台北:学生书局,1988年,第251页。
[23] 徐复观:《有关思想史的若干问题》,《中国思想史论集》,第116页。

们不知道。虽然徐氏批评过一种把清代的考据传统同西方经验主义的末梢结合的"洋汉学",以科学标榜而抹杀精神文化的作用,但史华慈不在此列。相反,在重视文本上的(或者说是精英的)思想,重视思想人物的内心意识与外部情境的互动方面,两者完全相通。

但是,相反的取向在今日学界也风头日劲,艾尔曼的下述说法可能最有代表性:"中国哲学史一旦摆回其原属的哲学领域,它便是中国思想的珍贵记录,而非中国历史的决定因子。'观念史'的取向从而在方法论上为中国哲学提供一条可行的途径,重构儒家和新儒家思想的内在完整性。然而,学说如何变成意识形态,正是一个重要的历史问题。一旦提出这个问题,我们就离开了哲学立场的内在整体性,进入了观念在特殊历史脉络里在政治、社会和经济上如何被运用的层次。观念如何指引和发动行动的问题,带领我们离开'纯粹'哲学和传统观念史的领域。我们不再追问'正文'(text)里观念的普遍'意义',而是要解明这些观念如何显现当事人所处的特定'脉络'(context),因为他们的行动本是由这些观念所指导和支持的。在当代从观念史到文化史的转变里,我们身为思想史家,也从信赖哲学,转向不信任其历史左右力。"[24]

有意思的是,当艾尔曼在规划他的文化史时,也与史华慈当年构思思想史一样,打算同时与洛夫乔伊的观念史及曼

---

[24]〔美〕艾尔曼:《中国文化史的新方向:一些有待讨论的意见》,载贺照田主编《学术思想评论》第三辑,沈阳:辽宁大学出版社,1998年,第427—428页。

海姆的知识社会学划清界限。但把两者的成果置于同一坐标来比较，就可看出微妙的差别：史华慈的《古代中国的思想世界》更接近观念史，而艾尔曼的《从理学到朴学》更像社会学（他运用的是库恩科学社会学方面的观点）。问题的焦点在于，文本是否是思想史研究的中心，或者说思想对历史究竟有多大的左右力。社会学式的努力可能有助于确定意识对情境的影响的底线，而思想线索的探寻显然更能展示知识精英意识创造的奥妙。"有限的自由"就是要在既定的历史情境谈思想的创造力。用持平的眼光看，在思想史领域，对"意识"与"情境"的不同偏向，可能是一种必要的张力。我们也许不能有一种面面俱到的综合，如果有这样的作品，可以想象其必定显得平庸乏味。所以，史华慈式的追求，就必然有它的魅力。

从社会学的观点来看，观念史的取向可能过于主观。那么，思想史研究如何保持它的客观性呢？这也是史华慈要求谨慎对待的问题。他在承认研究者的主观兴趣导致其难以超脱地对待对象时，要求思想史家尽量"在他自己的判断同他所尝试理解的其他思想间划出界限来"。[25]"思想史家的任务不是证成思想的有效，而是要理解它。"[26]这与他跨文化研究的处境有密切的关联，他谈自己的工作时说："或好或坏，它们都表现出一种现在流行叫作'自我关涉的'（self-referential）的态度——不是那种带着个人的主观性去关注的

---

[25] Benjamin I. Schwartz, "The Intellectual History of China: Preliminary Reflection", in John K. Fairbank (ed.), *Chinese Thought and Institution*, p. 25.
[26] Ibid., p. 23.

意义，而是假定没有对带着自己文化、社会和历史定位的卷入的不断意识，而要取得对文化的'他者'（other）的理解是不可能的。然而，我应当马上补充的是，由于这些著述追求对中国的过去与现在的多方面的理解，显然我没有接受像'自我关涉'必然卷入不是独断的文化相对论，就是认为中国过去和现在的他在性（otherness）是根本不可公度或不可沟通的观点。"[27]

对于史华慈或者那些从事非本文化研究的学者来说，这个避免主观化的要求既必要且相对易于做到。必要的原因在于，虽然不必接受文化相对论"不可公度性"的学说，人们也得承认从一种文化理解另一种文化中的思想问题，非常容易不自觉地用自己的成见曲解对象，从而失去从另一种文化吸取经验的可能。而相对容易的条件是，这些学者自身的文化传统已经为自己提供了一套价值信念，特别是对多数当代西方学者来说更是如此，研究对象的价值定向与自身的生活方式或生活环境没有存在论式的关系，这自然能超脱一些看待对象。我不排除可能存在着对其他文化价值深刻认同的学者，但毕竟更超脱是更正常的现象。但是，对于有自己深厚的文化传统，而这种传统同急剧转型的社会正发生深刻冲突的中国学者而言，追求完全这样做不仅不可能，而且未必可取。徐复观之所以对"洋汉学"不满，就是认为它们在学问的层次上失落了对自身传统的价值关怀，流于一种"无用"之物。当一些西方学者指责现代新儒家是想为现代中国提供

---

[27] Benjamin I. Schwartz, *China and Other Matters*, p. 1.

意识形态时，可能跟他们超脱的地位有关。不过，可以"判断"不一定意味着一定要把传统合理化，相反，批判也是一种不超脱，是体现文化价值关怀的一种方式。

徐复观"洋汉学"是专有所指的。但如果把这个词理解为西学影响下的中国学问，则现代中国学术又何处不存在"洋汉学"呢？当史华慈用西方语言翻译中国古典哲学概念不可避免地运用西方的语言和思想范畴时，指出要特别小心。他可能没有想到，这个问题对现代中国学者也存在。现代汉语中用来理解、翻译古代哲学的词语、范畴其实几乎都来自西方，连"哲学"这个词也是为翻译"philosophy"才出现的。史华慈所不满的从西方寻求"最后的判词"的现象不仅存在于西方学者中，也普遍出现在中国学术中间。事实上，西学之所以在整体上规范我们的现代知识，是因为它同整个现代生活形态是相适应的，而今天的中国人总体上已经置身于这一生活形态之中。故用西学解释中学，客观上也有用现代解释传统的意义。这至少是"五四"以来的历史情势所造就出来的，解释者对这一前提只有默认不能选择。但是，如果传统完全是我们的玩偶，没有带任何异质的因素进入我们的视野，解释就不会有多大的意义。摆脱这一困境的出路，可能仍是冯友兰所主张的中西"互相阐明"的有建设性的启示。

在哈佛纪念史华慈的一个报告会上，有人讲了一则趣事：有一次史华慈生日，他的学生们给他送上一件白色T恤作为礼物，T恤的前面写着一行字："on the one hand"（一方面），背面是另一行字："on the other hand"（另一方面）。这是史氏的口头禅,典型地反映他在治学中辩证的思路与反思的性格。他反对在比较文化中以一方为已知,另一方为未知,以及以一方为尺度,另一方为被量度者的态度,所传达的就是这样的意思。而在对思想史的探索中,关注思想"有限的自由"或"有限的创造",即既要求注意思想的条件,又不忽视思想的创造作用,所体现的也是同一种态度。这与冯友兰关于中学与西学、传统与现代"互相阐明"的主张有相通之处。

(原载《开放时代》2001年第5期)

来自域外的中国哲学

耿宁《心的现象》的方法论启示

本文是关于《心的现象》的读书报告，思考的焦点集中在它的方法论上。该书作者耿宁教授既是现象学名家，也堪称卓越的汉学家。文集中对中西哲学的分别讨论及相互比较的不同篇章，足证他的这种双重身份。其中，西方哲学集中于现象学哲学，而对中国哲学则专注于儒家心学，当然也包括汉籍中的佛教唯识学。编者倪梁康教授用"心性现象学研究"做副题界定该书主题，堪称圆融。[1]而以方法而非观点作为评论的重点，这种选择包含着本文作者对哲学的一种理解。一种哲学是否有价值，不一定在于一般认识意义上的对与错，而在于对论题意义揭示的深与浅。哲学上，同样的立场或目标，因方法的不同，或方法应用的娴熟程度的不一样，必然呈现理论品质的差别。虽然不必把哲学归结为方法

---

[1]〔瑞士〕耿宁：《心的现象：耿宁心性现象学研究文集》，倪梁康编，倪梁康、张庆熊、王庆节等译，北京：商务印书馆，2012年。以下提及该书中的论文时，不另注出。而引及该书文字时，则直接标示《心的现象》页码，并注明具体译者。

论，但在哲学的变革与发展中，方法论往往是中心问题。而耿宁的《心的现象》，最吸引我的地方，就在于他做中国哲学的方法。

一 类型

《心的现象》与中国思想或学术有关的篇幅，虽然集中在心学（及唯识宗）上，但研究类型却称得上多种多样。按学科意义分类，大约包括思想史、学术史、比较哲学与哲学分析四个方面或类型。先介绍其不同类型的作品，目的不是呈现耿宁中国思想研究成果的丰富性，而是为展示他的方法论特色做一铺垫。本节先举要分析前三种类型的作品，而把最后的类型留在后面专门探讨。

思想史方面　主要例证是《利玛窦与佛教的关系》一文。该文主旨是研究利玛窦来华传教时采取"补儒去佛"立场的思想实质。作者从有助于了解明代佛教在政治文化上的影响力，以及当时佛教界对天主教采取和解的态度的史实出发，质疑关于利玛窦"补儒去佛"的主张是一种基于现实政治实力考量的传教策略的说法。论文详细引述各种文献，从佛、耶两界人士会饮面争的细节到诉诸笔墨官司的论战观点，说明利玛窦对佛教以至宋明理学的敌对立场，完全是基于他对天主绝对性信仰的耶稣会立场。作者力图揭示："利玛窦所代表的是某一种完全特定的欧洲传统，这种传统在理论领域按照人制造物品的模式（并且更多的是从技术制造的角度，如钟表匠制造机械、自动的物品那样）去理解事物与其原因的关系,在伦理-实践领域则以主人和仆人的社会关系为样板。这一传统在利玛窦的那个欧洲或许曾居统治地位。"[2]但他反对由此把利玛窦及其同道与佛教的关系理解为整个基督教与佛教乃至"中国思想"的关系,并在原则上否认相互理解的可能性,如谢和耐(Jacques Gernet)的《中国和基督教》所持的观点。作者还假设:"如果那时从欧洲来到中国的传教士,是来自新柏拉图神秘主义传统的,如来自圣维克多(Saint Victor)学院的僧侣,或来自埃克哈特(Eckhart)、陶勒(Tauler)及库萨的尼古拉(Nicholas Cusanus)圈内的人士,他们所代表的基督教及其与佛教的关系也许会呈现出另一种与此很不相同的样子,尽管这也不是没有争议的。"[3]该文虽然涉及不同观念之间的关系问题,但其重点不在于观念或理论的深度,而是通过特定历史情势下人物的思想动向,分析观念之间的遭遇及其后果,因此是一种典型的思想史论述。这篇论文虽然在这本哲学色彩浓厚的文集中显得有点例外,但透过它的倾向,应可传达出耿宁对在当代世界致力于沟通西方哲学、中国心学与佛教唯识学的事业所怀有的深切的历史感。

学术史方面 类似于中国学术时下流行的魏晋玄学或宋明理学研究,以梳理人物与学派、概念与体系、传承与流变等关系为主要任务。例如,谈玄学的《王弼对儒家政治和伦理的道家式奠基》、论佛学的《试论玄奘唯识学的意识与

---

[2]《心的现象》,第123页,张庆熊译。
[3]《心的现象》,第124页。

结构》,以及讲心学的《论王阳明"良知"概念的演变及其双义性》《王阳明及其弟子关于"良知"与"见闻之知"的关系的讨论》等论文,均可归入这一范畴。这类论文的问题意识基本上来自研究对象传统内部,同时,其分析的线索紧贴着传统观念演变的脉络。如上述这两篇关于"良知"的论文,论题均从阳明本人的表述,以及阳明与弟子之间的论辩所引出。同时,作者阐述过程中使用的基本词语,也多系经典术语。在论良知的"双义性"一文中,作者据阳明自述而提出的问题是:"有关的哲学史家迄今尚未做出足够的解释,在什么意义上王阳明在1519年至1521年之前使用了'良知'和'致良知'这两个术语,以及为何他能说,他只是在后来(约1520年前后)才为他的观点找到了确切的术语'良知',尽管他显然在此之前早就熟知并使用它。"[4]论文通过分析最终表明,良知概念包括原有的"向善的秉性"与新增的"直接的道德意识",即内在于意念中能识善恶的双重意义。而论"良知"与"见闻之知"关系一文,则通过把"见闻之知"划分为"事实性知识"与"通过问学而来的道德知识"两个层次,表明阳明对两种关系的看法有所区别,对后者较为重视。并随后导向对"良知"具有"自知"与"独知"的意识特征的理解。这类作品,连同前面提及的思想史论述,在解读经典、理解文本上,非常能体现作者作为汉学家精湛的专业素养。但另一方面,同样值得注意的是,这类作品并没有体现作者同时也是西方哲学家这种身份"应有的"言述

---

[4]《心的现象》,第168页,孙和平译。

风格，即没有明确带入西方哲学的话题，或者有意把自身的西方哲学背景意识淡化掉，虽然其论题实际是具有普遍意义的哲学问题。换句话说，在这类研究中，耿宁同中国学者的学术竞争，不是依靠专业哲学家的优势，而是靠对中国经典文化的学养。他的具体论断或许是有争议的，然论述肯定是规范且高水准的。

比较哲学方面　即在不同文化传统之间的哲学比较工作。它可在双边或多边进行，如中西哲学比较或中西印哲学比较。这种比较的目的，既可以是不同哲学观念的互相理解，也可以是不同精神文化的互相评介。文集中的《从现象学的角度看唯识三世（现在、过去、未来）》和《从"自知"的概念来了解王阳明的良知说》，是这方面的代表作。以后者为例，作者认为，要有效阐释阳明"良知"概念的含义，需要一个条件，那就是："如果我所运用的这种范畴能使王阳明关于良知的论述形成一个有意义和有系统的理论，这种阐述才可能是适合的。"[5]他从现象学与唯识学出发，把"自知"界定为"每一个心理活动都具有的成分，是所有意识作用的共同特征，即每个意识作用都同时知道自己"。[6]

在此基础上，列举古代印度哲学中关于这个问题的三种不同看法，通过对比表明，"良知"包含有"自知"的意义。论文接着继续分析，表明良知不仅是一般的自知，还

---

[5]《心的现象》，第126页，耿宁中文稿。
[6]《心的现象》，第127页。

是意志的自知，而且是能对意志加以价值判断的自知。由此而解释，为什么良知这个无善无恶的心之体，会成为道德判断的基础，而道德践履的过程也就是致良知的行为。这种论述非常清晰地把作者所理解的良知的含义传达给读者。耿宁的比较哲学，跟那种"格义"式的比较很不一样。格义式的比较有一个基本套式，就是中国的X相当（或类似）于西方的Y。这种思路有意无意把中国哲学作为西方哲学普遍性的一种例证。耿宁的读者首先是西方人，把中国哲学介绍给他们时不可避免需要西方哲学作为理解的概念工具。但他的工具不限于西学，东方的唯识学也是他的坐标之一。同时，他也努力揭示中国哲学中不同于西方哲学的特质所在。因此，这种比较，不是单向的解释，即不是一边是对象，另一边是方法的那种思考格局，而是冯友兰说过的中西之间的互相阐明。它不仅需要研究者对比较的双边具有深厚的知识素养，同时还依赖于其推动古典哲学现代发展的动机。

这种比较哲学与学术史研究相比，知识功能不同。学术史在传统的脉络中提出与理解问题，但是它的思想功能只有在传统的语境中才能得以较好表现，同现代知识文化的沟通方面则有较大的限制。而比较哲学的意义，则在于把传统观念的意义通过哲学论述的方式，更好地释放出来。它不只是面对西方，同时也是面对当代思想文化。然而，要完整达成这一任务，还不能只是既成哲学（观念或理论）的相互阐释，而是面对人类共同经验的哲学分析，这正是耿宁更重要的知识使命。

二 分析

《心的现象》中有两篇论文,可以看作耿宁对经典中国哲学观念进行哲学分析,并提取出同西方哲学对话的论题的典范。其中,一篇是《孟子、亚当·斯密与胡塞尔论同情和良知》,另一篇则是《中国哲学向胡塞尔现象学之三问》。论同情与良知的文章,从整个题目看,自然也可归入比较哲学的范畴。但它与一般比较哲学的不同,不仅在于它突破格义式的比较框框,寻求对双边或多边观点的相互阐释,达到对各自问题的清晰理解,就如作者在《从"自知"的概念来了解王阳明的良知说》等论文中所做的那样;同时更重要的,还在于对问题的性质与价值进行一种哲学意义的分析,包括对经典论点的检讨与重新论证。其方法不是停留在观点与观点或理论与理论之间的对比,而且要通过经验的反思来验证。

关于同情与良知的论文,是从孟子的视角讨论问题的。"乍见孺子将入于井"及"以羊易牛"是孟子用以说明人皆有恻隐之心的例子,也是吸引耿宁反思道德情感性质的题材。他说:"令人惊叹的是,两千年后在一个全然不同的文化之中,孟子上述所引同情心的例子也为我们当下所理喻,它们依然言之有理。看来孟子道出的乃是某种普遍人性的东西。"[7]作者的问题是,这样一种同情如何在现象学上得到厘清?具体点说,以恻隐(或同情心)为代表,包括感激、尊

---

[7]《心的现象》,第419页,陈立胜译。

重、诚实等道德情绪的萌芽,在什么意义上具有道德的性质,是作者力图揭示的内容。答案包括:"第一,这些感情的意向性特征即是不仅指向某人自己的处境,……而且也对他人或生灵的处境拥有一意向性。""第二,这些意向地指向他人处境的感情,渴望着为那个处境之中的他人或生灵而行动,而且只有在这些行动之中才能得到实现。"[8]

在西方经验论传统中,休谟、亚当·斯密皆把同情心解释为对他人处境的体验。耿宁认为这种理论无法解释孟子恻隐之心的性质。为了深化这一讨论,作者对一个自身见闻的例子做了详细的分析:一个母亲(作者的姐姐)看到自己的孩子在做危险的游戏(滑雪)时的复杂情绪。一方面,孩子的行为让目睹其情形的母亲感觉到危险;另一方面,孩子本身不但没有意识到危险,而且还体验着这种刺激性运动的快乐。于是,母亲便陷入在惊骇中看着儿子开心运动的境地。这事实表明,母亲对孩子处境的担心与关切,并不是体验到孩子的心情的结果。紧接着,作者又列举一个想象的和一个亲身体会的例子,以加强论证的力量。想象的例子是,当我们见到有人要跳井或跳楼自杀的时候,会感到害怕及生出制止这种悲剧的愿望,但我们并未能体会及赞同对方内心的厌世感。亲历的例子是,作者看到其刚去世的父亲被置于低温的房子中时,为他感到寒冷,忍不住想去帮他盖好被子。其实,这种担心并未进入父亲的"感觉"世界。这几个例子表明,同情别人,并不是因为我们经验到被同情者的内心活

---

[8]《心的现象》,第420页。

动,更不是我们也感受到威胁。以"乍见孺子将入于井"为例:"我们这样担惊受怕,不是因为这个处境被体验为对我们是危险的,而是因为它是对另外一个人而言是危险的,我们是为他者担惊受怕,我们倾向于做某事不是为了自己,而是针对那对另外一个人而言的危险处境。"[9] 由此,耿宁将其分析运用至对胡塞尔关于同情的现象学观点的澄清与评价上,认为:"当胡塞尔在其同感现象学中谈到对他者立场的当下化理解时,他并未把这种理解本身赋予任何道德特征。跟他者保持良善的伦理关系的正当动力,依然是孟子同情参与他者处境意义上的'德性之萌芽',尽管这些为他人行动的直接情绪与倾向本身并不足以成为德性;它们尚需对他者体验的同感理解来成全才能成为德性。"[10]

接下来,作者把问题转向对亚当·斯密基于"同情"的道德评价理论上来。在耿宁看来,斯密《道德情操论》中的同情理论包括三个层次:进入他人的情感世界,同他人的情感动机做比较而获得(赞同或否定的)态度,以及对这种态度的公正评价。斯密把道德判断的对象首先指向他人而非自身。这一理论的动机是为了反驳并取代道德源于道德感的假设,但它在说理上并没有达成自己的目标。对此,耿宁的立场是:"道德的自我-赞同与责备在原则上要比对他人道德的赞同与责备拥有优先性。"他主张用"良知"取代道德感,作为道德判断的根本依据,因为良知的作用首先是对自

---

[9]《心的现象》,第423页。
[10] 同上书,第429页。

身意念与行为的道德意识。其最终的解决方案,灵感来自王阳明:"意与良知当分别明白。凡应物起念处,皆谓之意。意则有是有非,能知得意之是与非者,则谓之良知。依得良知,即无有不是矣。""凡意念之发,吾心之良知无有不自知者。其善欤,惟吾心之良知自知之;其不善欤,亦惟吾心之良知自知之;是皆无所与于他人者也。"〔11〕

把这篇论文划归比较哲学的范畴也没有错,甚至可以说,就是一篇以现象学的视角比较中西哲学中的道德情感与道德意识的论文。但是,必须注意,耿宁并非以某种现象学理论或观点来裁决被比较的对象,相反,胡塞尔的说法在这里同样是被批评检讨的观点而已。所谓现象学视角,就是"面对事情本身",面对我们的基本道德经验。不论孟子的"乍见孺子将入于井",还是耿宁提供的想象的或亲历的例子,其可理解性均系贯穿古今与中外的。对这些经验的深入分析,才是对孟子、王阳明,或胡塞尔、亚当·斯密等不同观点评价、取舍的基础。因此,它不只是比较哲学,而是哲学分析,是对中国经典哲学的推动研究。在此基础上发展的中国哲学,才有更好同西方哲学"对话"的机会。

《中国哲学向胡塞尔现象学之三问》,是耿宁从中国哲学出发,同现象学"对话"的举措。他的"第一个问题关系到为其他的人和动物的某种同感(Mitgefühl)(同情[sympathy]或感受[feeling]),它对于这些十六世纪的中国

---

〔11〕参《心的现象》第443页中译者陈立胜对耿宁所引阳明语录的注释。阳明原文分别见《王阳明全集》,上海:上海古籍出版社,1992年,第217、917页。

哲学家来说非常重要。第二个问题关系到道德良知与一个人对自己的意向行为或意向体验的直接意识之间的关系。第三个问题关系到冥思的、寂静的意识的意向性"。[12] 其中,第一个问题的论述基本来自《孟子、亚当·斯密与胡塞尔论同情和良知》中的第一部分,可以略过。而第三个问题则涉及宋明理学静坐的工夫论,对于缺乏这种实践者,难以谈论相关的经验,不便讨论。因此,分析第二个问题的论述,可以加深我们对其"对话"方法的理解。

问题的原始形态,是一个人是否有能力知道自己心中潜藏着的不良倾向。阳明的回答是良知具有这种能力。他从意向与良知的区分入手:"意与良知当分别明白。凡应物起念处,皆谓之意。意则有是有非,能知得意之是与非者,则谓之良知。依得良知,即无有不是矣。"良知的这种能力也称"独知":"所谓人所不知而己独知者,此正是吾心良知处。"如果把良知理解为"道德意识"的话,与之相对照,"胡塞尔并未赋予对这种意向行为的原意识以任何道德内涵;它是一种意识(Bewusstsein, consciousness),但不是道德意识(Gewissen, moral conscience)。在意识与道德意识之间的区别是什么呢?"[13] 耿宁认为,如果生活意向是整体性的追求,那么对它的意识就不可能是道德中立的,而是包含有对是非好坏的评价或追求的道德含义。对此,他在做学术报告时现身说法:"在这篇演讲中,向你们报告中国哲学中的一些问

---

[12]《心的现象》,第447页,李峻译。
[13]《心的现象》,第463页,李峻译。

题，并且通过求助于胡塞尔的现象学而使得这些问题更容易理解一些。如果我的这种个别意向行为的具体关联被考虑进来的话，道德意识在此就不再是多余的了。因为在做这个演说之时，我在我的道德意识中知道，我是否在我的陈述中诚实而真切地面对你们，我是在说某种我有所洞见的东西，还是在提出一个空洞的、无凭无据的说法。对这种道德意识的追随，甚至可能就是最重要的哲学'方法'。"[14]对此，他想进一步引申的就是："道德意识作为对于自身意向的伦理性质的直接意识，它能够被理解为一种对自己在一个具体的实践处境中的意图和行动与自己对他者的基本倾向和感受——后者构成了孟子的'良知'（ursprünglichen Wissens）概念——之间的一致或不一致的直接意识么？如果是的话，道德意识或良知就是人在其感受、追求和意愿中是否与其自身相一致的意识。"[15]

这种"对话"，显示耿宁对中国哲学理解的深度，以及他力图从中挖掘滋养现象学发展的资源的宏愿。但其前提是，作者通过哲学分析的方式，建立起对这些中国哲学"问题"的明晰且有思想力量的理解。其实，我们不妨把它看作：一个现象学家从中国哲学中找到自己的"谈伴"后，慢慢为中国哲学所熏陶而在自己身上产生思想的张力。在这一张力的驱动下，自己同自己对话，便成为有活力的哲学行为。这就是做哲学，而非普通的哲学史或者比较哲学研究。

---

[14]《心的现象》，第464、465页。
[15] 同上书，第465页。

三 启示

本来,理解耿宁中国哲学成就的更重要成果,应该是他的《人生第一等事:王阳明及其后学论"致良知"》。该书的中译本虽未出版,但梁康兄的译稿,已经让我先有阅读的机会。[16] 不过,作为文集,《心的现象》虽然看起来有些松散,但其中中国哲学部分所聚焦的良知论题,成果同样也体现在《人生第一等事》中,同时,文集又保留作者不同时期对问题探讨的学术轨迹,自有它的优点。而对这篇读书报告而言,恰好因为这种松散,才有机会将耿宁的不同篇章进行对比分析。把其作品归为思想史、学术史、比较哲学与哲学分析,目的也不是要展示其学识广博,而是以他的作品为例,方便说明相关学科或学术传统中某些不同的方法论特征及知识功能,从而更好地阐明他最重要的学术贡献的方法论性质。因为它对今天的中国哲学研究有重要的启示,在《人生第一等事》的自序中,耿宁说:

> 就对这个宽泛的心灵传统的一种更好的理解来看,本来是在欧洲哲学中活动的我,不仅自三十年来就试图对这种中国的心哲学(精神哲学)有所把握,而且也竭力使现象学的思维接近中国的哲学朋友们。这里的关键并不在于个别的、始终也是偶然的语词和概念,而是更多在于对本己意识(体验)的反思这种特殊的提问方

---

[16] 该书已于2014年由商务印书馆出版。

式,在于一种对本己经验的坚定反思兴趣,以及在于一种对这些经验之结构的审慎描述。但最终的目标并不在于,将中国的[本真]心的学习[心学]转变为现象学的理论,而是在于,使现象学的明见服务于对[本真]心的学习。因为,中国的心学是随同它的心灵修习与它的伦理实践而一同起落的。我相信,哲学中的所有理论研究,只要它们不应失去其本原的动机并且不应变得无足轻重,就最终都必须服务于伦理实践,或者,——如当代现象学的创始人埃德蒙德·胡塞尔所写到的那样——认识理性是实践理性的功能。这样一种对中国的心(意识)传统的现象学澄清也会给在西方传统中进行哲学活动的我们带来巨大收益。因为,一方面它可以为我们开启在另一种文化中的邻人的重要精神经验,今天他们越来越频繁、越来越紧凑地与我们相遇,另一方面它会在与他们的哲学思想家的对话中使我们回忆起我们自己的、源自苏格拉底的哲学活动的原初问题:我们作为人如何能够过一种伦理上好的生活。这也可以成为对所有那些在今日西方学院哲学中就此问题变得完全无能为力的状况的一种矫正。[17]

绎述这段自述的意思可知,作者不是以汉学家自居而是以哲学家的身份从事中国心学的探讨的,所以其学术追求不是思想史、学术史或者哲学史,而是对经典思想的哲学分

---

[17] 引文来自倪梁康教授翻译的耿宁《人生第一等事》中文稿。

析。这种哲学分析是基于现象学立场的特定方法,即"关键并不在于个别的、始终也是偶然的语词和概念,而是更多在于对本己意识(体验)的反思这种特殊的提问方式,在于一种对本己经验的坚定反思兴趣,以及在于一种对这些经验之结构的审慎描述"。就如我们在上一节对两篇论文的分析所展示的,实质是在"做哲学",而非绎读哲学文献,更不是现代格义。没有掌握运用好这种方法的话,谈现象学与中国哲学的关系,也会蜕变为新的格义之学。而作者的哲学目标则是双重的:一方面是更清晰地展示古典心学的思想意义,另一方面则是为西方提供可资借鉴的中国文化的精神经验。

就中国哲学而言,有两个问题值得加以强调。其一,传统观念为什么需要哲学的表达方式?其二,现象学对中国哲学研究的启发性表现在哪里?

关于第一点,质疑主张哲学表达方式的人会提出,以学术史的方式,在传统的脉络中讨论古典的观念及其传承,可以保持对传统的完整理解,是比保守传统更有意义的研究工作,西化或现代化的方式则是多余的。然而,经典思想原本并非以学术为目标,而是以促进人生与社会的向善为宗旨。学术史的方式,更贴近传统的追求,但可能把这种学问固定在少数专业学者能够交流的圈子中。不仅无法在传统意义上影响公众,也难以更有力地影响其他现代知识领域,首先是哲学领域。依耿宁的观点,用哲学的方式进行分析,不仅"会让我们这些异乡人,且也让他们的那些越来越多带着科学要求来思考的同时代人,更好地理解那个传统的经验。

即便是今天受过教育的中国人也很难找到通向那些学说的进路，而且为了理解，不仅需要一种特殊的语言和精神史的训练，而且也需要心灵的筹备与练习。但只有通过一种对作为这些学说之基础的经验的严谨现象学描述来进行的澄清，才能将我们今日之人带到这个精神传统的近旁，并使它对我们重新具有活力"。[18]

关于第二点，则与现象学以意识的分析见长，而心学或者说关于精神的学问居中国哲学的主流地位，从而可以在两者之间找到更多契合的地方有关。大量的中国哲学史甚至比较哲学性质的作品，之所以缺乏哲学的魅力，基本原因在于，大部分是在各种哲学概念之间兜圈子，没有表现出对人生经验的洞察力。因此，通过意识经验的反思来理解生活与世界，正是值得学习的重要方式。耿宁在那篇论同情与良知的论文中，给人印象最深刻的地方，就是在探讨这些观念问题时，把孟子"孺子入井""以羊易牛"的直观例子，同其他相关的例子（母亲对孩子运动风险的复杂心情，人们对自杀者的恻隐与不理解并存，还有对去世的亲人的遗体的不自觉想象，等等）一起对比分析，从而反驳同情是同情者对被同情者内在精神的体会的解释，揭示出它是对他人危难处境的关怀的道德性质。方法的关键，就在于对经验的洞察力及相应的结构描述与分析。

扩展相关的分析，我们同样可以进入做哲学的过程。例如，悬置同情的内容是指向被同情者的内心世界还是指向其

---

[18] 引文来自倪梁康教授翻译的耿宁《人生第一等事》中文稿。

现实处境不论，对"孺子入井"的例子，我们还可以进行另外的追问：一、如果事实上有人对"孺子入井"的情景无动于衷，那么这一反例构成对孟子论断有效性的挑战吗？分析下去，便涉及对逻辑的必然性、经验的普遍性及价值的规范性的辨析问题。二、我们能够找到一个比这个例子更能表明善的普遍性的证据吗？答案不论如何，追问下去，便会提出善的意向的普遍性是否是有条件性的问题。用同样的分析，我们还可以探讨耿宁没有解决的问题。例如他说："孟子并未为我们在不尊敬或不正当地对待他人时所具有的羞耻感提供任何例证。"但是，如果我们把"孺子入井"与"以羊易牛"做对比，就会发现问题解答的线索。虽然两者都是不忍或恻隐之心的展示，但两种情节的结构不一样。关键是危机的根源不同，"孺子入井"的危机不是不忍者造成的，而牛的牺牲恰好原本与不忍者齐宣王有连带关系。齐宣王因不忍而改错，便意味着其悔悟中包含着停止错误行为的决定，根源就是有羞耻意识。因此，不忍可由求仁导向守义，仁义在儒学中是一内在的观念结构。[19]

耿宁的哲学素养，值得我们重视的，不是拥有丰富的概念与理论，而是从经验出发的分析方法。而经验的内容，也不一定限于意识经验。其他的哲学方法，同样是处理经验的备用工具。关键是面对问题时，选好合适的工具。同时，在使用中提高操作的能力。耿宁有他自己的问题意识，《心的现象》中对西方哲学的各种专题讨论，是我们理解他对中国

---

[19] 参见拙作《仁义之间》，《哲学研究》，2012年第11期。

哲学主题的选择的重要参考。有志于推动经典哲学的中国学者，自然应有自己的问题意识，这是不言而喻的。

2013年12月草于广州

2014年1月改于香港

由训诂通义理
以戴震、章太炎等人为线索
论清代汉学的哲学方法

汉学与宋学，同属儒家经学。把两者对立起来，则始于清代。汉学擅考据，而宋学精义理，各有所长。转用现代学术的语言，便是就哲学方面的成就而论，宋学高于汉学。王国维说："近世哲学之流，其胶浅枯涸，有甚于国朝三百年间者哉！"[1]然清代汉学，以戴震为代表，其治学问道，本系在义理上与宋学立异。戴氏生前辩称，重视其考据而忽略其义理成就者，"是犹误认轿夫为轿中人也"，[2]这意味着义理的探求才是其学问的根本目标。因此，通过进一步分析，揭示汉学与宋学义理追求之差别，不仅有助于深入探讨清代学术的哲学意义，也有利于讨论传统哲学晚近的走向。更重要的是，对其中训诂与义理关系这一核心问题的再探讨，对

---

[1] 王国维：《国朝汉学派戴阮二家之哲学说》，《静庵文集》，沈阳：辽宁教育出版社，1997年，第95页。
[2] 段玉裁：《戴东原集序》，载《戴震集》，上海：上海古籍出版社，1980年，第452页。

时下"做中国哲学"的努力，在某种意义上有更深刻的启示。[3] 不过，本文的任务不在对整个清代汉学的哲学成就做全面的描述与评估，也非试图对汉学的训诂方法做深入的研究，[4] 而是借助其代表性成果，探讨训诂对义理建设的价值，包括蕴含在前人的实践中而尚未被清晰讨论的内容。

一 分歧的评价

对清代汉学的哲学认识，在现代学术界存在一定的分歧。了解矛盾之所在，是掌握其理路的关键。为了减少枝蔓，我们以戴震、阮元等代表人物为对象。同时，兼取那些本身汉学造诣较高，且有自己哲学主张的学者，如章太炎、王国维、胡适等人的观点，分哲学、方法与伦理等不同方面，刻画其基本形象，以彰显本文论题对理解清代哲学的核心意义。[5] 章太炎被梁启超誉为清代学术之殿军，他就持既重考据，也尊义理的立场："朴学稽之于古，而玄理验之于心。事虽繁赜，必寻其原，然后有会归也；理虽幽眇，必征诸实，然后无遁辞也。"[6] 但章太炎对戴震则予以直白的

---

[3] 20世纪50年代，在台湾发生的徐复观与毛子水等人关于考据与义理的论战；20世纪90年代在香港《二十一世纪》上，杜维明与何炳棣等人围绕"克己复礼"诠释展开训诂与义理之争，表明问题并未进入历史，仍有继续探讨的价值。
[4] 关于清代汉学及其哲学成就的研究成果很多，目前内容最丰富者为吴根友、孙邦金等著的《戴震、乾嘉学术与中国文化》三册（福州：福建教育出版社，2015年）。其中第一编便包括对20世纪相关成果的系统评述。
[5] 因此，与论题关联度不高的其他学术思想人物，如戴震之前倡汉学甚力且治《易》有成的惠栋，与戴震同时代且有重大义理贡献但非训诂专家的章学诚，等等，均无机会论列。
[6] 章太炎：《与吴检斋论清代学术书》，《章太炎学术史论集》，北京：中国社会科学出版社，1997年，第345页。

批评：

> 戴东原之学，根柢不过二端，曰理丽于气，性无理气之殊；理以挈情，心无理欲之界，如是而已。其排斥宋儒以理为如有一物者得之；乃自谓理在事物，则失之甚远也。然要其归，则主乎忠恕……[7]

清末民初，同样学殖深厚，且被冯友兰评价为那个时代"在哲学方面理解比较透彻，见解比较深刻"的王国维，[8] 对清代哲学成就评价同样不高：

> 近世哲学之流，其胶浅枯涸，有甚于国朝三百年间者哉！……至乾、嘉之间，而国朝学术与东汉比隆矣。然其中之巨子，亦悟其说之庞杂破碎，无当于学，遂出汉学固有之范围外，而取宋学之途径。于是孟子以来所提出之人性论，复为争论之问题。其中之最有价值者，如戴东原之《原善》《孟子字义疏证》，阮文达之《性命古训》等，皆由三代、秦、汉之说以建设其心理学及伦理学。其说之幽玄高妙，自不及宋人远甚，然一方复活先秦之古学，一方又加以新解释，此我国最近哲学上唯一有兴味之事，亦唯一可纪之事也。[9]

---

[7] 章太炎：《论戴学根柢》，《章太炎学术史论集》，第359页。
[8] 冯友兰：《中国哲学简史》，北京：北京大学出版社，1985年，第374页。
[9] 王国维：《国朝汉学派戴阮二家之哲学说》，《静庵文集》，第95页。

王国维认为:"戴、阮二氏之说实代表国朝汉学派一般之思想。"[10]依其说法,第一,清学与宋学的哲学竞争,靠"取宋学之途径",实际是指进入传统儒学的人性论领域。第二,以戴震和阮元为代表的清代义理之学,其成就导向心理学与伦理学,也即广义的哲学建设,而非形上学。第三,虽然这种古经新解在复活古学方面有其意义,但在哲学思辨的深刻程度上,仍"不及宋人远甚"。其实,无论章太炎还是王国维,都有自己的哲学追求。特别是喜欢叔本华、尼采之浪漫精神的王国维,这种褒宋贬清的倾向尤好理解。

但是,站在另一哲学立场上的胡适,对戴震的评价就很不一样:"人都知道戴东原是清代经学的大师,音韵的大师,清代考核之学的第一大师。但很少人知道他是朱子以后第一个大思想家、大哲学家。"[11]其特色在于:

> 戴氏是一个科学家,他长于算学,精于考据,他的治学方法最精密,故能用这个时代的科学精神到哲学上去,教人处处用心知之明去剖析事物,寻求事情的分理条则。他的哲学是科学精神的哲学。[12]

在王国维看来,哲学有意味的地方,也许就在它的"玄",所谓"幽玄高妙"就是不要"太实际",要有观念的

---

[10]王国维:《国朝汉学派戴阮二家之哲学说》,《静庵文集》,第101页。
[11]胡适:《戴东原在中国哲学史上的位置》,姜义华主编《胡适学术文集·中国哲学史》下册,北京:中华书局,1991年,第1105—1106页。
[12]胡适:《几个反理学的思想家》,《胡适学术文集·中国哲学史》下册,第1163页。

想象力，或者有理念。而胡适相反，认为科学才是衡量哲学的价值所在。尽管胡适只是说明科学精神的世界观意义，而没有揭示戴氏具体哲学成就之所在。

上述评论，仅就戴震的哲学论说水平而言，而不涉及其社会伦理倾向。其实，戴震哲学的独特，不仅在于他的方法论，还在于他的道德观念。章太炎概括它为"主乎忠恕"。"震自幼为贾贩，转运千里，复具知民生隐曲，而上无一言之惠，故发愤著《原善》《孟子字义疏证》，专务平恕，为臣民恕上天，明死于法可救，死于理即不可救。又谓衽席之间，米盐之事，古先王以是相民，而后人视之猥鄙。其中坚之言尽是也。"[13] 王国维把它归结为伦理学的建设，而后来几乎所有具有启蒙倾向的评论者，对此均予以表扬。[14]

但是，从戴震复活孔孟伦理的抱负，以及后人有分歧的评价看，义理是否高超与道义是否高尚，两者似无必然联系。也就是说，站在学术的立场上，伦理观念的正确不一定保证哲学的深刻，两者可以分别开来。胡适是既赞扬戴震的伦理观念，又强调其哲学成就者。他说："戴震的哲学，从历史上看来，可说是宋明理学的根本革命，也可以说是新理学的建设——哲学的中兴。"[15] 这种新理学的建设，在胡适看来，是树立了一种"科学精神"。所谓"科学精神"，实指其方法重证据、严推理，所获结论在知识上具有可靠性。其实，章太炎和梁启超都赞赏清代汉学的科学精神，相关思想

---

[13] 章太炎：《释戴》，《章太炎学术史论集》，第356—357页。
[14] 不仅章太炎、梁启超、胡适，甚至侯外庐、萧萐父等均持肯定立场。
[15] 胡适：《戴东原的哲学》，《胡适学术文集·中国哲学史》下册，第1039页。

方法整体上对推进古典人文学术研究意义巨大。但是，可靠的知识方法，如何获致丰富、深刻的哲学成果，仍然是有待继续讨论的问题。如果我们承认，戴震代表的清代学术在义理上挑战宋学并不成功，[16]进一步的问题便是：究竟是这种科学方法本质上不能达致其义理目标，还是清儒对其方法的运用不够成熟？如果是后者，那我们就得认真面对这份有待进一步评估的思想遗产。

二 训诂及其问题

严格说，我们要讨论的是训诂在义理探究中的运用，及其带来的问题，而非训诂学的问题。以训诂求义理是清儒在方法论上的自我标榜。清儒反宋学，目的是寻求对古圣先哲之道的切实理解。其途径当然也是解经，但解经的方法有所不同。对此，戴震有很经典的阐述，我们有必要再来温习一下：

> 六经者，道义之宗而神明之府也。古圣哲往矣，其心志与天地之心协，而为斯民道义之心，是之谓道。士生千载后，求道于典章制度而遗文垂绝。今古悬隔……仅仅赖夫经师故训乃通，无异译言以为之传导者也。又况古人之小学亡，而后有故训，故训之法亡，流而为凿空。数百年以降，说经之弊，善凿空而已矣。虽然，经

---

[16] 一个显然的事实是，有声称继承宋学，而绝少标榜传承清代汉学的现代儒家。

> 自汉经师所授受,已差违失次,其所训释,复各持异解。……后之论汉儒者,辄曰故训之学云尔,未与于理精而义明。则试诘以求理义于古经之外乎?若犹存古经中也,则凿空者得乎?呜呼,经之至者,道也;所以明道者,其词也;所以成词者,未有能外小学文字者也。由文字以通乎语言,由语言以通乎古圣贤之心志,譬之适堂坛之必循其阶,而不可以躐等。[17]

同样视圣人为传道之主,同样以六经为载道之具,但在戴震看来,宋儒距原典时代遥远,字义了解模糊,且不通故训,故"说经之弊,善凿空而已矣"。表面上义理规整,实际则是求道于经外,是道的迷失。问题的解决,是回归原典,其方法是通过训诂来达成:"经之至者道也,所以明道者其词也,所以成词者字也。由字以通其词,由词以通其道,必有渐。"[18]宋儒是否无视故训,凿空说经,暂且不论。但读经从识字开始,这一观点,则是清代学术的基本教义。钱大昕也说:"尝谓六经者,圣人之言,因其言以求其义,则必自诂训始;谓诂训之外别有义理……非吾儒之学也。"[19]"有文字而后有诂训,有诂训而后有义理,训诂者,义理之所由出,非别有义理出乎训诂之外者也。"[20]至是,从

---

[17] 戴震:《古经解钩沉序》,《东原文集》卷十,《戴震全书》(六),合肥:黄山书社,1995年,第377—378页。
[18] 戴震:《与是仲明论学书》,《东原文集》卷九,《戴震全书》(六),第370页。
[19] 钱大昕:《臧玉林经义杂识序》,陈文和主编:《嘉定钱大昕全集(九)》,《潜研堂文集》卷二十四,南京:江苏古籍出版社,1997年,第375页。
[20] 钱大昕:《经籍纂诂序》,《潜研堂文集》卷二十四,第377页。

义理不出乎古经之外，径直变成义理仅出于训诂。

所谓训诂，即对故义的解释。以训诂求义理，最具代表性者，莫过于戴震和阮元。前者开其端，后者竟其绪。《孟子字义疏证》与《性命古训》是常被称引的对象，自然也是我们检验其方法论的实践价值的依据。不过，问题仍然是有争议的。王国维也肯定："自汉学盛行而学者以其考证之眼转而攻究古代之性命道德之说，于是古代北方之哲学复明，而有复活之态度。"[21]但他评论戴、阮关系时说：

> 故阮氏之说，全袒戴氏，其所增益者，不过引《书·召诰》《诗·卷阿》之说，为戴氏之未及，又分析性之字义而已。二氏之意，在申三代秦汉之古义，以攻击唐宋以后杂于老佛之新学。……其说与唐宋以来千余年之说，其优劣如何，暂置勿论，要之以宋儒之说还宋儒，以三代之说还三代，而使吾人得以明认三代与唐宋以后之说之所以异，其功固不可没也。[22]

王国维对这种古义的发掘，是否优于唐宋新说，持有怀疑的态度。但他肯定"以宋儒之说还宋儒，以三代之说还三代，而使吾人得以明认三代与唐宋以后之说之所以异，其功固不可没也"，这是有保留的肯定，保留的是对其义理水准的评价，肯定的则是思想史的意义。胡适则将其"科学意

---

[21]王国维：《国朝汉学派戴阮二家之哲学说》，《静庵文集》，第101页。
[22]同上书，第100页。

义"表达为在哲学史上做"剥皮工夫":

> 阮元是有历史眼光的,所以指出古经中的性字,与《庄子》的性字不同,更与佛书中的性字不同。这种方法用到哲学史上去,可以做到一种"剥皮"工夫。剥皮的意思,就是拿一个观念,一层一层地剥去后世随时渲染上去的颜色,如剥芭蕉一样。越剥进去,越到中心。[23]

剥芭蕉不如比作剥洋葱,后者才可以一层一层剥下去。而这种剥皮工夫如果做彻底,越剥进去,中心越小,最终将无物存在。这样做哲学史,实质变成对哲学的解构。因此,与胡适同一条战线,对考据积极追捧的傅斯年,便将其应用领域从哲学史改为思想史,并断定这种方法的思想史作用,比哲学建设更重要。傅斯年这样评价戴、阮之异:

> 然而戴氏之书犹未脱乎一家之言,虽曰疏证《孟子》之字义,固仅发挥自己之哲学耳。至《性命古训》一书而方法丕变。阮氏聚积《诗》《书》《论语》《孟子》中之论性命字,以训诂学的方法定其字义,而后就其字义疏为理论,以张汉学家哲学之立场,以摇程朱之权威。夫阮氏之结论固多不能成立,然其方法则足为后人治思想史者所仪型。其方法惟何?即以语言学的观点解

---

[23] 胡适:《戴东原的哲学》,《胡适学术文集·中国哲学史》下册,第1082页。

决思想史中之问题,是也。[24]

傅斯年的《性命古训辨证》,正是其立场的继续伸张。他肯定阮元,但只承认其有思想史贡献,而否认其哲学价值。问题在于,作为一种思想史方法的清学,在什么意义上对一种哲学论说的宋学构成挑战?在经学时代,宋学与清学不是现代学术体系中的哲学与史学,而是经典研究中追寻意义的两种方法。两者共同的问题意识,是如何让蕴含在经典文本中的义理得到呈现或复活。清学反宋学,在于其具体的思想内容,而非义理追求。换言之,反对某种哲学主张不等于反对哲学本身。有西学背景的王国维,对哲学与思想史的区分已有清楚的了解,因此,他对戴、阮的评价顾及并区分两方面的不同意义。傅斯年的观察与王国维其实相近,但学问立场不同。他用思想史取代哲学史,想否认的不是某种哲学,而是整个哲学本身,所以他也不屑于戴震"发挥自己之哲学"。因此,这种敌视哲学的立场,引起了原本是思想史家,但对义理之学持更多同情的徐复观的反对。徐复观的批评从训诂问题上立论:

> 清阮元《揅经室集》中有《性命古训》一文,用训诂字义的方法,欲复"性命"一词的原有字义;由此原有字义以批难宋儒;其固陋可笑,固不待言。傅斯年氏

---

[24] 傅斯年:《性命古训辨证》引语,《民族与古代中国史》,石家庄:河北教育出版社,2002年,第241页。

作《性命古训辨证》,以为阮氏"训诂字义之方法,足以为后人治思想史者所仪型";遂沿阮氏之方法,而更推进一步,以为"性"字出于"生"字,遂以"生"字之本义为古代性字之本义;更倡言"独立之性字,为先秦遗文所无;先秦遗文中,皆用生字为之"。……傅氏所用的方法,不仅是在追寻当下某字的原音原形,以得其原义;并进而追寻某字之所自出的母字,以母字的原义为孳乳字的原义。……这在语言学上,也未免太缺乏"史"的意识了。[25]

徐复观指出,用原义批判宋儒采用的引申义,特别是用原型字代替孳乳字道理更不通。不但义理之学如此,即使对于研究思想史而言,简单追寻文字本义的方法,对理解变迁中的思想史而言,也是历史意识不足的表现。徐复观当然不是简单反训诂,而是反对唯有训诂才能讲义理的主张,以及用训诂解构义理之学。他要守住宋明理学中由其义理主张所支持的思想性的内容。戴震批评宋儒解经有凿空之弊,就是"缘词生训",而"缘词生训者,所释之义,非其本义"。[26] 词由字组成,自然比字后起,且含义趋于抽象。观念需要更抽象的词义表达,宋儒取义以义理自洽为准。如天理、义理之理,如果局限于原义,那就是攻玉或纹理而已。问题在于,故训是否只有还原本义,甚至如傅斯年所期待的,起瓦解抽

---

[25] 徐复观:《中国人性论史(先秦篇)》,上海:上海三联书店,2001年,第4—5页。
[26] 戴震:《古经解钩沉序》,《东原文集》卷十,《戴震全书》(六),第378页。

象义理的作用？戴、阮传道的抱负，可能远超出胡、傅经验主义的知识视野之外。阮元同戴震一样，强调训诂与问道不悖："圣人之道，譬若宫墙，文字训诂，其门径也。门径苟误，跬步皆歧，安能升堂入室乎。……或者但求名物，不论圣道，又若终年寝馈于门庑之间，无复知有堂室矣。"[27]傅斯年本来就非阮元同道。其实，清儒未有比肩宋学的义理成就，也可能是学业积累未足，未必就是意图或方向的错误。说不定，它也可以是重新理解或者继续寻找义理的新的出发点。

三 解蔽与见道

通过训诂解释文字的故义，不仅对一般经典解释有用，对义理的阐明同样重要。虽然章太炎对清学的哲学成就评价不高，但作为清代学术殿军且又倾心于义理之学的大师，依然强调训诂与真理的相关性："弟近所与学子讨论者，以音韵训诂为基，以周、秦诸子为极，外亦兼讲释典。盖学问以语言为本质，故音韵训诂，其管籥也；以真理为归宿，故周、秦诸子，其堂奥也。"[28]所谓"以音韵训诂为基""以真理为归宿"，正好表明其力图将训诂与义理相贯通的立场。[29]章太炎

---

[27] 阮元：《拟国史儒林传序》，《揅经室集》上，北京：中华书局，1993年，第37—38页。
[28] 章太炎：《致国粹学报社书》，《章太炎政论选集》上册，北京：中华书局，1977年，第497页。
[29] 石井刚对章太炎哲学的清学背景，以及他同戴震的思想关系有深入的分析，参见石井刚：《"言"和"文"的真理表述——章太炎的语言实践，或者哲学话语方式》，《齐物的哲学：章太炎与中国现代思想的东亚经验》，上海：华东师范大学出版社，2016年。

关于语言演化的观点有助于对问题的理解：

> 语言者，不冯虚起。呼马而马，呼牛而牛，此必非恣意妄称也，诸言语皆有根。先征之有形之物，则可睹矣。……一实之名，必有其德若，与其业相丽。故物名必有由起。虽然，太古草昧之世，其言语惟以表实，而德业之名为后起。……故牛、马名最先；事、武之语，乃由牛、马孳乳以生。世稍文，则德、业之语早成，而后施名于实。故先有引语，始称引出万物者曰神；先有提语，始称提出万物者曰祇。此则假借之例也。[30]

根据这个观察，语词最初起于对"有形之物"的称呼，其指称的对象可以为人类的感官所感知，也即具体名词。但名词在运用过程中，其含义会转移到相关对象的属性，或者其活动后果上来，即从表实，到表德或表业，具体名词变抽象名词。当语言进一步发展后，通过假借，又可把抽象词语应用到其他具体对象上。在章太炎看来，导致语义变化的机制，是通过假借与转注两种方式实现的。

> 引伸之义，正许君所谓假借。转注者，繁而不杀，恣文字之孳乳者也；假借者，志而如晦，节文字之孳乳者也。二者消息相殊，正负相待，造字者以为繁省大

---

[30] 章太炎：《语言缘起说》，《国故论衡》，上海：上海古籍出版社，2011年，第31—32页。

例。知此者希，能理而董之者鲜矣。[31]

所谓假借，造成一名多义。转注，则致一义多字。两者思维方式相反，但共同推动知识、思想的联系、转化与繁荣。章太炎说，"盖字者，孳乳而浸多。字之未造，语言先之矣；以文字代语言，各循其声"。[32]其所论之语言包含语音与文字，就经典而言，其论语义更多是指字义。章太炎与前贤立异之说准确与否，可以搁置不论。但是，他指出以字为单位的词语，其含义的历史演变具有一定的内在机制（从表实到表德、表业），正是阅读古典需要从训诂开始的原因或理由。[33]就哲学或观念史而言，语义之变化，一方面是新见迭出的表现，另一方面则可能导致原义（或故义）屡被新义所遮蔽。因此，在研治经典中，训诂具有解蔽的意义，是治学的基本功。章太炎还引申荀子，把解蔽用到认知评论上来。他认为，今人把过去的道、道学（或理学、心学）称为哲学，其实在古人那里，就叫作"见"：

> 九流皆言道。道者彼也，能道者此也。白萝门书谓之陀尔奢那，此则言见，自宋始言道学（理学、心学皆分别之名）。今又通言哲学矣。道学者，局于一家；哲

---

[31] 章太炎：《转注假借说》，《国故论衡》，第39页。
[32] 同上书，第36页。
[33] 假借、转注之说源于汉代，含于《汉书·艺文志》与《说文》所述六书之法中，其意义后世众说纷纭，参见张其昀《"说文学"源流略考》的相关论述（贵阳：贵州人民出版社，1998年，第229—251页）。章太炎立论与前贤有同有异，本文引其说，焦点不在证实其转注假借说，而在于其对语言现象的观察所带来的思想启发。

学者，名不雅故，搢绅先生难言之。孙卿曰："慎子有见于后，无见于先；老子有见于诎，无见于信；墨子有见于齐，无见于畸；宋子有见于少，无见于多。"(《天论》) 故予之名曰见者，是葱岭以南之典言也。见无符验，知一而不通类，谓之蔽（释氏所谓倒见见取）。诚有所见，无所凝滞，谓之智（释氏所谓正见见谛）。[34]

见是一妙喻。见也即观，观看总是基于一定的角度，有见则有蔽。因此，观察全局之见，就不是一次性的观看行为，而是一个不断解蔽的过程。对字义的理解是如此，对事物的领悟也是这样。前者通过训诂去掌握，后者则是拨开观念积习的迷雾，洞察事物的真相，开启智慧的行动。戴震就声称，其作《原善》的目的，"惧学者蔽以异趣也，复援据经言疏通证明之"，解蔽就是杜绝"习所见闻，积非成是"。[35]在古典哲学研究中，两者恰好是一致的。

以见道为例。诸子百家皆言道，《老子》声称"道可道，非常道"，而《庄子·天下》以为那正是"道术为天下裂"的表现。道家虽然一度争得"道"的冠名权，但没能完全垄断对它的使用。历经汉唐之后，宋儒仍将其学问目标定为求道，《宋史》为之专设"道学传"。除《淮南子·原道训》外，后世以"原道"题文者，便有韩愈、章学诚、章太炎，还有今人唐君毅、庞朴等。面对"道"头绪纷繁的意义，戴

---

[34] 章太炎：《明见》，《国故论衡》，第124页。
[35] 戴震：《孟子字义疏证》，北京：中华书局，1982年，第61页。

震反宋学时，虽非难"理"，但维持"道"。不过，两者都借训诂的手段。先说"道"：

> 问道之名义。
>
> 曰：古人称名，道也，行也，路也，三名而一实，惟路字专属途路。诗三百篇多以行字当道字。大致在天地则气化流行，生生不息，是谓道；在人物则人伦日用，凡生生所有事，亦如气化之不可已，是谓道。故《易》曰"一阴一阳之谓道"，此言天道也；《中庸》曰"率性之谓道"，此言人道也。[36]

这是说，道之初义为行，即走路。而行既引申出路，也喻生生不息，变化流行。既可以言天道阴阳，自然之现象；也可以言人道，人伦日用之行。这是通过训诂来剥离宋人对道的形而上的发挥。如果我们用太炎之说释道，其衍生义之复杂可通过假借的线索来理解。按《说文》，道的初始义是行。地上本无路，人行之而成，因而有了路义。路是达到特定目的地的必经之途，途径便引申为达致目的之手段。但是，由于达到目的地的途径不止一条，且实际上不同的路途长短与方便程度不一样，甚至有些只是歧路，因此有正道邪路之别。能够带路指方向者，就是导引或引导。在社会实践中，目标有具体抽象或规模大小之别，那些远大的社会理想需要思想纲领来指引，凡是有抱负

---

[36] 戴震：《绪言卷上》，《孟子字义疏证》，第79页。

者都宣称自己的主张最符合社会公共理想，因此自称为道或道术。而有序且稳定发展的社会，就誉为天下有道。反之，则是无道。最后，每家每派都声称自己的谈论是在传道，结果说话竟变成"说道"。这也引来老子的反对："道可道，非常道。"老子那个"非常"之"道"，则存在于经验以外的领域。这一过程，是道字由实名向章太炎所说的表德与表业交替转移的过程。人走而成路是表业，而由具体道路比喻抽象手段，则是表德。诸子之道，或者"道术为天下裂"之道，是在社会或人生理想意义上的分歧与展开。

与戴震不同，章太炎不反形上学。但其《原道》三篇，也非申幽玄缥缈之义，而是围绕着与老子思想的关系，对韩非、墨子及庄子诸家社会政治观点展开的一些评论。[37] 倒是今人庞朴，论道一方面讲训诂，一方面探讨形而上的义理问题。他的参照系，是西方的逻各斯。他说："人生在世，除了行走以外，更多的活动是在行各种事。行事正是生命的行走。所以，行走之路的道字，很自然便引申为行事之路，以及所行之事之路，成为一个抽象名词'道'，指称各种活动以及事物的法术、规范、法则等等。"[38] 而《老子》"道可道"中的后一个"道"的含义，则是从前者引申出来的后起义。在西方，由赫拉克利特引入、而后被亚里士多德定型的逻各斯，"多被用来表示事物的定义或公式，以致铸成了西方各

---

[37] 参见章太炎：《原道》（上中下），《国故论衡》。
[38] 庞朴：《解牛之解》，《当代学者自选文库·庞朴卷》，合肥：安徽教育出版社，1999年，第433页。

门学科的名字都以 -logy 缀后的习惯。所有这些，以及由此更引申开去的哲学的、神学的种种解释，……万变不离其宗，都并未跳出言谈及展示言谈让人来看这个原始樊篱"。[39] 西方理性主义的根源由此而来。如果道与逻各斯都被看成形上学，对比而言，一动一静。以道为最高范畴的中国哲学，体现的主要是一种实践的智慧。由庞朴的观点引申开来，对道的理解，与其用道器关系说明道的意义，不如用道技（艺、术等）关系更能说明道的特质。

宋明道学也称理学，核心范畴为理。戴震反宋学，自然要反"理"，而且也是借助训诂的方法：

> 理者，察之而几微必区以别之名也，是故谓之分理；在物之质，曰肌理，曰腠理，曰文理；（亦曰文缕。理、缕，语之转耳。）得其分则有条而不紊，谓之条理。孟子称"孔子之谓集大成"曰："始条理者，智之事也；终条理者，圣之事也。"圣智至孔子而极其盛，不过举条理以言之而已矣。……天下事情，条分缕（晰）[析]，以仁且智当之，岂或爽失几微哉！《中庸》曰："文理密察，足以有别也。"《乐记》曰："乐者，通伦理者也。"郑康成注云："理，分也。"许叔重《说文解字序》曰："知分理之可相别异也。"古人所谓理，未有如后儒之所谓理者矣。[40]

---

[39] 庞朴：《解牛之解》，《当代学者自选文库·庞朴卷》，第435页。
[40] 戴震：《孟子字义疏证》卷上，第1页。

> 宋儒合仁、义、礼而统谓之理，视之"如有物焉，得于天而具于心"，因以此为"形而上"，为"冲漠无朕"；以人伦日用为"形而下"，为"万象纷罗"。盖由老、庄、释氏之舍人伦日用而别有所（贵）[谓]道，遂转之以言夫理。[41]

这种强调对事物的观察，由此而具分类推论作用的"理"论，当然是为对抗宋儒"视之而有物焉，得于天而具于心，因以此为形而上"的那个理。戴震的思路，后来也为王国维的《释理》所承袭。他说，依《说文》及段注，理原意为治玉，即剖析之意。"类推而种种分析作用皆得谓之曰理。"[42]即《中庸》所谓"文理密察"。往后动词变名词，一切物都具有可分之条理如地理、物理之谓。进而，又分出广义的理由与狭义的理性。最终，才被假定为客观存在之天理。其基本理路，就是：

> 吾人对种种之事物而发见其公共之处，遂抽象之而为一概念，又从而命之以名。用之既久，遂视此概念为一特别之事物，而忘其所从出，如理之概念，即其一也。[43]

> 故理之为物，但有主观的意义，而无客观的意义。

---

[41] 戴震：《孟子字义疏证》卷下，第45—46页。
[42] 王国维：《释理》，《静庵文集》，第38页。
[43] 同上书，第37页。

易言以明之，即但有心理学上之意义，而无形而上学上之意义也。然以理性之作用为吾人知力作用中之最高者，又为动物之所无，而人之所独有，于是但有心理学上之意义者，于前所述形而上学之意义外，又有伦理学上之意义。此又中外伦理学之所同，而不可不深察而明辨之者也。[44]

王国维的讨论，显然比戴震走得更远。但就其依训诂方法，以原义为出发点而言，在反形上学的倾向上，两者恰好是一致的。

依章太炎的语言缘起说，由假借而来的字义的变化，一方面是人的知识或思想中新见的出现，另一方面也是对旧识的遮蔽。随着时间的拉长，关键字眼意义转折的机会就增加。同时，原义就会被掩盖更深。故后世读者，常会被流行的意义所误导。哲学史上有些重要的学说，可能就是建立在误解的基础之上。因此，训诂成了解蔽的基本手段。它在寻求原义的同时，也是对既成学说解构的过程。就如戴、阮为代表的清儒，矛头直接指向宋儒，包括其伦理观的形上学基础。从不少现代学者的评论看，其哲学建树并没有超过被解构的对象。或者说，它适用于思想史或者哲学史，而不适用于哲学建设。但是，形上学未必是哲学的全部，从王国维、章太炎以至庞朴的论述可见，训诂导致的思考，未必一定是观念的解构，也可以是对更根本的思想特质的揭示。解蔽为

---

[44] 王国维：《释理》，《静庵文集》，第46页。

了见道，但这种见不是寻找某种超验的东西，而是获取对事物意义的洞见。哲学不是知识，而是一种有态度的思想方式。即使以徐复观对傅斯年的批评为例，傅说以性均为生固然可疑，但是，至少它显示性本于生，这本身就有其意义。现代汉语常常"性质"连用，基本上只是以事物的规定性理解本质，而这个事物当然也包括与生命无关的东西。但由生观性，不但有助于理解中国哲学中人性论包括生命观及天人观的关系，同时也透露出中国传统文化看待万物的眼光中蕴含的生命意识。这也意味着，某些关键字眼的本义，有可能与人类的生命或生活有着更根本的关联。

四　可扩展的图景

一般而言，现代新儒学承续的学脉是宋学而非汉学，李泽厚就称其为现代的宋明理学。[45] 但这并不意味着，汉学在当代哲学领域已成绝响。除了启蒙派强调戴学对下层社会的同情心及平等意识外，其借训诂通义理的方法，也不乏新的实践者。有人把庞朴的学问特点，概括为"汉学的方法，宋学的结论"。庞朴对此曾加以推辞，其原因有他的谦虚，但也有他的自负，自认为是超越两者之外的所谓"三"。[46] 但平心而论，说他是"宋学的结论"，也许可以商榷，而"汉学的方法"则是能够举证的。

---

[45] 参见李泽厚：《何谓"现代新儒学"》，《杂著集》，北京：生活·读书·新知三联书店，2008年，第273页。
[46] 参见《当代学者自选文库·庞朴卷》"自序"。

众所周知，在《老子》中，道有一义叫"无"。它本是对道的非物质特征的某种理解，但至魏晋时代，则演化为王弼的"以无为本"说，且由此而产生玄学中的贵无、贵有之争。庞朴的探讨别出蹊径，在《说"無"》中，他一开始就谈训诂："汉字有形、音、义的纠纷，或一字多形，或一字多音，或一字多义。……研究这些，是文字学的任务。但另有一种情况，例如'亡''無''无'三字一也，便不仅仅是字形演化的问题，更涉及到了人类认识的发展，乃至哲学范畴的深化等等。"[47]庞朴借助训诂，从语源史的探究，看"亡""無""无"三字的演化。甲骨文中，"无"由有的亏欠而来，故为亡；而"無"则与敬神的舞相关，与巫同音，表面上无形无象的背后，存在某种神秘的力量；而"无"则是后起字，表达纯粹空无之意。从而提出"無"（或"无"）有三义：（1）有而后无；（2）似无实有；（3）无而绝无。据此，不仅试图揭示这些转化的思想逻辑，或者思想史的深化过程，同时以此为参照，说明老子、王弼的无，是其中的第二义；崇有派的无，其实是第三义。后者并不构成对前者的有效否定。这样，通过训诂阐明字义的演变，成为一个解蔽明见的过程。这一分析并不造成意义的退化，虽然它并非证成另一种形上学，但对"无"的形上学意义，提供了一种植根于传统且更丰富的理解。

谈玄说无属于本体论领域，论仁释义则是伦理学问题。《易·说卦》："立人之道曰仁与义。"韩愈站在为儒家卫道

---

[47]庞朴：《说"無"》，《当代学者自选文库·庞朴卷》，第348页。

的立场上,强调"博爱之谓仁,行而宜之之谓义;由是而之焉之谓道,足乎己无待于外之谓德。仁与义,为定名;道与德,为虚位"(《原道》)。以仁义为儒学核心,当无疑问。然后世仁义连缀为一词时,常是以仁带义,甚至以仁掩义,即侧重点在于弘扬本性中仁爱良善的一面。而孟子"四端"之说中仁、义对举的含义,则常被忽略。庞朴讲儒家辩证法,从义字的训诂入手,恢复且深化对孟子为何重义的理解。《礼记·中庸》:"义者,宜也。"而甲骨文中的宜是杀俘或杀牲以祭的意思,至战国中后期才用义代宜,但《说文》界定"义,己之威仪也",虽然相关的血腥气味有所掩盖,但义与宜相连的意义仍然保留着。孟子的义是与仁并提的重要德目,其"羞恶之心,义也",依后人解释,羞是羞己之非,恶则是恶人之恶。强调的是悔过疾恶的一面,与仁的好善乐施形成对立统一。后世义正词严、大义灭亲、舍生取义、义不容辞、义愤填膺等成语,依然透露出义的本义固有的某种威严肃杀的历史信息。这意味着,虽然儒家倡言性善说,但它正视现实世界中恶的现象的存在,同时对之持有刚直严正的态度。这一揭示,不仅是孟子之义的恢复,还是对儒学正义形象的刷新认识。[48]

庞朴论义,有揭蔽之功,言仁则仍停留于"爱人"层面。延续其方法,在仁的背后,我们也可做更深入的发掘。《中庸》说"仁者人也,亲亲为大",孟子讲"亲亲,仁也","亲亲而仁民,仁民而爱物"(《孟子·尽心上》),意味着爱

---

[48] 参见庞朴:《"中庸"评议》,《当代学者自选文库·庞朴卷》,第659—707页。

源于亲。而亲字也有深义可究。《说文》："亲，至也。从见，亲声。"段玉裁注为："至部曰：到者至也。到其地曰至，情意恳到曰至，父母者，情之最至者也，故谓之亲。"准此，造字的原意取眼光所向，视线与目标相切之义。而人的眼光随时能直接打量到的，就是自己的身体。亲的原义即为亲身。《广雅·释亲》的内容，既包括与婚姻及血缘相关的社会关系即亲属关系的介绍，也包括人从结胎、诞生到身体各个部位的说明。其中亲属名目31条，而身体名目则有42条。这意味着，在古代，己身是亲的基本含义。今日讲亲身、亲自、亲眼、亲口、亲手，均沿此而来。其引申义则是主体与对象无距离、无中介，直接相即的意思。而能与己身血脉相连的，便是父母双亲。由此而派生出人与人态度的亲情义，以及人与人关系的亲属义。后世描述情感态度的相关词如亲密、亲热、亲近、亲切，亦由此来。相反之义，则是疏离、疏远。一个显然的事实是，亲亲是最直接最根本的人类情感经验。无论古今，不分中西，父亲与母亲均为最普遍的赞美对象。这一解释的意义在于，儒家的伦理起点，基于人性的基本经验。其情感伦理的扩展逻辑，是由己及人，由近及远，由人及物，由兹热爱人生，承担责任。

训诂不仅有益于我们深化现成的思想范畴的哲学内涵，而且有助于发现某些常用字被日常用法所掩盖的内在意义，即从中发现未被揭示的义理问题。例如，从"我"到"自我"的哲学探讨，案例来自《庄子·齐物论》中"吾丧我"。依常规，"吾""我"是自称，即两者在同一使用者那里，其指称对象均系使用者本身。故两字也可互换使用，饱学如章太炎，也有这种看法。但只看日常用法或单纯关注指称对象，则为何是"吾丧我"而非"我丧吾"或"吾丧吾"，问题就难以索解。而追索其语源便知，"吾"在古语中一般是自称，它常作为主语使用；"我"则是相对于非我时使用的自称，如今天沿用的你我、人我甚至物我等说法，它可以用作宾语，也可以用为主语。这样看，"吾"是自足的我，而"我"是与非我相对立的存在，丧我或无我则是对立的消除，是回到自立的吾的根本途径。置于《齐物论》的语境中，便能理解王夫之的诠释："夫论生于有偶：见彼之与我异，而若仇敌之在前，不相下而必应之。而有偶生于有我：我之知见立于此，而此以外皆彼也，彼可与我为偶矣。"[49] 同时，"我"通过非我来确定，"我"自然也呈现在非我的世界中。在非我者的心目中，所谓"我"只是你。因此，自我认同与被非我辨认，不是一回事。由此可推，吾与我本指称同一对象，但在"吾丧我"的主宾结构中，分裂为主体与客体，我成了吾的对象，这就是"自我"的哲学问题的提出。这一分析不仅适用于解释庄子，也有助于理解先秦儒家。[50]

当然，即使对字义的训诂意见一致，也不意味对它只能表达相同的义理见解。我们可以在"吾丧我"中导出关于自我的概念框架，但其他学者的眼光却透视出它隐含着"主体间性"的问题："追索庄子思想的基本线索，'吾丧我'的'吾'，乃就己而言，乃单性个体之吾，即主体间性之外的本

---

[49] 王夫之：《庄子解》，北京：中华书局，1981年，第11页。
[50] 参见陈少明：《"吾丧我"：一种古典的自我观念》，《哲学研究》，2014年第8期。

身。我，乃谓因人而言，是与他人共在之我，即主体间性之中的本身。吾本体的忘己忘物，超然自得，是且仅是吾本体弃我、忘我的结果。庄子如此主张彻底地忘我，更加深刻地证明，人世间的我是一种共在，共在之我不可摆脱。"[51]这同样是合乎逻辑的观念图式。因此，训诂之一致不妨碍思想的创新。

借助训诂展开的哲学或思想史探寻，可能发挥解构狭义的形上学的作用，就如阮元以至傅斯年所为。但如上述数例所示，由训诂入手对原义的再探讨，对广义的形上学或者一般哲学仍可有深耕力作之功。前者可以撕破一张先验的观念之罩，后者则力图重建经验背后的义理结构。因此，它并非魔法般地给出只有上帝才能掌握的全知的理念图景，而是一起参与思想的拼图游戏。每一个论题，可能只是提供一个相对独立的图景，但它可以从不同的角度出发，或呼应，或扩展，或调整，或更新，使观念的图景不断充实与整合。这一图景不是先天预定图式的复活，而是人的创作，与知识的其他园地一样，是一个可以持续发展的领域。与其说是拼图，不如理解为众多艺术家参与的中国画长卷的创作。因此，哲学是观念的艺术。

五　重提语言的哲学意义

训诂与义理的关系，本质上是语言特别是历史语言学与

---

[51] 参见张江：《"阐""诠"辨——阐释的公共性讨论之一》，《哲学研究》，2017年第12期。

哲学的关系问题。不过,这种关系可以存在正反两方面的理解。[52]清代汉学从训诂入手反宋学,至少在戴震的心里,并非一般反义理之学,而是指向不同的义理目标。之所以要借训诂说事,是因为无论汉宋,都以经典为载道之具,故都需要通过经书的解释来表达自己的见解。然以原义为目标的思想运动,有可能产生反形上学的义理之学,甚至可能是对义理的解构。例如,从阮元到傅斯年,便是导向后者,而且傅的思想性格,还颇有科学色彩。傅斯年便直接提出"以语言学的观点解决思想史中之问题"的纲领性主张:

> 思想既以文化提高了,而语言之原形犹在,语言又是和思想分不开的,于是乎繁丰的抽象思想,不知不觉的受他的语言之支配,而一经自己感觉到这一层,遂为若干特殊语言的形质作玄学的解释了。……希腊语言之支配哲学,前人已多论列,现在姑举一例:亚里斯多德所谓十个范畴者,后人对之有无穷的疏论,然这都是希腊语法上的问题,希腊语正供给我们这么些观念,离希腊语而谈范畴,则范畴断不能是这样了。[53]

> 思想不能离语言,故思想必为语言所支配,一思想之来源与演变,固受甚多人文事件之影响,亦甚受语法

---

[52] 从语言哲学角度谈清代训诂学的意义,已有若干可资参考的作品。例如,李开的《戴震评传》专章谈"戴震的人文科学语言解释哲学"(参见李开:《戴震评传》,南京:南京大学出版社,1992年);吴根友等在《戴震、乾嘉学术与中国文化》中也专章论"戴震的语言哲学思想"及"阮元哲学思考的语言学路径及其得失"。本文通过区分两种相反的语言哲学观念展开对问题的分析。
[53] 傅斯年:《论哲学乃语言之副产品》,《民族与古代中国史》,第187—188页。

> 之影响。思想愈抽象者，此情形愈明显。性命之谈，古代之抽象思想也。吾故以此一题为此方法之试验焉。[54]

哲学是语言的产物，但依傅说，不仅特定的哲学受限于特定的语言，甚至哲学本身就是语言的误用，即"为若干特殊语言的形质作玄学的解释"的后果，故回到"语言之原形"，便是对这种玄思的解构。听起来，很像早期分析哲学拒斥形上学的立场。艾耶尔（Alfred Jules Ayer）曾这样分析形上学"实体"论的根源："它是从这种情况产生的，即在我们的语言中，我们不能涉及一个事物的感觉属性，而没有引进一个用以代表事物本身、并且与表述这个事物的词相对立的词或短语。而由于这种情况，那些沾染了原始迷信的人，认为每一个名字必须有一个单一的实在的东西与之符合，他们假定有必要在逻辑上把事物本身与它的任何的或全部的感觉属性区别开来。所以，他们用'实体'一词去指事物本身。"[55] 简单说，这谬误是以为每个名词后面都有一个对应的东西的思想产物。其实，王国维对"理"的起源的分析，也颇近这种思路。[56]

然而，反形上学未必就是反对任何义理之学，而谈语言也可以谈得很哲学。讨论语法还是讨论语义，后果可是大异

---

[54] 傅斯年：《性命古训辨证》，《民族与古代中国史》，第244页。
[55]〔英〕艾耶尔：《语言、逻辑与真理》，尹大贻译，上海：上海译文出版社，1981年，第42页。
[56] 有的研究者认为，在戴震那里，也能找到通过语言分析，消除形上学的某种尝试。如他通过虚、实词性的区分，对理的实体化的质疑。参见刘梁剑：《汉语言哲学发凡》，北京：高等教育出版社，2015年，第37—38页。

其趣。大名鼎鼎的海德格尔，其基础存在论，也包含来自古典语言的灵感。请看他借古希腊语词论哲学的例子：

> 古代对存在者之存在的解释是以最广义的"世界"或"自然"为准的，而且事实上是从"时间"取得对存在的领会的。关于这一点的外部证据——诚然也只有外部证据——就是：存在的意义被规定为παρουσια或ουσια，这在存在论时间状态上的涵义是"在场"。存在者的存在被把握为"在场"，这就是说存在者是就一定的时间样式即"现在"而得到领会的。
>
> 希腊存在论像任何存在论一样，其成问题之处必须从此在本身觅取线索。此在，也就是说，人的存在，在流俗的"定义"中正如在哲学的"定义"中一样被界说为ζον λογον εχον[会说话的动物]，即这样一种生命物，它的存在就本质而言是由能说话来规定的。如果我们着眼于存在谈及存在者，从而使存在者前来照面，那么，λεγειν[说]（参见第七节b）就是一条指导线索，引导我们获得以这种方式前来照面的存在者的存在结构。因而在柏拉图时期形成的古代存在论就变成了"辩证法"。随着对存在论的进一步清理，也就是说，随着对λογος[逻各斯]的"诠释"的进一步清理，就越来越有可能更彻底地把捉存在问题了。[57]

---

[57]〔德〕海德格尔：《存在与时间》（修订译本），陈嘉映等译，北京：生活·读书·新知三联书店，2014年，第29—30页。

来自《存在与时间》的这两则引文中，第一则从存在的意义为"在场"引申出意义的领会者对理解存在的关键意义。而第二则引文，则由"会说话的动物"揭示"说"导向对存在结构的洞悉，以及古代存在论与辩证法，甚至是逻各斯与诠释的内在关系的领悟。就方法论而言，引用海德格尔的重点，不在于判断他对希腊语言的理解是否精确，而是假定其语义解释无误的情况下，如何导出重要的哲学思路来。

比较语言学告诉我们，所有古老语言的语义大都经历了一个复杂的变迁过程。因此，只懂通行的语义未必能够对经典文本获得正确的理解，这也是汉语训诂学存在的理由。但是训诂所取之义系语义之义，它与义理之义不同。义理是个复合词，要点不在义，而在理，系超越字面含义、更深广的意义脉络。因此，它往往不是对字义的孤立理解，而是对文本的整体领会。无论清儒还是宋儒，解经都需要释文义，只是清儒强调从识字开始才能掌握原义。但宋儒并非不讲训诂，只不过字义本身就是演变的，经典也非文字草创之初的作品，因此，需要掌握的不是文字的原始意义，而是最恰当的意义。以"物"字的训释为例，朱子释"格物"为："格，至也。物，犹事也。穷至事物之理，欲其极处无不到也。"[58]而王引之则说："物之训为事，常训也。又训为类。""物训为类，故又有法则之义。《大雅·烝民》：'天生烝民，有物有则。'《孟子·告子》引此而释之曰：'有物必有则。'言其

---

[58] 朱熹：《四书章句集注》，北京：中华书局，1983年，第4页。

性有所象类，则其情必有所法效。"[59]其实，训物为类，固然有本有义，但释物为事，就《大学》文本而言，意义更为妥帖。阮元的《大学格物说》同样循汉儒训物为事。[60]就如道并非都是走路，理也非只是攻玉一样，未必需要事事追求本义。完整理解文本，其解释的基本单位便不限于字，有时还要转移到词及语句上来。同时，由于宋儒的抱负在于把握事物的总体意义，其观念的逻辑指向便是形上学。

现在的问题是，字的原义为何具有理解义理的条件，以及如何把字义转变为理义？这可能涉及对人类思维中隐喻机制的理解。简言之，"隐喻的本质就是通过另一种事物来理解和体验当前的事物"。"隐喻不仅仅是语言的事情，也就是说，不单是词语的事。相反，我们认为人类的思维过程在很大程度上是隐喻性的。我们所说的人类的概念系统是通过隐喻来构成和界定的，就是这个意思。"[61]前述章太炎关于假借导致字义变化的论述，也可以从隐喻的角度来理解。一如借道路理解途径，借途径理解手段，或者借手段理解策略，等等，可以通过具体理解抽象。隐喻导致字义的引申。或者说，对于眼不能看、手不能抓的对象，只有借助隐喻才能在观念上建立它的存在。这些观念上的存在一旦建立起结构性的关系，它就形成思想甚至学说。因此，那些对理解生活或文化有重大价值的概念，背后往往是借助某些原始经验来理

---

[59] 王引之：《经义述闻》，南京：江苏古籍出版社，2000年，第738页。
[60] 参见阮元：《揅经室集》上，第54—55页。
[61]〔美〕莱考夫、〔美〕约翰逊：《我们赖以生存的隐喻》，何文忠译，杭州：浙江大学出版社，2015年，第3页。

解的。进言之，一种伴随着文字发展的源远流长的文化，其关键字的字源中，必定包含有根基性的意义。但这种意义会因历史的变迁而被后起的观念所遮蔽，而后起的观念不一定能取代原始经验的全部价值，有时甚至会误导对生活的理解。

关于生、性渊源关系的探讨，同样是一有力的例证。阮元说："'性'字本从'心'从'生'，先有'生'字，然后造'性'字，商、周古人造此字时即已谐声，声亦意也。然则告子'生之谓性'一言本不为误，故孟子不骤辟之，而先以言问之曰：'生之谓性也，犹白之谓白与？'盖'生之谓性'一句为古训，而告子误解古训，竟无人物善恶之分，其意中竟欲以禽兽之生与人之生同论，与《孝经》'人为贵'之言大悖。"[62]《说文》云："生，进也。象草木生出土上。"段注："下象土，上象出。"《广雅》："生，出也。"《广韵》："生，生长也。"戴震此前说过："有天地，然后有人物；有人物，于是有人物之性。人与物同有欲，欲也者，性之事也；人与物同有觉，觉也者，性之能也。事能无有失，则协于天地之德，协于天地之德，理至正也。"[63]其实，再往前溯，荀子也有清晰的表述："水火有气而无生，草木有生而无知，禽兽有知而无义，人有气、有生、有知，亦且有义，故最为天下贵也。"（《荀子·王制》）这是从生命开始理解物性及人性的内容线索。这意味着，就儒学而言，生命的认识

---

[62]阮元：《性命古训》，《揅经室集》上，第230页。
[63]戴震：《读易系辞论性》，《孟子字义疏证》，第181页。

不仅是理解人性的前提,甚至也是理解自然宇宙的关键。这种古典的人生观同那种以工业制作模式为背景的世界观,形成鲜明的对比。因此,通过澄清语义的手段,去追寻积淀在文字中的原始意义,可以为理解生活提供更深远的思想资源。海德格尔对希腊语言中蕴含的哲学意义的揭示,对我们的论题,构成一种比较研究上的方法论支持。

哲学是追求普遍意义的学问。通过训诂发掘义理问题,意味着这种研究受特定语言条件的约束。这很容易引起一种疑问,这种思想产品可以称作哲学吗?这个问题其实同样可以提给海德格尔。然而,如果《存在与时间》的中译可以传达作者精深的思想,那就意味着,类似的研究虽然需要或得益于特定语言的馈赠,不懂古希腊语的人无法获得海德格尔那样的灵感,但其研究包括论述方式,有超越特定语言的可理解性,因此不会妨碍哲学的普遍性理想。对古希腊语如此,对古代汉语亦如是。从哲学的观点看,这些始源性的概念有两类,一类如道与德、仁与义、性与命,是中国文化中特有的观念,另一类则是超越文化限制的概念,如有无、是非、物我等等。前者未必能在其他文化中找到恰当的可对译词语,后者则比较容易,两者均为意义挖掘提供语言基础。相对而言,在中国哲学中,汉学是借助字义澄清义理,宋学是透过语义构思义理。汉学是对思想源头的挖掘,宋学则是思想景观的构筑。宋儒强调所谓"天理"是自家体贴出来的,就表示它是思想构造的产物。总之,思想而非语言才是精神世界的内容。

现象世界丰富多彩。采用化约的方式,从中整理一套系统或者局部性的观念体系，是哲学的一种冲动。用形而上的眼光看，整个观念领域都可以归结为某一基本原理所引导的概念系统。宋学的义理形态对理解文化及其意义，自有其整体掌握的价值。但人类生活赖以进行的知识或观念，并非只是以单一或者若干原则为起点的可演绎系统，很多前提就如生活中的常识，是离散并存的，有些也互相联系或缠绕，甚至互相冲突。因此，正视精神的自然状态，从不同的线索入手，追索各种观念的起源，揭示在文化或经验的堆积层覆盖下的各种原型或要素，也是哲学的使命。汉学的义理目标，更贴近这种形态。就此而言，中国哲学便不是不同观念学说互相倾轧的斗兽场，而是一片可以合作开垦的广袤的原野。当然，训诂不等于义理，从前者到后者，也非一个自动生成的过程。今日中国优秀传统文化之复兴，重要的是精神价值的发展。它不是对经典的自动承受，也不该是对个别流派的追捧与标榜，而是需要在新时代背景下做创造性转化的工作，以期有创新性发展。哲学的洞见，需要超越语言的思想功夫才能呈现。因此，总结清代汉学的哲学遗产，正视其方法论的启发，绝非主张退回传统的训诂学领域，[64]更非在汉宋之争中为一方摇旗呐喊，它是在展望中国哲学的发展前景时，回望传统的一个必要环节。

（原载《中国社会科学》2018年第7期）

---

[64] 强调经典诠释必须突破传统训诂学的限制，参见景海峰：《从训诂学走向诠释学——中国哲学经典诠释方法的现代转化》，《天津社会科学》，2004年第5期。

中国哲学
通向世界的地方性知识[1]

虽然包含文史哲在内的中国现代人文学科，均是在近代西学的框架下建立起来的，但是，与文学、史学可以古今贯通、接续发展不同，中国哲学经常需要为自己的正当性辩护。究其原因在于，不论文学还是史学，其学科理想可以容纳特殊的经验内容，而哲学不然，似乎普遍性才是其终极目标。因此，中国哲学与哲学的关系，就成为一个令人纠结的问题。以往存在两种描述这种关系的方式，一种叫作支流与主流，另一种是殊相与共相。前者自居边缘地位，但它会影响传统主义者的文化自信；后者意味着视中西为平等，则难为欧洲中心论者所接受。本文准备提供另一种思路，即把中国哲学理解为，一种通向世界的地方性知识。这意味着把问题从特殊与普遍关系的讨论，由静态转变为动态的或历史的考察。我们的焦点不在评价，而在于通过理解为中国哲学寻

---

[1] 本文系作者提交"作为世界哲学的亚洲思想"（东京大学，2018年12月9日）国际研讨会论文，国家社会科学基金重大项目"四书学与中国思想传统研究"（15ZDB005）阶段性成果。

求更广阔的前景。

一 来自人类学的概念

所谓"地方性知识"(local knowledge),不是一般描述词,而是来自人类学的概念。它是克利福德·吉尔兹在他的《地方性知识:从比较的观点看事实与法律的关系》中提出来的。[2]作者通过对摩洛哥、巴厘和爪哇三地司法制度的分析,揭示那些从西方法学的观点出发难以索解的现象背后,存在与特定的社会结构相关联的思想意义。这三地分别代表不同于西方的伊斯兰教、印度教以及多种宗教叠合形成的混合型文化的观念传统。文章指出,这些司法制度不是独立运行的系统,它是塑造其所在的社会文化秩序的重要力量。把法律视为"地方性知识",就是指它对应并服务于历史形成的特定生活秩序,是具有实践功能的知识,而非抽象的理论观念。

在展示这些地方司法观念的特殊性与复杂性时,吉尔兹采取语言分析的方法,借助代表三个区域的三个词:哈克(haqq),达摩(dharma)和阿达特(adat),以引入问题的探讨。[3]其中哈克属阿拉伯语,达摩来自梵语并进入乌尔都语及泰语,而阿达特则从阿拉伯语进入马来西亚语。这些词都非直接的法律概念,但选择它们的意义在于:"在地方上有

---

[2] 〔美〕吉尔兹:《地方性知识:阐释人类学论文集》,王海龙、张家瑄译,北京:中央编译出版社,2000年,第222—322页。
[3] 〔美〕吉尔兹:《地方性知识:阐释人类学论文集》,第244页。

一定深度的观念可以引导我们看到一些无论怎样杂乱无章，但却说明问题的特点，以使我们明白我们要把握的是什么：一种不同的法律意识。"[4]而正是这些词语分析，引发我们哲学上的兴趣。以"哈克"为例，虽然它与规则、禁令之类概念关系不大，但它与对事情的评价有内在的联系。

> 这种内在联系既原始而又不能割断，是在"适当""合适""恰当"或者"适宜"与"真切""属实""真正"或者"确实"之间的联系；是在"正确行为"之"正确"与"正确理解"之"正确"之间的联系。[5]

> 这种联系是这个词本身造成的（不管怎样是在语义学方面——我不愿为其起因费笔墨，其起因像中东历史和社会一样浩大）。由于它同时有"现实""真理""现实性""事实""神"等等这些意思，它，或者它的阿拉伯词素与音素的变种，还有"权利"或者"本分"或者"要求"或者"义务"以及"公平""正当""正义"或者"适合"。……在很多表达形式短语里它表示一个受益人；一个商业交易的参与者；一种"合法的财产权利"可以分享，诸如一种利润，一批货物，一处房地产，一笔遗产或者一个办事处。它被用来作为一种契约的责任，或者甚至被引申为这样的契约文件；在某些事

---

[4]〔美〕吉尔兹：《地方性知识：阐释人类学论文集》，第246页。
[5] 同上。

情里的一般责任；一种罚金，一种赔款。[6]

这个词的含义既具体又抽象，可描述也可评价，有神圣也有卑微，意义延伸的方向几乎四通八达。其实，在汉语尤其是在哲学方面，我们也很容易找到类似的含义多样、头绪繁杂的词语。例如仁义的"义"，可能与"哈克"有可类比之处。《礼记·中庸》说"义者，宜也"。《说文》说"宜，所安也"。但宜的原义与宰杀有关，《金文编》："宜，象置肉于且上之形，疑与俎为一字。"另一方面，《说文》又说"义，己之威义"，即威仪。孟子"仁义"并提，可他一会儿说"仁之实，事亲是也；义之实，从兄是也"，一会儿又说"羞恶之心，义之端也"。当董仲舒说"正其谊不谋其利，明其道不计其功"时，义是利的对立面，宋明理学义利之辩的义也承此而来。[7] 还有今日继续使用的含义、名义、意义，以及正义、公义、主义，还有义气、义举、义务、义工、义肢等词语，以及很多用义字勾连起来的成语，如义正词严、义愤填膺、义不容辞、舍生取义、从容就义、见利忘义、背信弃义等。如果母语非中文的读者，初步接触这个字的时候，跟我们对"哈克"的感受应该差不多。但是，对于汉语使用者来说，虽然不能全面准确表述义字之义，但对它在大多数不同语境中的用法，均能有效掌握。这是因为，我们是在汉字的意义系统中运用这个字的。义字的情形不是个

---

[6] 〔美〕吉尔兹：《地方性知识：阐释人类学论文集》，第248页。
[7] 庞朴：《儒家辩证法研究》，《当代学者自选文库·庞朴卷》，合肥：安徽教育出版社，1999年，第531—550页。

别现象，在中国哲学中，类似的词语至少还有性、命、神、气等。吉尔兹说"哈克"多义的成因与其历史和社会变迁相关，在谈其"地方性知识"特质时，不再为其费笔墨。其实，汉语中构成其意义网络的各种关键词，追溯其源的话，大致也能捉摸到其转化或分化的脉络。其观念变化，大致是因生活经验的扩展，借隐喻的思维机制，在语言中循假借的路径衍生而来的。正是观念、经验与语言，交织成历史性的意义之网。

今日欧美大学的教学分类中，中国哲学基本是设置在东亚系或者汉学系。一般来说，西方的历史学家或人类学家，比哲学家对中国文化更感兴趣。这也是西方与中国一般被目为中心与边缘关系的实际写照。说中国哲学与地方性知识关系密切没有问题。关键在于，当我们参考"解释的人类学"的理论时，这种地方性知识，必须通过追溯其历史背景，才能得到比较确切的理解。吉尔兹在人类学中不愿"费笔墨"的地方，正是我们探索的起点。中国思想的地方性，与其起源的经验相关，实质就在于它的历史性。当然，法律是实践知识，而哲学是观念知识。因此，当我们用地方性知识的眼光看待古典的哲学观念的时候，不能忘记，哲学最终不会以地方性知识为满足。

二 中国哲学的"地方性"性格

谨慎一点，说中国哲学起源（而非等同）于地方性知识，会比较安全。当然，地方性知识重点不在"地方"，否则世界上将找不到非地方性知识,因为所有的知识都是在特定时空(即"地方")中创造的,如儒学来自齐鲁,基督教源于中东。其要义在于,这些知识扎根于其文化土壤之中,对所在的社会生活发挥作用,或者在特定的文化共同体中才会生效。章学诚说,"六经皆史也。古人不著书;古人未尝离事而言理,六经皆先王之政典也"。[8]所谓不离事言理,就是揭示这些经典知识的经验性或实践性。虽然六经并非都是哲学,但中国哲学源于六经则没有疑义。

如果取一个概念代表中国哲学,则非"道"莫属。虽然道家首先争得"道"的冠名权,但后来的儒家也不示弱,称理学为道学。史书中的《道学传》,所传不是道家而是儒家。原本诸子百家都言道,以至于《庄子·天下》断言系"道为天下裂"。汉学家如葛瑞汉也深谙此道,其研究中国哲学的大作,就叫《论道者》(*Disputers of the Tao*)。[9]

虽然《易》有"形而上者谓之道,形而下者谓之器",《老子》也有"道可道,非常道"之说,但经典文献史上几乎所有著名的《原道》,均指向道与社会政治生活的关联。所谓原,即有还原其本来面目之意。唐代韩愈说:"夫所谓先王之教者,何也?博爱之谓仁;行而宜之之谓义;由是而之焉之谓道;足乎己,无待于外之谓德。其文《诗》《书》《易》《春秋》,其法礼乐刑政,其民士农工贾,其位君臣、父子、师友、宾主、昆弟、夫妇,其服麻丝,其居宫室,其

---

[8] 章学诚:《文史通义校注》,叶瑛校注,北京:中华书局,1985年,第1页。
[9] 〔英〕葛瑞汉:《论道者:中国古代哲学论辩》,张海晏译,北京:中国社会科学出版社,2003年。

食粟米果蔬鱼肉：其为道易明，而其为教易行也。"[10] 这是韩愈拒佛、老的宣言，其所谓道体现在文、法、民、位、服、居、食诸方面，将其从形上降至形下来理解。清代章学诚更具历史的眼光，他说："道之大原出于天，天固谆谆然命之乎？曰：天地之前，则吾不得而知也。天地生人，斯有道矣，而未形也；三人居室，而道形矣，犹未著也。人有什伍而至千百，一室所不能容，部别班分，而道著矣。仁义忠孝之名，刑政礼乐之制，皆其不得已而后起者也。"[11] 章学诚的《原道》，则针对宋儒，阐述儒家道之由来。章氏强调周孔一致，六经即器，道不离器。"夫子述六经以训后世，亦谓先圣先王之道不可见，六经即其器之可见者也。"[12] "夫子之言性与天道，不可得而闻"，原因就在于他不离器言道。至于诸子百家，纷纷言道，则"不知道而道存，见谓道而道亡"。[13]

与章学诚不同，现代的章太炎把《原道》的重点从周孔移到老庄。不过，其兴趣不在于道之虚玄高妙，而是其致治之术。老子是其论述的中心，"孔父受业于征藏史，韩非传其书。儒家、道家、法家异也，有其同。庄周述儒、墨、名、法之变，已与老聃分流。尽道家也，有其异。是樊然者，我乃知之矣。老聃据人事嬗变，议不逾方；庄周者，旁罗死生之变、神明之运，是以巨细有校。儒、法者流，削小

---

[10] 韩愈：《原道》，见《韩昌黎文集校注》，马其昶校点、马茂元整理，上海：上海古籍出版社，2014年，第19—20页。
[11] 章学诚：《文史通义校注》，第119页。
[12] 同上书，第132页。
[13] 同上。

老氏以为省。终之其殊在量,非在质也"。[14] 尽管二章差别很大,但有其共同点,就是把道理解为源于处理社会生活经验的思想或知识。虽然老子之道明白无误包含有形而上的含义,但依太炎,这种形上意义是由其形下的需要而派生出来的,前者并非问题的重点所在。所以葛瑞汉评论说:"对于他们所有人来说关键问题并不是西方哲学的所谓'真理是什么',而是'道在哪里'的问题,这是规范国家与指导个人生活的道。"[15]

韩愈说:"博爱之谓仁,行而宜之之谓义;由是而之焉之谓道,足乎己,无待于外之谓德。仁与义,为定名;道与德,为虚位。"[16] 说"道"是虚位,意味着它可以百家共享。而仁是孔子所创,为儒家之标识。不过,代表孔子基本思想资料的《论语》,主题究竟是仁还是礼,却是有争论的问题。据统计,《左传》中礼字出现462次,仁字为33次;《论语》则礼字出现75次,仁字为109次。[17] 从用字次数看,重仁派会占上风。但问题是,什么是仁?综观《论语》,既包括"仁者,爱人",也有"克己复礼为仁"诸义。后者恰好与礼相关。西方哲学家赫伯特·芬格莱特说:

"仁"在英语里已有各种各样的译法,如翻译为 Good(善)、Humanity(人性)、Love(爱)、Benevolence

---

[14] 章太炎:《国故论衡》,上海:上海古籍出版社,2003年,第107页。
[15] [英]葛瑞汉:《论道者:中国古代哲学论辩》,第4页。
[16] 韩愈:《原道》,《韩昌黎文集校注》,第15页。
[17] 杨伯峻:《试论孔子》,《孔子译注》,北京:中华书局,1980年,第16页。

（仁慈）、Virtue（美德）、Manhood（人的状态）、Manhood-at-Its-Best（人的最佳状态）等等。对很多诠释者来说，"仁"似乎是一种美德、一种无所不包（all-inclusive）的美德、一种精神状态、一种态度和情感的复合、一种神秘的统一体。它和"礼"以及其他一些重要概念之间的关系仍然是模糊不清的。[18]

芬格莱特便是以"语言行为"（speech acts）为参照，对之作以"礼"为中心的解读。"仁"之所以含义模糊，是因为它泛化为对人事行为的态度表达。而这些行为总与特定的情景相关，必须在具体语境中理解。而礼则是来自传统的行为规则系统，虽然也有损益的问题，但无论社会还是家庭，在处理人际关系上，仍然是最基本的规范。无论是传《诗》《书》，还是行礼乐，孔子的努力就是以仁释礼，或借礼论仁。章学诚说，"事有实据，而理无定形。故夫子之述六经，皆取先王政章，未尝离事而著理。后儒以圣师言行为世法，则亦命其书为经，此事理之当然"。[19]其实，当韩愈说"仁与义，为定名；道与德，为虚位"时，意味着仁的内涵更具体，而道则较抽象。故道上升为形上学的基本范畴，而仁则是在伦理观中占有自己的位置。仁有更明显的"地方性"特征。

在古代社会，知识也有程度不同的"地方性"现象。孔

---

[18]〔美〕芬格莱特：《孔子：即凡而圣》，彭国翔、张华译，南京：江苏人民出版社，2002年，第37—38页。
[19] 章学诚：《文史通义校注》，第102页。

子就重视克服地方差距，向更高水平看齐，如其论齐鲁差异："齐一变，至于鲁；鲁一变，至于道。"(《论语·雍也》)如果"道"可理解为孔子心目中的普遍价值，那齐与鲁所具的知识就有程度不同的地方性特征。再考虑到秦统一中国的重大措施包括"车同轨，书同文"，那意味着统一的中国文化是由地方性知识整合起来的。后来的今古文问题，是这场整合运动留下的遗产。地方性知识的边界，往往就是语言作用的范围。而所谓夷夏之辨，你也可理解为没能穿越语言的隔阂所致。

我们说诸子百家的哲学起源（而非等同）于地方性知识，原因在于，有些概念的意义，后期已经超越局部经验而具有趋向普遍性的含义。例如老子的"道可道，非常道"中的第一个"道"。即便是《论语》中的"仁"，也与礼或命等具有经验对应物或具体历史起源的词语不同，它是一个抽象的概念。其实，从概念制作的角度来看，战国中后期哲学堪称卓越。以庄子为例，其《齐物论》便至少包含有是非、有无、物我这样标准的哲学范畴。但是，强调诸子之学与地方性知识的联系，不仅有助于对其所包含的"非哲学"部分的恰当理解，而且可以突出中国哲学尊传统、重人事的历史文化性格。

三　普遍化：理性的冲动

当老子说"道可道，非常道"时，道已经超越经验，具有深刻的哲学意义。但它经历了漫长的思想行程，简明的演

变逻辑是:

> 按《说文》,道的初始义是行。地上本无路,人行之而成,因而有了路义。路是达到特定目的地的必经之途,途径便引申为达到目的之手段。但是,由于达到目的地的途径不止一条,且实际上不同的路途长短与方便程度不一样,甚至有些只是歧路,因此有正道邪路之别。能够带路指方向者,就是导引或引导。在社会实践中,目标有具体抽象或规模大小之别,那些远大的社会理想需要思想纲领来指引,凡是有抱负者都宣称自己的主张最符合社会公共理想,因此自称为道或道术。而有序且稳定发展的社会,就誉为天下有道。反之,则是无道。最后,每家每派都声称自己的谈论是在传道,结果说话竟变成"说道"。这也引来老子的反对:"道可道,非常道。"老子那个"非常"之"道",则存在于经验以外的领域。[20]

这是"道字由实名向章太炎所说的表德与表业交替转移的过程。人走而成路是表业,而由具体道路比喻抽象手段,则是表德"。[21] 简言之,道字从描述事物到用以比喻观念对象,再到代表社会生活理想,一直沿抽象、普遍的方向演化。它不是一个思想家,也非单一学派完成的,是某种理性

---

[20] 陈少明:《由训诂通义理——以戴震、章太炎等人为线索论清代汉学的哲学方法》,《中国社会科学》,2018年第7期。
[21] 同上。

的内在力量驱动的结果。理性是人类赋予事物秩序的能力，它包括两个最基本的特征。一个是分类，另一个是整合。两者缺一不可，没有分类则混沌莫名，没有整合则分崩离析，不成体统。掌握这种方式，建立起知识的系统，在实践中就能纲举目张，按部就班，以一御万。哲学中许多大概念，例如有与无，或道与理，就是为整合普遍系统而发展出来的专门用词，属于本体论范畴。当然，要断言一个概念是哲学范畴，就不能只是根据它的用法，百姓日用而不知，哲学必须是自觉的学问。因此，衡量一个概念是否是哲学，关键不是看它如何被运用，而是看它如何被谈论。当老子说"道可道，非常道"时，第二个道是言语，即说道之道。而所谓"常道"，既可以是道路之道，也可能是百家所指的社会理想。这也与老子之道不同，原因在于，老子心目中的道，不是经验事物。不能听，不能看，也不能捉摸，因为它不是东西。而对它的命名或描述，都得借经验化的词语。但用来谈道的这些词语，如一、玄、无等，用起来都很勉强，是"强为之容"。这就是对道的超验意义的自觉反思，就是哲学。

至魏晋玄学，王弼便抓住老子的无，通过逻辑上的深化，提出"以无为本"的思想。在《老子指略》中，他说："无形无名者，万物之宗也。"因为它"听之不可得而闻，视之不可得而彰，体之不可得而知，味之不可得而尝。故其为物也则混成，为象也则无形，为音也则希声，为味也则无呈。"[22] 任

---

[22] 王弼：《老子指略》，《王弼集校释》上册，楼宇烈校释，北京：中华书局，1980年，第195页。

何物都是具体的某物，具有一定的特征，故不能作为其他物的基础。只有没有任何特征的"物"，才是万物的基础。"故能为品物之宗主，苞通天地，靡使不经也。"[23]这是王弼对《老子》第一章的诠释。它抓住普遍与特殊关系的逻辑特征，最普遍的概念，外延最广，而内涵最小，推至极端则为无。经验主义者可能会认为这是故弄玄虚的语言游戏，但它在思维上绝对有哲学高度。由老庄通往玄学的形上学思路，因其与经验生活的脱节，受到后来新儒学的抵制。

后世儒家重打弘道的旗帜，但其道系道统之道，不是道器之道。真正能接续并更替哲学之"道"的，是理的树立。程颢声称"天理二字，却是自家体贴出来"的。[24]其实，理的观念在战国诸子那里已经渐露头角。无论孟子、荀子还是韩非，他们使用的理字，都非汉儒所训的攻玉或者纹理，而是抽象的"条理"，它包含有秩序的意义。宋儒在理的前面加上"天"字，就是王弼的"苞通天地，靡使不经"的意思。即是说，宋儒的理是至大无外的整合万有的概念。它是在道之外，对普遍性的另一种哲学表达。但与玄学的道有所不同，这理是强调有内容的，它整合了世间事物的秩序。在理支配气的基本结构中，它既解释物性，也规范人性。宇宙、社会、政治、伦理、人生，都编入理的意义网络中。其价值图式，便是张载的从"乾称父，坤称母"说到"存，吾顺事；没，吾宁矣"的《西铭》。而其哲学纲领，则是朱熹

---

[23] 王弼：《老子指略》，《王弼集校释》上册，第195页。
[24] 程颢、程颐：《河南程氏外书》，《二程集》，北京：中华书局，1981年，第424页。

反复致意的"理一分殊"。陆九渊说:"东海有圣人出焉,此心同也,此理同也;西海有圣人出焉,此心同也,此理同也;南海北海有圣人出焉,此心同也,此理同也;千百世之上至千百世之下,有圣人出焉,此心此理,亦莫不同也。"[25]在中国哲学中,对思想的普遍性信念最坚定者,看来非宋儒莫属。

普遍性跟客观性相联系,程朱一派着重"理"不为人心私见所左右的一面。天理的"天"不仅意味着普遍,还意味着超越。即视理为"如有物焉,得之于天而具于心"。王国维以为这种思想套路中外皆然:"吾人对种种之事物而发见其公共之处,遂抽象之而为一概念,又从而命之以名。用之既久,遂视此概念为一特别之事物,而忘其所从出,如理之概念,即其一也。"[26]"故理之为物,但有主观的意义,而无客观的意义。易言以明之,即但有心理学上之意义,而无形而上学上之意义也。然以理性之作用为吾人知力作用中之最高者,又为动物之所无,而人之所独有,于是但有心理学上之意义者,于前所述形而上学之意义外,又有伦理学上之意义。此又中外伦理学之所同,而不可不深察而明辨之者也。"[27]王国维的批评从反面揭示一个事实,即中国的理的观念在西方哲学中可以找到其对应物,理学系哲学没有疑义。

把中国哲学同地方性知识相联系,不是降低它的思想意义,而是试图揭示一个事实,即中国哲学是从处理经验生活

---

[25] 陆九渊:《年谱》,《陆九渊集》卷三十六,北京:中华书局,1980年,第483页。
[26] 王国维:《释理》,《静庵文集》,沈阳:辽宁教育出版社,1997年,第37页。
[27] 同上书,第46页。

的知识领域中酝酿、成熟起来的。以道为标志的知识传统开始并没有发展一种我们称为哲学的思想目标，是丰厚的文化累积和理性的驱动，导致从道到玄再到理的形而上的思想趋势。开始也许是思想的本能，慢慢就是思想人物的自觉。同时，中国哲学在这一历程中还保持着尽人事、听天命的传统品格，形而上不脱形而下，哲学对经验生活具有强大的塑造力量。理学所标举的理，最终成了中国文化的基础概念。想一想与"理"字相关的中文成语，理所当然、合情合理、理直气壮、理屈词穷、不可理喻，还有得理不饶人等，就知道无"理"的思想真的寸步难行。一个哲学概念，如此深入我们的思想生活，理学应当以此为自豪。

四 回观西学

让中国哲学"通向世界"，至少有两层含义。第一，是中国哲学从地方性知识，发展成力图解释人类生活的思想活动或有普遍意义的思想成果。第二，则是与世界哲学交流以至合流，用曾经流行的话，叫作与国际接轨。第一层没有疑义，所谓普遍是逻辑意义上的，第二层则得略加分辨。因为与之合流或接轨的对象，其实是其他文化传统中的哲学。当我们称其为世界哲学时，是假定它是哲学的理想模型，而全世界不同传统的哲学（如果存在的话），都应走一条共同的道路。通常情况下，大家心目中的哲学是西方哲学。虽然有人会质疑，西方哲学也有不同的传统，而且，不同传统之间的哲学，不仅有差别，还有斗争，你以哪种哲学为是？但平心而论,从西方传统中寻找某些中国哲学所不具备的共同或类似的特征,还是可能的。如严复早就指出的,那种依逻辑规则而构造理论系统的学问形态,就不是我们的强项。[28]

真正有意义的问题在于,西方哲学是否一开始就是以普遍的思想目标为出发点,同时又取得理想的知识形态的?如果是,中国哲学效法它会很困难。假如不是,它也有自己的前世今生,那我们就应当正视它的历史,这对中国哲学的世界化很可能有更正面的参考意义。法国哲学史家皮埃尔·阿多,提出作为生活方式的哲学的主张,以区别于今天把哲学看成一种理论知识的习惯。承其所示,古代哲学家不是以著书立说为谋生手段,而是置身于不同行业,但对生活抱有反思态度,追求生命智慧的人。

> 《会饮篇》中哲人的定义在整个哲学史上具有最重要的意义。例如,斯多葛派像柏拉图一样,认为哲人本质上不同于贤人,从矛盾对立的观点看,无异于常人。……哲人意识到自己缺乏智慧;他渴望智慧,努力接近智慧——这对于斯多葛派来说,是一种只能通过突然的、意料之外的转变才可获得的超越状态。[29]

一般而言,智慧显现为一种指导和吸引哲人的理想。哲学首先被看作是一种智慧的练习,因此,是一种生活方式的实践。这个观念在康德那里仍然存在,也隐

---

[28] 严复:《救亡决论》,《严复集》第一册,北京:中华书局,1986年。
[29] [法] 阿多:《古代哲学的智慧》,张宪译,上海:上海译文出版社,2012年,第46—47页。

藏在所有那些在词源学上把哲学规定为对智慧的爱的哲人那里。[30]

这种区别于理论知识的生活实践,也称"灵修"(spiritual exercises)。灵修是人变化气质的过程,也即个人人格及其世界观(vision of world)的整体转变。具体的实践事项有:"首先专注,然后沉思和对善的事物的记忆,接着是多项理智的修炼:阅读,倾听,研究及考察,最后是多项行为修炼:自作主宰,承担义务,及对微不足道的事物的漠视。"[31]阿多认为,对古代西方人而言,智慧之爱足以表示哲学的内在含义。"智慧是一种生活方式,它能带来心灵的宁静,内在的自由,及宇宙的意识。首先而且最终的,哲学将本身表现为一种药,用以治疗人类的痛苦。"[32]

索菲亚(Sophia)与逻各斯(Logos)这两个词的语义变化,呈现古希腊哲学的"地方性"特征。在荷马笔下,索菲亚可以是木匠与乐师的制作技能,也可以表示师徒关系。后来又变成来自缪斯的灵感、诗歌及影响人心的艺术。再后来甚至涉及司法与政治,成为与正义有关的观念。它还可以指一个人用来与他人打交道的技巧、一些格言,甚至与"精密"科学如医学、数学、几何学和天文学联系起来。今天被

---

[30]〔法〕阿多:《古代哲学的智慧》,第47页。
[31] Pierre Hadot, *Philosophy as a Way of Life: Spiritual Exercises from Socrates to Foucault*, edited with an introduction by Arnold I. Davidson, Blackwell, Oxford UK & Cambridge USA, 1995.
[32] Pierre Hadot, *Philosophy as a Way of Life: Spiritual Exercises from Socrates to Foucault*, p. 265.

称为哲学家的智者派人士,就被径直称为索菲亚。[33]而逻各斯也是含义模糊的概念,"自赫拉克利特以来,逻各斯这个词已经成为希腊哲学的一个中心概念,因为它可以表示'道''言说''论辩'以及'理性'。尤其是,斯多葛派相信,被设想为理性力量的逻各斯,内在于世界、人类和每个个人之中"。[34]正是它使基督教哲学成为可能。如果我们把它同中国哲学作类比的话,索菲亚近知(包括智),而逻各斯若道。两者均系从具体的生活知识中发展起来的,只不过与言说关系密切的逻各斯,由于使用概念的缘故,更容易与理性联系起来。其实,古代智者过哲学生活的经验,有些很难发展为概念化的知识,如"灵修",它类似于庄子或宋儒的工夫论,后来就很难进入理性主义哲学所叙述的内容。

基督教让哲学为神学服务,然而它也导致生活方式与思想论辩的逐渐分离。依福柯(Michel Foucault)或阿多的见解,哲学的"理论化"开始于笛卡儿,在真理的追求中,证明比修炼作用更显著。从经院主义发展起来的哲学,正是思辨哲学,它旨在追求逻辑完美的知识体系。这种哲学家,在康德看来,就是理性的艺术家。而正是康德,强调一种叫"宇宙哲学"或"世界哲学"的概念,"就'宇宙的概念'来说,这里指的是这样的概念,它关系到那种在其中大家都必然有兴趣的东西"。[35]这种人人应当有的兴趣,便是理性的兴趣。所谓宇宙或世界哲学,就是概念具有普遍性的哲学。

---

[33]〔法〕阿多:《古代哲学的智慧》,第11—16页。
[34]同上书,第256页。
[35]转引自〔法〕阿多:《古代哲学的智慧》,第293页。

从阿多的论述来看，西方哲学一开始也非康德意义的世界哲学，它也是从历史文化堆积层中酝酿、发生、发展起来的。它与中国哲学如宋明理学的不同，不在于是否有普遍性的追求，而在于它有一套更完善的搭建哲学建筑的思想技术或艺术。现代哲学中，无论理性主义的笛卡儿，经验主义的休谟，还是批判哲学的康德，都是运用这种思想技艺的大师。

这幅西式哲学地图，对我们展望中国哲学的前景，是个很好的参照系。

五　两条路径

世界哲学包含两种不同的意义：一种是逻辑上具有普遍性的哲学，其指涉的经验古今中西无别，放诸四海而皆准；另一种是带有地方性知识特性的观念向未来或域外传播，让这类观念在经验上可复制或模仿。后者正如古代区域性文化的变迁一样，所谓"齐一变，至于鲁；鲁一变，至于道"，就是明显的例证。当孔子说"道不行，乘桴浮于海"（《论语·公冶长》）时，老人家心目中的道之所以值得弘扬，恐怕不是因为它在逻辑上是普遍有效的，而是如果它在实践上能达成，是有价值的。孔子所致力的是一种文化经验的传播。

中国哲学起源于历史上的地方性知识，换言之，像玄学、理学这种更具哲学思维品格的学问，是从经学与子学两大层次或形态的知识传统中发展起来的。它形成一个事实，便是玄学或理学既突破传统，但又没割离传统。在知识形态上，其表现便是一方面发展出抽象的普遍哲学概念，另一方面则与经子之学固有的知识联系在一起。这种联系的例子，首先是道器组合。"形而上者谓之道，形而下者谓之器"，器本非抽象概念，可是如此搭配，使它成为理解道的条件。而器包括不同种类如工具与礼器的情况，还会导致理解方向的差别。玄学受老庄影响，无与有取代道与器，发展玄虚的一面。但宋明理学则代之以理与气，重新提高对经验具体性的关注。当然，还有更多包含在中国哲学知识领域中的范畴或问题，其意义只能在特定文化经验中才能阐明，如气、阴阳、性命等。

针对这种现象，本文提出两个并行的方案，对应于两种世界哲学。一种是普遍化，另一种是历史化。普遍化，表现在词语上，就是那种范畴性的概念，例如道理、有无、时空、物我、身心、是非等。这些词都是生活的基本用语。除了它是日常思维离不开的基本概念外，另一个特征是它在应用中全方位覆盖同类的事物。其指涉的现象，没有古今中外之分。这些描述经验现象的术语，如果是单字而非结对的话，如有、时、我、身、是等，只有实用意义而未必有哲学含义。但汉语结对成词组后，意味就不一样了。有与无便不是对某种事态是否存在的判断，而是理解整个存有领域的基本框架。时空一体，也就是宇宙尺度的问题。而物我组对，不只是自我意识的引发，同时指向人生意义的思考。身心是分还是合，不只是一般的认知范畴，也是生命体验甚至意义的根本场域。是非也不是对某种现象或观念的肯定与否定的态度，而是有机会超越对立，论"是非之是非"范畴。这种结对语式，本身就是体现中国思维的特征。这类概念，在经典中，有的得到自觉的讨论，有的只有一般的定义，有的可能只是直接的运用。如前所述，道与理均是自觉讨论过的概念，不过，两者不是因结对而互相理解，而是由道至理的发展导致其被贯通使用。这些问题都需要在现代知识的背景下，得到新的论述。这是通向普遍意义的世界哲学的基本路径。

当然，存有论的概念或问题的普遍性比较容易理解，价值论或者伦理学的问题就相对复杂。仁义是儒学，也是中国伦理的基本概念。它不是以具体现象为对象，而是对人事关系或行为的态度或规范，其意义经常在日常使用的过程中显现或者转移。前述对仁、义含义复杂性的描述，便是证明。不过，这不等于说，经典哲学家没有对其做概念界定的努力。孟子便将其同人性问题联系起来，用恻隐之心（情）作为仁之端，同时又仁义并举，以羞恶说义，从而形成对善恶现象的正反态度，由此完成人的道德本性的整体论说。因此，至少在孟子这里，它成为具有普遍性指向的哲学概念。现象学家耿宁就认为孟子讨论的问题有普遍意义："两千年后在一个全然不同的文化之中，孟子上述所引同情心的例子也为我们〔西方人〕当下所理喻，它们依然言之有理。看来孟子道出的乃是某种普遍人性的东西。"[36]这个例子表明，思想的普遍性，不在于对象是否自明，而在于思考的品格。作

---

[36]〔瑞士〕耿宁：《心的现象：耿宁心性现象学研究论集》，倪梁康编，倪梁康、张庆熊、王庆节等译，北京：商务印书馆，2012年，第419页。

为中国文化的核心价值，经典伦理概念的普遍化论述既有可能，更有必要。所谓世界哲学，并非一定要进入或成为其他文化区域的论题，而是让经典哲学观点具备可普遍化的性格。事实上，它也是传统观念进入现代的必要条件，因为我们自身已经生活在一个变迁了的世界中。

所谓历史化的方案，是针对那些更具"地方性"特征的知识或问题提出的。表现为概念，就如性、命、神、气之类。它们既不是客观世界的描述，也非伦理生活的理想。依主客有别或价值事实二分的思想戒条，将其论述成当代哲学问题难度极高。以气为例，在不同的语境下，它可以是物质的存在形态（气体、液体），可以表达人的生死状态（有气、没气），还有精神状态（气象、气质、气色；气宇轩昂与气壮山河），以及人的心情（喜气、怒气；平心静气与垂头丧气）。它可以进入中医（阴气、阳气），还表现为艺术（气韵生动或元气淋漓）。宗教家用其言修炼（气沉丹田），哲学家用以讲本体（太虚即气）、论人性（气质之性）。因此，要寻求关于气的周延定义，或者从西方语言找到词义接近的词，几乎是不可能的。然而，以中文为母语者，在这个词的运用上并没有困难。虽然把气作为具有跨文化的普遍性的哲学范畴来论述存在障碍，但它却是理解中国哲学的核心词语之一。气不仅是对老庄之道的一种解释，如果离开它，宋明理学中不仅从张载到王夫之一系的思想特质无法把握，就是朱熹的理也变成没法变现的幽灵。这类问题需要在历史与语言的脉络中阐明。

观念史可能是揭示这类概念的深层意义的重要途径。

按洛夫乔伊的规划，观念史的对象不是完整的理论系统，而是构成系统的要素即某种基层性的观念。其中有些观念是某些理论赖以建立或者默认的前提，没有在系统中进行自觉的论述。有些观念，其实是很多不同系统共享的前提。它深入生活，同时在不同的学科或意识形态领域转移。观念与概念不同，概念是固定的词，但同一观念可能用不同的词表达，相同的词也可以表达同样的观念。[37]根据这种观点，洛夫乔伊既用以研究如存在（Being）这种极抽象的观念，也用它分析如自然（Nature）或浪漫（Romanticism）这类意义层次复杂，或者说更有"地方性"意味的词语。[38]洛夫乔伊式的观念史，是对哲学理论化的一种解构，对思想的经验性或曰历史性的复归。回到我们的论题上来，那些原本清楚明白的哲学概念，固然也可以做经验的还原，而难以清晰界定的观念，更需要这种观念史式的探讨。中国思想传统中，前面提及的性、命、神、气等所标志的意义，就合乎所谓基层性的观念。这种常见、多义而不需要界定就可以使用的词语，植根在历史文化的深层土壤中，它几乎成了语言使用者无意识结构的一部分。而挖掘这些观念发生的原初经验，就是借助语言历时意义的分析，进入历史的深层。它是理解那些具有地方性特征的观念的基本途径。同时，由于它植根在活的语言系统中，语言的应用范围往往就是其相关经验的有效范围。因此，观念史虽

---

[37] Arthur O. Lovejoy, *The Great Chain of Being*, Cambridge, Mass: Harvard University Press, 1936, pp. 3-23.
[38]〔美〕洛夫乔伊：《观念史论文集》，吴相译，南京：江苏教育出版社，2005年。

非致力于逻辑的普遍性，但它具有不一样的思想功能。一般来说，普遍性需要理由，特殊性则借助原因。两者相辅相成，呈现中国观念文化宽与厚的特征。没有前面，则不宽；缺乏后者，则不厚。抽象的义理离不开丰厚的经验的支撑。两者并重，才有助于中国哲学的总体证成。

简言之，世界哲学可以有两个意义，一个是思想逻辑的普遍性所覆盖的，另一个是思想经验的独特性所吸引的。这个道理不难理解，当西学成为全球主流文化时，它对非西方世界包括中国的影响，也是双重的。一种是西方文化内在的思想力量所显示的说服力，另一种则是率先进入现代化的生活方式的吸引力，也包括历史机会导致的英文传播而造成的影响力。中国哲学通向世界应当也是这样，在思想的普遍性努力之外，那种挖掘传统价值根源的成果，也只有中国人的生活方式为外部世界所称道，汉语得以更广泛传播，才可能被重视。地方知识是否具有超越地域的价值，取决于地域的规模以及经验的吸引力。它是学者努力的基础，而非结果。不过，如韦伯所说，学者的使命在于学术本身。

汉学家史华慈和葛瑞汉，在英语世界曾有一场如何理解中国文化经验的争论。争论的焦点就是普遍性与特殊性的意义问题。在史华慈看来，中国思想经验的意义在于它的普遍性，否则没有学习的可能。葛瑞汉的观点相反，中国思想经验的意义就在于它的特殊性，否则没有学习的必要。也许他们最终没有实质性的对立。[39]本文也涉及特殊与普遍的关系，但引入地方与世界、历史与观念的交叉思考后，对问题的理解提交了一个新的版本。不过，虽然我们的努力在于表达中国本身，但是，学习是相互的。通往世界本身必定包含向世界学习的态度与努力在内。

（原载《哲学研究》2019年第4期）

---

[39] 参见本书《穿越理解的双重屏障——论本杰明·史华慈的思想史观》。

附录一

答问录：探求中国哲学的多样形态

(提问：陈壁生)

问：作为一个1958年出生、1977年开始学术探索之路的学者，您是在一系列的全国性政治运动的气氛中度过青少年时期的。并且，您自己在求学之前也有过晒盐、钻井及炊事工种的经历，这些对您的人生道路以及学术追求产生了什么样的影响？

答：1958年，"大跃进"，也算中国现代史上值得记取的年份，不过，它和其后三年困难时期带来的饥饿，对太小的孩子没有直接的影响。而1966年开始的十年"文革"则不一样，那刚好是我接受早期教育的年代。从小学到高中，当时学制是九年，随后又下乡二年。很难概括那种影响的性质。近几年，断断续续读过一些"文革"的回忆文章，声调反差极大。说它"史无前例"是真实的，它的确是中国历史上规模空前的政治动员。在这样大规模长时期的社会运动中，地位、教养、年龄、性别与遭遇不同的人，感受自然不一样。对我来说，能够提上来的大概有三点：第一点，是感受到"造反"的热情。这种热情同反对政治强权，追求社会正义的理想是有联系的。第二点，是对社会科学的兴趣。从小就熟悉意识形态、上层建筑、经济基础这类词语，有耳濡目染的效果。不过，就熟习的那种大叙事、世界观化的取向而言，其言路更像人文学术。第三点，对待知识比较有常识感。对用理论曲解经验的现象司空见惯后，比较注意拆解各种"解释"的招数。同时，即使论域很抽象，也希望保持跟经验的关联。不过，这可能仅是现在的一个解释而已。关于"文革"的感想，有机会应另外详谈。

问：您在上个世纪九十年代的著述，包括了《儒学的现代转折》（1992年）和合著的《被解释的传统：近代思想史新论》（1995年，再版改名《近代中国思想史略》），是您早期的主要学术成果。您探索儒学在现代的命运，是基于什么样的关怀呢？

答：其实，讨论儒学的现代命运，不是我一开始的自觉选择，同时，我后来关心的对象也不限于儒学。那个时代之所以被称为"文化热"，是因为人人都在谈文化。梁漱溟、冯友兰、李泽厚、庞朴、汤一介、杜维明、余英时、刘小枫、甘阳、张志扬、梁治平、金观涛与刘青峰，角度立场可能有所不同，但几代人都一齐在论文化。《中国古代思想史论》、《拯救与逍遥》及《兴盛与危机》等书，一时洛阳纸贵。我同许多同辈人一样，兴趣显然是被当时的思潮推着走的。当然也有人以为观念文化的力量没那么大，朱学勤后来就讥讽说是"在文化的脂肪上搔痒"。《儒学的现代转折》同《被解释的传统》（与张永义、单世联合作）在线索上有关联，前者谈现代新儒家，后者是追溯其背景，由此而注意到经学文化同现代意识形态的复杂联系。《汉宋学术与现代思想》（1995年）中的有些文章也是围绕着相关的主题而展开的。

问：与大多数研究中国哲学的学者不太相同的是，您对西方哲学也有一定的研究，在您的学术研究中，西方哲学扮演了一种什么样的角色？具体到您跟张志林老师合著的《反本质主义与知识问题：维特根斯坦后期哲学的扩展研究》一书，维特根斯坦对您的中国哲学研究工作有什么样的影响呢？

答：我是因喜欢哲学而读了哲学史，又是为方便人读哲学系而考中国哲学史的，所以一开始就对西方哲学本身有兴趣。有些搞中国哲学的，谈西方哲学是为了寻找一些可供引用的语录，用来装点门面。这种习惯可能起源于对马克思主义经典所形成的态度。冯、牟不一样，两人对西方哲学的某些理论或流派都有系统的研究，不管你喜不喜欢，都得承认他们的成果是富于启发性的。但哲学不是寻求现成的真理，任何成果都不能当教条反复套用，否则就会把思想的探索变成索然无味的概念体操。

开始接触维特根斯坦哲学大概是1987年，当时复旦大学出版社翻译了一本美国人写的《当代分析哲学》，该书以维特根斯坦为中心，叙述有血有肉。同时我又从北大图书馆复印了维氏的《论确定性》与奥斯汀的《怎样用词措事》，慢慢读出点味道来。这成为后来与张志林合作《反本质主义与知识问题》一书的助缘。这本书不是以材料的准确、丰富见长，但它触及知识的当代形象问题，对理性作用的有限性提出一些看法，有阅读兴趣的人不少，好像提及它的论文中法学专业的比较多。虽然我充其量只是西方哲学研究的一个票友，但从中受益不少。就维特根斯坦对哲学这种学问的启发而言，有两点我深信不疑：一是，作为理论的哲学，论证比结论重要。二是，有价值的哲学不必一定是包罗万象的系统，甚至可以不谈本体论。

问：1998年，您的《汉宋学术与现代思想》出版，其中有一些论文谈到对中国哲学史学科的反思。您是如何评价这本书的？

这本书初版是1995年，1998年的是再版。书的内容大致有两个方面：一是把现代新儒家的研究扩展到近现代思想史上，一是以哲学史学科为中心，反思广义的思想史方法论问题。我想我们虽然不能说"哲学就是方法论"，但方法论确是现代哲学的中心课题之一。它的问题与近代认识论的兴起有关。我对维特根斯坦哲学的兴趣，也与此有关。在《反本质主义与知识问题》中，我还写过一章"从家族类似看理想类型"。而注意哲学史方法论，起因于思想史、哲学史与学术史关系的划分，而不是中国哲学的正当性问题。正当性问题的文章是再版时补录的。那时《学人》倡导学术史研究，《中国书评》讲学术规范。我更关心的是作为学术形态的思想史如何表达思想，在所谓思想与学术的紧张中，我比较偏向前者。要问我自己如何评价这本书，对我这样一直处于寻找自己思想出路的人来说，每一本书都是前一本书与后一本书之间的过渡环节。

问：您的"跨世纪工程"是一部《〈齐物论〉及其影响》，这本书把一篇三千多字的《齐物论》，演绎成一本二十万字的书。这是您提倡的"经典与解释"的一个范本，您是用什么方法写这本书的？一般来说，一个研究者沉浸在研究对象之中，总是会不知不觉地受到研究对象的思想的影响，您对《齐物论》的偏好，是出于性情的投缘，还是研究的需要？这部书的写作，是否对您的思想、性情产生了一定的影响？

答：《〈齐物论〉及其影响》，是我研究经典解释的传统的尝试。关于经典与解释关系的一些想法，是在写作中形成的。这本书的线索是，在《庄子》中选一篇最有哲学意味的文章，然后在澄清一些文献争端的基础上，分析文本的思想结构，并讨论它对整部《庄子》思路形成的影响。然后又论述这一篇章在思想史上的影响，从魏晋到民国，儒、释、道均有反映。书的最后两章及附录《由"鱼之乐"说及"知"之问题》，则涉及我对相关哲学问题的理解。我在引言中说："真正有意思的工作是在被刻意隐瞒同经典有关系的地方，把它揭示出来。而对那些阐释或发挥经典的思想或著述，则应着重考察它们的不一致之处，包括创造、误读甚至是有意的曲解。此外，不仅辩护是扩大经典影响的途径，对经典的批判也是建立在一定的解释的前提上，它客观上也起传播其思想的作用。注意这种影响的多样性，才能更有效地掌握历史上具有原创性的思想发挥作用的各种思想机制。"我的确认为《齐物论》是非凡的哲学篇章，精巧、深邃且大气。当然，一部《庄子》，气象万千，喜欢或不喜欢可能有无数的角度。我在最后一章《自我、他人与世界》中对自己的观点略有陈述，从中或可看出我有一种反意识形态情结，以及欣赏那种比较洒脱的人生态度。我喜欢说，哲学有时就是用逻辑组装的情感表达。

本书是我的博士论文，形式上是结构完整的专著。有一个外在的原因，就是在写作中间，我就领有指导博士论文的任务，这给我的写作带来压力，它导致我至少在形式上下了更多的功夫。这篇论文写作和修改的工作条件很好，特别得益于杜维明、陈方正两位老师提供的帮助。

问：您近年的学术转向令人瞩目，从研究"孔门三杰"到《说器》等论文，让人看到了"中国哲学"研究的另一种可能性，即力图把西方哲学从一种框架、准绳的功能，转化为分析的功能，从而重建中国哲学的解释方式和言说方式。您能否说一说您对近年论文的看法？

答：前面提到的"作为生活方式的古典哲学"，也受到法国学者阿多的启发。哈佛哲学家普特南（Hilary Whitehall Putnam）在一门叫"四个犹太哲学家"的课堂上推荐了阿多的书，引起我的兴趣。系统表达我自己对这个问题的想法的是《经典世界中的人、事、物——对中国哲学书写方式的一种思考》(《中国社会科学》2005年第5期)。在肯定传统哲学史学科意义的前提下，我提议开拓新的中国哲学论域，即从叙事性较强的文本入手，尝试对经典做不以范畴研究为中心的哲学性探究，作为教科书思路的补充。文章分人、事、物三个类型，分别举例说明对不同的经验资料进行思想探究的可能性。不以范畴为中心，不是排斥对任何古典思想概念的研究，而是要直接面对经典世界的生活经验，把观念置入具体的背景中去理解；或者更进一步，从古典的生活经验中，发掘未经明言而隐含其中的思想观念，进行有深度的哲学反思。这是防止把中国哲学史变成西方哲学的附庸的一种方式。这或许可看作我最近的研究纲领，像《孔门三杰的思想史形象》、《说器》、《"孔子厄于陈蔡"之后》及《君子与政治》几篇论文，都是这个思路下做的作业。

常规的哲学史，当然是以过去现成的哲学理论或观点为对象。而我们要处理的问题，固然有现成的观念，但更包括只是经验描述的形态，使它成为哲学是得经过一种创作的功夫。而什么样的观念或经验可以成为反思、创作的资源，则取决于研究者的见识，没有现成的答案。如果有人尝试串成一部哲学史，那也很难取代教科书的作用。所以我提议对中国哲学史与中国哲学两个概念略加区分。中国哲学创作可以断章取义利用古典思想资源，而不必从古到今叙述前人现成的见解。中国哲学创作可以独立于中国哲学史研究，但它的发展，对促进中国哲学史研究也有裨益。

问：1996年，您写过一篇"四十自述"，标题为《抽象人生》，您除了从事观念性工作，也有"另一种人生"，那就是办《岭南文化时报》的时期。当代非常多的学人都办过报纸、刊物，但是大多数都是学术性的，而《岭南文化时报》

则带有非常强烈的人间关怀与社会关怀。直到现在，人们提起您的时候，都会记得您是《岭南文化时报》的创办者之一。您是基于什么样的考虑而亲身创办，并参与这份报纸的编辑工作的？您至今没有写过关于知识分子的文章，然而，您是怎样理解知识分子的社会责任的？

答：是"拟四十自述"，写的时候还不到四十岁。文章写于十年前，当时跟我约稿的萌萌今天也不在人世了。人生很难说，抽象也是用来掩饰生活的单调或屏蔽不愉快的经验的一种托词。不过，认真说，抽象总是相对的。毕加索有一组牛的变形图，第一幅非常写真，第二幅比前面略加简化，依此路数，最后一幅简化为一个几何图形。中间每一幅相对前者是抽象，相对后者就具体。做学问尤其是做哲学，比起做生意、做官，当然是抽象些。但在学问甚至哲学中，我感兴趣的则是贴近经验生活的内容，指向比较具体。现在这种理解也可能与十年前不一样。

做《岭南文化时报》是我参与的一次社会行动。主将是吴重庆，他写的《风中的火柴》叙述了整个事件的来龙去脉。那时年轻，忘我，自信，充满激情。因为关怀社会而从事社会科学，自然认为知识应当为现实服务，而评论也是服务的形式。这是当时的行为逻辑。不过，是否任何知识分子对任何社会问题都需要或有能力提出自己的主张，则不必一概而论。八九十年代讲启蒙，大观念普遍传播，是对意识形态的冲击，但今天再重复几个人人皆知的概念就没有意义。现在的问题是，主义必须用问题来充实。但术业有专攻，不是任何人对任何社会问题都有专业的辨别能力的，所以不同专业的人发言权不一样。

而有些知识与现实的关联程度不一样,如思想史,研究近现代者容易切入生活,研究古典的就间接些。如袁伟时老师主治近现代政治思想,其讨论意识形态就比较得心应手。当然,思想史专业的前辈如徐复观、余英时,思想总是直接或间接指向现实政治,且学问深厚纯正。那是我所敬重的。

问:上个世纪九十年代"国学热"的时候,您写过一篇《低调一些——向文化保守主义进言》,国学冷下去十几年之后,近年又复兴起来,您是怎样看待近年的传统文化再受重视的?

答:那是一篇应景的评论,有具体的针对性,所以观点不一定有多大普遍意义。正如经历成就了人格一样,传统是塑造文化共同体性质的基本力量。据我的观察,激进的反传统同顽固的保传统,都是对自身文化无信心的表现。而对文化是否有信心,归根到底又是对所在社会状态的反应。随着社会的稳定发展,对传统的认同必将会加强。但如果社会真有问题,过多地乞求传统反而无济于事。不过,在传统文化备受指责的时代,其复兴会是个好消息。而反传统声浪消退之后,值得关注的就不在于它是否复兴,而在于复兴什么。主张建立国教是一种复兴,传播古人的管理智慧赚大钱也是要复兴,这都不是我感兴趣的问题。我们的工作如果一定和国学复兴扯上关系,那只是纯粹的学术活动,寻求中国哲学的多样形态。我是书生,给自己的定位很清晰。

(本文刊《学术月刊》2007年第1期)

附录二

文献目录

一 作者关于哲学史方法论的论文

1. 《思想史解释：逻辑与逻辑之外》，《社会科学战线》，1993年第3期。
2. 《论思想史的重建》，《学术月刊》，1993年第7期。
3. 《等待刺猬——当代学风的一种思想史分析》，《开放时代》，1997年第5期。
4. 《从庞朴的"智慧说"看中国传统的价值重构》，《学术月刊》，1997年第12期。
5. 《哲学史研究中的哲学意识》，《哲学动态》，1997年第12期。
6. 《"哲学史"的正当性》，《天津社会科学》，1998年第2期。
7. 《知识谱系的转换——中国哲学史研究范例论析》，《学人》第13辑，江苏文艺出版社，1998年。
8. 《穿越理解的双重屏障——论本杰明·史华慈的思想史观》，《开放时代》，2001年第5期。
9. 《论比较哲学——从现代中国学术的经验看》，《浙江学刊》，2002年第2期。
10. 《经典解释与哲学研究》，《中山大学学报》（社会科学版），2003

年第2期。

11. 《重提"中国哲学"的正当性》,《江汉论坛》, 2003年第7期。

12. 《中国哲学史研究与中国哲学创作》,《学术月刊》, 2004年第3期。

13. 《经典世界中的人、事、物——对中国哲学书写方式的一种思考》,《中国社会科学》, 2005年第5期。

14. 《儒学与哲学》,《儒林》第1辑,山东大学出版社, 2005年。

15. 《用哲学论述中国文化经验》,《学术月刊》, 2006年第3期。

16. 《什么是思想史事件?》,《江苏社会科学》, 2007年第1期。

17. 《讲求方法:来自西方哲学的启示》,《学术研究》, 2008年第5期。

18. 《提倡反思的哲学史》,《河北学刊》, 2009年第2期。

19. 《哲学与论证——兼及中国哲学的方法论问题》,《文史哲》, 2009年第6期。

20. 《想象的逻辑——中国哲学的经典例证》,《哲学动态》, 2012年第3期。

21. 《格义之外》,《开放时代》, 2012年第11期。

22. 《"形上学"如何"具体"?——杨国荣教授〈道论〉读后》,《哲学分析》, 2013年第2期。

23. 《为什么是思想史?——徐复观的思想性格与学问取径》,《华南师范大学学报》(社会科学版)80周年校庆特刊, 2013年第5期。

24. 《中国哲学研究方法论再思考——从兑换"观念的支票"展开》,《哲学动态》, 2014年第6期。

25. 《来自域外的中国哲学——耿宁〈心的现象〉的方法论启示》,《哲学分析》, 2014年第5期。

26. 《做有说服力的儒学》,《孔子研究》, 2017年第1期。

27. 《作为一个学科的国学》,《中山大学学报》, 2017年第5期。

28. 《什么是"经典世界"?》,《中国哲学年鉴(2017)》专论,哲学研究杂志社，2017年12月。

29. 《由训诂通义理——以戴震、章太炎等人为线索论清代汉学的哲学方法》，《中国社会科学》，2018年第7期。

30. 《中国哲学——通向世界的地方性知识》，《哲学研究》，2019年第4期。

31. 《跨文化视野中的"道"》，《船山学刊》，2019年第5期。

32. 《"做中国哲学"再思考》，《哲学动态》，2019年第9期。

33. 《调整经验的视角》，《开放时代》，2022年第1期。

二 关于本书的评论

1. 杨海文：《古典生活经验与中国哲学创作——陈少明〈做中国哲学：一些方法论的思考〉读后感》，《开放时代》，2015年第6期。

2. 廖晓炜：《陈少明〈做中国哲学：一些方法论的思考〉——中国哲学研究的困境与出路》，《哲学与文化》第42卷第12期，2015年12月。

3. Zemian Zheng（郑泽绵），在 Dao（2016年12月12日）发表的《做中国哲学》的书评。

4. Carine Defoort（戴卡琳），"Chen Shaoming on the Methodology of Chinese Philosophy: Experience, Imagination, Reflection"（《陈少明论中国哲学方法：经验、想象与反思》），*Contemporary Chinese Thought*, Volume 48 Issue 2（Routledge 出版，2017年，第48卷第2期）。

5. 陈壁生：《何谓"做中国哲学"？——陈少明〈做中国哲学〉评议》，《哲学研究》，2017年第8期。

6. 王格：《陈少明：〈做中国哲学：一些方法论的思考〉》，《哲学门》

（总第35辑），北京大学出版社，2018年。

7. 曾海军：《论"做中国哲学"的时代意义》，《广西师范大学学报》，2018年第5期。

8. 张立恩：《"一般哲学"视野下的当代中国哲学创作——读〈做中国哲学：一些方法论的思考〉》，《哲学分析》第10卷第5期，2019年10月。

9. 《"做中国哲学：思路、方案与实践"学术工作坊会议纪要》（"大中之道"微信公众号，2021年12月27日10:08）。

10. 温海明、鲁龙胜：《道器无间——论陈少明"做中国哲学"》，《吉林师范大学学报》（人文社会科学版），2022年第5期。

后　记

《做中国哲学》此次增订比初版增加了三篇文章。其中，《"做中国哲学"再思考》是对此书出版之后得到的各种反馈的综合回应。它更清晰地界定出论题的概念、理路，并展示了其广阔的知识前景，因此，作为代前言被冠于书首。其他两篇，是问题的延伸思考。《由训诂通义理——以戴震、章太炎等人为线索论清代汉学的哲学方法》是对清代汉学治学方法的探讨，所聚焦的问题是：这种以字义的澄清为手段的学问，是如何达致其不同于宋学的义理目标的；同时，更重要的是，它在现代哲学研究中如何焕发生命力。而《中国哲学——通向世界的地方性知识》，则是对这一学科的知识形态的一种勘察。它借鉴人类学"地方性知识"的概念，从历史的起源与演变动态地描述中国哲学与哲学的关系，并探寻我们的古典思想资源进一步哲学化的路径与图景。这也属于广义的方法论范畴。

所有文章均围绕着"中国哲学"的概念，从不同侧面展开各种方法的探讨。但是，它没有反思方法本身，即没有追问什么是方法,或者方法可以做什么。也许因为大家以为这是自明的问题,所以绝大多数的方法论文章都把它略过了。作者在另一篇文章中曾经提道:

> 方法这个词看似简单,其实很复杂。说简单的理由,是它虽到处被使用,但很少人对它下定义。当然,有不少关于科学方法、哲学方法或者艺术方法之类带有领域或门类限定的方法论定义,但很少是关于"方法"的定义。抽象地说,方法是为达到一定的目的而采取的手段,形式上看也无不可,但这等于什么也没有说。这种只讲某某方法而不讲方法的现象,究其原因,不是因为方法简单,而是复杂。即使只讲思想方法,九九乘法口诀是计算的方法,而现象学是哲学方法,可你也许不知道,这两种方法之间的差别究竟有多大。简单对比一下,乘法口诀是计算时必须遵循的法则,而且依其操作的结论肯定一致正确;而哲学中的现象学方法,应当如何运用,不同的人在运用这一方法时,是否可能或者是否期待一致性的结论,则充满悬念。但你不会根据乘法计算方法的有效标准,去衡量现象学方法是不是成功。由此可见,不同的方法与不同的知识期待联系在一起。(陈少明:杨海文著《化蛹成蝶:中国哲学史方法论断想》序,齐鲁书社,2014年)

这是指思想方法,如果再往前追溯,方法首先应用于手工操作领域。方是方圆的方,法是效法的法。它意味着制圆依规，成方靠矩，用专门的工具，循特定的程序，就会有预想的结果。所谓思想方法是把某种思考程序比喻为"工具"的产物。的确，乘法口诀是有效的算术方法，其正确没有例外，也不存在精确程度，其成效是任何手工操作方法不能比拟的。但这类方法跟规矩方圆一样，可以也只能产生同样的产品。也即是说，依此生产或思想的人，不需要，同时也没有任何创造性。而创造性的工作，无论是艺术创作，还是思想创造，则既不会也不能有这样高效的方法。哲学同艺术思维一样，追求创造性。哲学爱好者与哲学家可以拥有相同的观点，但只有创造这些观点的人，才叫哲学家。因此，没有高效的哲学方法，同没有高效的艺术方法一样。正如中国书法也有"法"可循，但没有人只通过阅读其"法"而成为书法家。那么，哲学家们还谈方法做什么？简单的回答是，它用以划分产品大概的类型，为塑造对象（建立观点）提供框架性的思路，或者为新产品的意义及价值提供评估的理念。在创造性领域，方法只是理念，不是模具。理念必须落实在实践中。

"做中国哲学"作为书名，初看是有点突兀的，因为它更像一句口号。口号的意义，除了宣示立场外，更主要在于激发行动的热情。虽然对哲学而言，方法论有时不仅是手段，也可能是理论的目标。但作者这项工作，并非纯粹基于方法论的兴趣，而是在探索把古典思想观念特别是古典生活经验转化成现代哲学论述的过程中，对伴随而来的问题作或专心思考或即兴反应的文章。把近二十年间的论文结集成册，而非撰写一本结构安排严密的专著，就是随机写作的证明。参与创新研究，才是本人学习哲学的初衷。具体的创作实践，是一个渐进的过程。这些努力，最初体现在《经典世界中的人、事、物》（上海三联书店，2008年）一书的部分篇章中；后来又在《仁义之间》（孔学堂书局，2017年）的标题下，把做儒家哲学的相关习作集结成书；以及在《梦觉之间：〈庄子〉思辨录》（生活·读书·新知三联书店，2021年）的哲学编中，对部分庄子问题的再论证。这些研究都与儒、道等特定思想流派的观念相关。而视野更宽，选题上打破学派、知识门类甚至文化的藩篱的，是今年出版的另一本专题文集《问物：可触摸的意义》（生活·读书·新知三联书店，2024年）。它或许可以逐渐汇入更广阔的时代哲学潮流。列举这些工作的目的，是表示作者的方法论讨论同研究实践是联系在一起的。或者说，不会悬空谈论与研究经验脱节的方法论。至于这些成果的品质如何，则得由读者鉴定。创造没有标准，但能从比较中呈现。

本书能出新版，超出本人的预料。这一意外很可能得益于《做中国哲学》这个书名。因为这本文集中的论文，已经发表经年，但分散的篇什了无声息，几乎没有公开的文字谈及这些文章。而文集与这些文章的差别，就在于多了一个书名。其实，这个书名也并非精心设计的产物，而是和责任编辑冯金红女士协商出来的。我记得当时在微信聊天时临时拟出两三个标题供她选择。"做中国哲学"本是打算用来做"备胎"的，但她建议我用这个书名。接受她的建议后，我还杜撰"这个表达结构是维特根斯坦的'做哲学'（do philosophy）的衍生形式"的说法做题解。真的是无心插柳。

这本书连同这个书名,给我带来一些额外的收获。这是一种运气,运气与偶然性联系在一起。虽然哲学家青睐必然性,但哲学工作者的生活却充满偶然的因素。

2024年7月31日

于中山大学